Par Isaac de Laffey

HISTOIRE
D'ÉLÉONOR
DE GUYENNE.

HISTOIRE
D'ÉLÉONOR
DE GUYENNE,
DUCHESSE D'AQUITAINE;

CONTENANT ce qui s'eft paffé de plus mémorable, fous les regnes de Louis VII, dit le Jeune, roi de France; d'Henri II & de Richard fon fils, furnommé Cœur-de-Lion, rois d'Angleterre.

ÉDITION AUGMENTÉE D'UN SUPPLÉMENT, de Sommaires, de Notes & d'Obfervations,

PAR M***.

_____

A LONDRES;

Et fe trouve A PARIS,

CHEZ CUSSAC, LIBRAIRE, GALERIE DE RICHELIEU, AU PALAIS ROYAL, n°s 7 & 8.

_____

M. DCC. LXXXVIII.

AVERTISSEMENT.

La reine Eléonor, dont je donne l'histoire, est connue de tout le monde. Les écrivains du douzieme & du treizieme siecle en ont composé la vie, & les faiseurs de romans ont ajouté aux relations des historiens qui ne lui sont pas avantageuses, des fictions qui le sont encore moins. Les plus modérés de ces auteurs nous la représentent comme une autre Helene, dont la beauté fut fatale à ses deux maris. Et les autres enrichissant par-dessus, nous la dépeignent courant après un soldat Turc dont elle avoit fait l'objet de sa passion, au mépris de sa religion & de sa dignité. J'étois dans la même prévention avant d'avoir lu exactement les historiens qui racontent ses aventures. Mais après un examen plus appliqué des faits & des circonstances qui sert de fondement à leurs invectives, j'y ai trouvé plus de témérité que de vraisemblance. Comme je m'étois proposé d'écrire l'histoire de cette Reine, j'avoue que je n'ai

a iij

pas été fâché de me sentir en état de la pouvoir défendre contre les calomnies dont sa réputation a été noircie jusqu'à préfent. Il y a du plaisir à protéger l'innocence opprimée ; & ce plaisir redouble, quand la personne dont on prend le parti est d'un rang élevé au-dessus des autres. Cependant je n'aurois pas entrepris la défense de cette princesse, si je n'avois été persuadé le premier de l'injustice qu'on lui a faite ; & je n'aurois pas voulu, en imitant Isocrate qui a fait le panégyrique d'Helène, sauver sa réputation aux dépens de la vérité. Je ne sçai si je me fais illusion ; mais je suis convaincu que ce qu'on a dit de ses amours avec Saladin est un pur roman, & que les soupçons jaloux du roi Louis son mari sont un effet de l'imbécilité de ce prince. C'est au lecteur qui examinera cette histoire, à juger si je me trompe, ou si j'ai raison. Je le prie seulement de croire que j'ai fidélement extrait ce que les auteurs rapportent des galanteries de cette reine, & des foiblesses de Louis VII.

AVERTISSEMENT.

Je lui laisse après cela la liberté de porter son jugement contre l'un ou contre l'autre, selon qu'il trouvera, ou le dernier trop défiant, ou l'autre trop galante.

J'ai une seconde remarque à faire, & une seconde précaution à prendre contre un autre préjugé. C'est au sujet des portraits que je fais des principaux personnages de mon histoire, & à l'égard des guerres que je décris entre la France & l'Angleterre. Les partisans de la premiere trouveront peut-être que je témoigne trop de partialité pour l'autre; & en comparant quelques-uns de mes portraits à ceux que d'autres auteurs ont fait des princes François & Anglois, ils m'accuseront d'ignorance ou de flatterie. Mais s'ils veulent examiner avec soin les historiens les plus accrédités, ils verront que j'ai suivi leurs mémoires, & que je me contente de rapporter les choses comme elles sont, sans faire ni grace ni injustice à personne.

Je me fais une troisieme objection du grand nombre d'événemens dont cette histoire se trouve quelquefois chargée. J'avoue qu'il faut de l'application pour les démêler, sans perdre en les lisant le fil de la narration. Mais outre que ces endroits sont rares, je n'ai pas cru que je dusse les supprimer par la crainte de rebuter ceux qui ne peuvent souffrir de lecture qui les attache, lorsque je pouvois en les rapportant divertir & instruire les autres, qui sont bien aises qu'on leur fasse voir tout d'une vue ce qui s'est passé de plus considérable dans le cours d'un siecle. Comme c'est principalement pour ces derniers qu'on écrit, il faut avoir plus d'égard pour eux, que de complaisance pour les autres.

En quatrieme lieu, je préviens la critique de ceux qui trouvant incroyables la plupart des exploits du roi Richard, me blâmeront de les avoir rapportés dans une histoire qui doit éviter les récits fabuleux. Mais j'ai de bons garans de tout ce que j'écris ; & bien loin d'avoir outré les choses dans la narration que j'en fais d'après les auteurs, je les ai au contraire presque toujours diminuées. Que si nonobstant cela mon histoire a souvent l'air d'un roman, elle n'en est que plus agréable, puisqu'avec la vérité que je prends soin de conserver, elle a encore tous les agrémens des fictions les plus divertissantes. Le merveilleux quand il est véritable, ne doit pas être rejetté; & lorsque ce charme se trouve dans une histoire, la lecture n'en est que plus attachante, & beaucoup moins ennuyeuse.

Je ne sçai si je me dois justifier des réflexions morales & politiques que j'ai répandues en divers endroits de mon histoire. Je sçai bien que l'historien ne doit point faire le prédicateur; mais il ne lui est pas défendu de rendre sensibles les leçons que sa narration présente aux lecteurs, quand le sujet le mérite. D'ailleurs, ces réflexions sont si courtes, qu'elles ne peuvent ennuyer; enfin, après l'approbation que leur a donnée une des premieres & des plus spirituelles princesses du monde, je n'appréhende point qu'elles puissent déplaire.

On me fera peut-être une censure sur le titre de mon livre, en m'objectant qu'Eléonor de Guyenne n'en remplit que la moindre partie. Il est vrai que c'est l'histoire des cours de France & d'Angleterre, & des démêlés de leurs rois, aussi bien que l'histoire de la reine Eléonor. Mais pouvois-je écrire la vie de cette princesse qui épousa successivement Louis VII & Henri II, & qui fut cause de leurs divisions, sans faire mention des guerres & des intérêts différens de ceux de ces deux princes? Ajoutez à cela, que c'est l'ordinaire de tous les historiens, de ne pas rapporter seulement les aventures des personnes illustres qui font le sujet de leurs ouvrages, mais encore tous les événemens de ce temps-là qui ont de la relation à l'histoire principale qu'ils écrivent.

Au reste on ne peut, ce me semble, m'accuser d'une trop grande prévention pour mon Héroïne. Je lui rends la justice qui lui est due, sans lui donner les louanges qu'elle ne mérite pas. Je la justifie,

AVERTISSEMENT.

il eſt vrai, des débauches qu'on lui a imputées, parce que je l'en crois innocente; mais je condamne ſa jalouſie, ſon ambition, ſon humeur vindicative, & ſi je loue ſes vertus, je ne flatte pas ſes vices.

J'ai diviſé cet ouvrage en neuf livres. Cet ordre ne ſert pas ſeulement à donner une idée plus diſtincte des choſes, il ménage encore le loiſir & l'attention du lecteur, qui trouve à chaque heure de lecture un ſens achevé, où il peut ſe repoſer & reprendre haleine. Les trois premiers contiennent les deux mariages de la reine Eléonor avec Louis VII, roi de France, & enſuite avec Henri II, roi d'Angleterre, juſques aux diviſions qui ſurvinrent entre elle & ſon ſecond mari. Ce période de temps qui dure trente années, renferme ce qui s'eſt paſſé de plus agréable & de plus heureux dans la vie d'Eléonor. On y ajoute les révolutions les plus conſidérables qui arriverent dans ce temps-là, non ſeulement en France

& en Angleterre, mais encore en Asie, où Louis VII porta ses armes contre les Turcs & les Sarrasins pour la défense des Chrétiens d'Orient.

Les IV, V & VIe Livres contiennent les brouilleries que les galanteries de Henri & la jalousie d'Éléonor exciterent dans leur famille & dans leurs Etats : les troubles qu'y causa le faux zèle de l'archevêque de Cantorbéry, & sa mort tragique : la prison d'Eléonor, la rebellion de ses enfans, qu'elle fit révolter contre leur pere : les guerres civiles qui désolerent l'Angleterre, accompagnées de celles que la France, profitant de ces divisions, lui fit à diverses reprises : & la mort de Henri II, qui mit fin à la prison d'Eléonor. Cet espace de temps est de vingt-trois années, où l'on voit d'un côté la valeur & la sagesse du Roi Henri dans les batailles, d'où il ne sortoit qu'avec la victoire ; & de l'autre, son malheur dans les troubles de sa famille, qui ne finirent qu'avec sa vie.

AVERTISSEMENT.

Les VII, VIII & IXe contiennent la délivrance d'Eléonor, par son fils Richard, & le glorieux regne de ce Prince. Ces derniers livres renferment un période de treize années, où l'on voit les grandes actions de Richard, surnommé CŒUR-DE-LION, en Europe & en Asie, sa croisade avec Philippe, roi de France, ses exploits en Sicile, la conquête qu'il fit du Royaume de Chypre, ses combats & ses victoires en Orient contre Saladin, qui se terminerent par une triste révolution. On continue en racontant son retour précipité en Europe, sa captivité dans les prisons de Vienne & de Mayence, sa liberté procurée par les soins de sa mere, son arrivée en Angleterre, ses guerres & ses victoires contre Philippe, & sa mort enfin dans une guerre qu'il fit à ses vassaux. Ces événemens se passerent en moins d'onze années. A quoi l'on ajoute deux années pour achever la vie d'Eléonor qui lui survécut, & qui vit avant sa mort le commencement du malheureux regne de Jean

xiv AVERTISSEMENT.
Sans-terre. Mais elle n'eut pas le déplaisir d'en voir la décadence, & la perte des grands Etats qu'elle avoit apportés à la Couronne d'Angleterre.

Explication des Figures.

La Premiere repréfente Henri II dans le cabinet d'Eléonor, où cette princeffe lui déclare qu'elle eft difpofée à répondre aux fentimens qu'il a pour elle, & où Henri fe jette à fes pieds, lui jure une fidélité inviolable, & l'affure d'employer fa vie & celle de fes fujets pour fon fervice & pour la défenfe de fes états : c'eft-là qu'il apprend de cette princeffe qu'il falloit qu'il fe retirât dans fes états d'Angleterre, où il ne feroit pas long-temps fans recevoir de fes nouvelles. *Page 96.*

La Seconde repréfente la fille d'Ifaac, roi de Chypre, qui fort de la fortereffe de Cherin, où elle avoit été enfermée par fon pere, & qui fe livre elle & toute fa fuite à Richard. *Page 251.*

La Troifieme repréfente Richard au lit de la mort. Il venoit de faire donner un affaut à la citadelle de Chalus, entre l'Angoumois & le Périgord, où il avoit reçu un trait d'arbalêtre dans l'épaule, de la main d'un archer qui cherchoit à se venger de la mort de son pere & de deux de ses freres tués par Richard même. Le meurtrier de ce prince paroît devant lui & dans l'attitude d'un homme satisfait d'avoir trouvé l'occasion de se venger. Mais la bonté se peint sur la figure de Richard, qui, même en mourant de sa blessure, pardonne à son meurtrier. *Page* 362.

SOMMAIRE

SOMMAIRE

DU PREMIER LIVRE.

EXTRACTION d'Eléonor. Ses mariages & ses intrigues. II. La Guyenne ancienne, quelle ? III. Les Visigots s'en emparent. IV. Clovis tue leur roi, & la reprend. V. Origine de ses ducs, & des comtes de Poitiers & de Toulouse. VI. Erection des trois Aquitaines en royaume. VII. La Gascogne s'en détache, & retourne à la Guyenne sous Othon. VIII. Pélerinage de Guillaume IX. Son testament en faveur d'Eléonor. IX. Louis le Jeune succede à Philippe, & regne avec son pere. X. Dessein de Guillaume de marier sa fille à ce jeune roi. XI. Les Aquitains informés de la mort de leur duc, notifient son testament à Louis le Gros. XII. Bourdeaux est le lieu où se célebre ce mariage, & où le jeune prince exerce ses libéralités. Il apprend la mort son pere. Son retour à Paris. XIII. Gracieuse réception que les Parisiens font à leur nouvelle reine. XIV. Origine des maisons de Dreux & de Courtenay. XV. Alix, sœur de la reine, épouse le comte de Vermandois. XVI. Portrait avantageux d'Eléonor. XVII. Etat des affaires de France & d'Angleterre. XVIII. Guerre entre Robert & Henri. XIX. Henri regne avec une puissance absolue. XX.

SOMMAIRE.

Les malheurs arrivés à sa postérité, attribués à la malédiction de Matilde. XXI. *Mariage de Matilde, sa fille.* XXII. *Politique d'Henri. Sa mort.* XXIII. *Feint prétexte d'Etienne pour monter sur le trône, au préjudice de Matilde. Il veut tenter la conquête de la Normandie.* XXIV. *Cette princesse, avec le comte d'Anjou, son mari, s'y opposent.* XXV. *Motifs qui engagent le roi de France à épouser leurs querelles.* XXVI. *Ces deux princes, avec leur armée, entrent en Normandie. Le comte y reçoit le serment de fidélité de ses sujets, & en fait hommage au roi.* XXVII. *Etienne la reprend.* XXVIII. *On blâme la conduite du roi.* XXIX. *Matilde passe en Angleterre, & y est reconnue souveraine.* XXX. *Anciennes coutumes des évêques de secourir les rois dans les batailles.* XXXI. *Etienne quitte la Normandie, & est fait prisonnier de Glocester & de Matilde. Glocester ne tarde pas à l'être lui-même.* XXXII. *Matilde est obligée de racheter la liberté de l'un par celle de l'autre. Elle devient un sujet de haine pour les Anglois.* XXXIII. *Avantages qu'Etienne en retire.* XXXIV. *Stratagême singulier dont Matilde fait usage pour sortir d'Oxford, où Etienne la tenoit assiégée.* XXXV. *Son mari rentre dans la Normandie, & confie à Glocester l'éducation de son fils.* XXXVI. *Progrès du jeune Henri.*

HISTOIRE D'ÉLÉONOR DE GUYENNE[1].

LIVRE PREMIER.

Ce fut au commencement du douzieme siecle qu'Eléonor [2], fille de Guillaume IX, comte de Poitiers, & duc de Guyenne, vint au

---

[1] Ce nom qui distingue aujourd'hui cette province, ne paroît être en usage que depuis le XIVe siecle; c'est, comme on le verra ci-après, une corruption du nom d'Aquitaine, qui fut donné à ce païs, à cause du grand nombre de sources d'eaux qu'il renferme. La Guyenne proprement dite, que possédoit l'Angleterre, sous le regne de Saint Louis, consistoit, selon Bouchet, *en trois sénéchaussées, sçavoir, Bourdeaux, les Lannes, & Bazas.* Elle revint à la France en le 12 juin 1551 ; elle en a toujours joui depuis. Son étendue actuelle est de 72 lieues de long, 36 de large, & 1400 lieues en superficie.

[2] La plupart des historiens qui ont parlé du pere d'Eléonor, ou d'Aliénor, ne sont pas d'accord entr'eux. Les uns lui donnent Guillaume VIII pour pere ; d'autres, en bien plus grand nombre, Guillaume IX. Mais M. de Bréquigny, dont nous aurons plus d'une fois occasion de parler dans cet ouvrage, prouve clairement le contraire, par une sçavante analyse d'un Traité de paix conclu en 1160, entre Louis VII & Henri II, qu'il a inférée dans le Tome XLIII des Mém. de l'Acad. des Inscrip. & Bell. Lett. art. VIII, p. 372 ; où il est dit, « Qu'Henri disputoit au comte de Saint-Gilles le comté de » Toulouse, au nom de sa femme Eléonor, fille & unique héritiere » de Guillaume X, comte de Poitiers, & duc de Guyenne ».

monde : & sa vie aussi célèbre par ses mauvaises que par ses bonnes avantures, a rempli tout ce siecle-là ; sa mort n'étant arrivée qu'au commencement de l'autre. Les historiens ne nous fournissent point de période plus remarquable, & où il se soit passé un plus grand nombre d'événemens, que le temps qui a coulé depuis la naissance de cette princesse jusqu'à sa mort. Jamais la France & l'Angleterre, dont elle épousa successivement les deux rois [1], n'ont vu de révolutions plus considérables & plus promptes, ni dans leurs états, ni dans la plupart de ceux de l'Europe & de l'Asie, qui suivoient les mouvement de ces deux puissances. Les royaumes de Naples, de Sicile, & de Jérusalem, furent les conquêtes de ces deux peuples. Les Normands, dont Guillaume le Conquérant avoit uni le duché à la couronne d'Angleterre [2], fonderent les deux premiers ; & les François & les Anglois maintinrent celui de Jérusalem par les secours que leurs rois y conduisirent eux-mêmes à diverses fois. Le royaume de Chypre fut encore dans le même temps la conquête du roi Richard [3], l'un des fils de la reine Eléonor. Mais les haines & les divisions de ces deux peuples

---

[1] Louis VII & Henri II.
[2] L'an 1139.
[3] En 1191.

arrêterent le cours de leurs victoires. Le royaume de Jérusalem ne subsista guere plus de quatre-vingt ans, & fut enlevé par les Infideles sur la fin du siecle[1] dans lequel je renferme mon histoire : & les royaumes de Naples & de Sicile ne demeurerent pas long-temps après dans la famille de ceux qui les avoient conquis : l'empereur Henri VI, s'en étant emparé l'an 1195, après avoir cruellement fait périr le dernier des princes Normands qui les avoient fondés. Celui de Chypre fut aussi perdu pour les Anglois la même année que leur roi Richard s'en étoit rendu maître. Ce prince l'ayant échangé avec le royaume de Jérusalem, & donné ce dernier au comte de Champagne, son neveu.

Je n'ai pas entrepris de traiter ces matieres à fond, & je n'en parlerai qu'autant qu'elles ont de relation avec l'HISTOIRE D'ELÉONOR de GUYENNE, que je me suis proposé d'écrire. Mon dessein est de faire connoître l'ancienneté de sa maison, sortie du sang de Pépin, aïeul de Charlemagne ; la grandeur de ses états, qui furent pendant plusieurs siecles érigés en royaumes ; son mariage avec Louis VII[2], roi de France, à qui elle les porta pour sa dot ; son divorce après seize ans de mariage, causé par la

[1] En 1187.
[2] Dit le Jeune, se fit à Bourdeaux en août 1137.

foiblesse de ce roi ; son second mariage avec Henri, roi d'Angleterre [1]; sa vie mêlée de bien & de mal ; sa vertu contestée, quoique l'équité qu'on doit à tout le monde, & principalement aux personnes de son rang, nous oblige à croire plutôt ceux qui la justifient, que ceux qui la deshonorent ; enfin ses intrigues & ses traverses, telles qu'on doute si sa vie a été plus illustre, ou plus malheureuse. Mais on ne peut douter qu'elle ne soit infiniment glorieuse par un regne de plus de six cens ans qui a continué en sa postérité, & qui est enfin parvenu à un prince capable de faire revivre l'illustre nom des anciens ducs de Guyenne, & de faire refleurir la gloire du royaume d'Angleterre.

II. La Guyenne, que les Romains appelloient Aquitaine, à cause de la beauté & de l'abondance de ses eaux, étoit anciennement d'une bien plus grande étendue qu'elle n'est aujourd'hui. Elle faisoit, du temps de Jules-César, cette partie considérable des Gaules qu'on appelloit Gaule Aquitanique, qui s'étendoit depuis la Loire jusques aux Monts Pyrénées. Elle fut répartie sous les empereurs suivans en trois provinces, qui toutes trois portoient le même nom, & qui n'étoient distinguées que par premiere, seconde, & troisieme Aquitaine, & par leurs villes capitales.

[1] En 1153.

Bourges l'étoit de la premiere, qui comprenoit le Berry & le Poitou : Bordeaux de la seconde, qui renfermoit avec la Guyenne, proprement dite, la Saintonge, le Perigord, le Limousin, le Quercy, le Rouergue, & l'Agenois : Eaulse étoit capitale de la troisieme, dans laquelle se trouvoit l'Armagnac, la Gascogne, le Bearn, la basse Navarre, le Bigorre, & le comté de Toulouse.

III. Les Visigots s'emparerent de ces provinces, au commencement du cinquieme siecle, & Vallia fut le premier qui s'y établit avec le titre de roi, du consentement même de l'empereur Constance, qui eut besoin de la valeur de ce prince Got pour maintenir l'empire. Il établit le siége de sa royauté à Toulouse, & ne vécut pas long-temps. Theodoric lui succéda l'an 419, & lui & son successeur, se rendirent maîtres des trois Aquitaines, dont Vallia n'avoit possédé qu'une partie.

IV. Ce royaume dura jusqu'à l'an 508, auquel temps Clovis, roi de France, se servant du prétexte de la religion, parce que les Visigots étoient Arriens, & les Aquitains Catholiques, il entra dans le pays, après avoir défait les ennemis, & tué leur roi Alaric de sa propre main dans la fameuse bataille de Vouglai [1] à

---

[1] C'est l'ancienne Voclade, actuellement Vouillé.

quatre lieues de Poitiers : de forte, qu'en moins d'un un, il réduifit les trois Aquitaines fous fa puiffance, & les unit à fa couronne.

V. Ces peuples remuans, & accoutumés au gouvernement d'un prince demeurant parmi eux, fe donnerent la liberté d'élire un duc de leur nation nommé Eudes, au commencement du huitieme fiecle. L'hiftoire ne nous apprend point de quelle maifon il étoit defcendu : nous laiffant conjecturer qu'il fortoit de ces anciennes familles, qui, du temps des Romains, avoient poffédé des terres dans la Gaule Aquitanique. Sa poftérité ne jouit pas long-temps du gouvernement, & fit place aux defcendans de Childebrand, frere de Charles Martel. Car Guillaume I, nommé auffi Saint Guillaume, que Charlemagne fit comte de Touloufe & duc d'Aquitaine, étoit fils de Theodoric, fils de Childebrand ; & c'eft de lui que font defcendus les ducs de Guyenne, & les comtes de Poitiers & de Touloufe, qui prefque tous ont porté le nom Guillaume jufqu'au pere d'Eleonor, le neuvieme de ce nom, & le dernier fouverain de ce duché. Elle paffa enfin, par le mariage d'Eléonor avec Henri II [1], aux rois d'Angleterre, après avoir été gouvernée par fes ducs plus de trois cens ans, à compter feulement depuis Guillaume I.

[1] L'an 1153.

VI. Il est vrai que les descendans de Charlemagne érigerent de nouveau les trois Aquitaines en royaume. L'empereur Louis le Debonnaire fit le premier cette érection en faveur de Pépin son second fils ; & ce royaume subsista, nonseulement tant que la postérité de Charlemagne régna en France, mais encore sous les premiers rois de la race Capétienne. Cependant ces provinces ne laissoient pas d'avoir leurs ducs qui jouissoient de ces grands fiefs, dont ils faisoient hommage à la couronne de France, & dont aussi quelquefois ils entreprenoient de contester l'autorité, & de se rendre indépendans, comme il arriva sous le regne de Hugues Capet, & de Robert son fils qu'il avoit associé à la royauté [1]. Car ces deux princes furent obligés de marcher en personne contre Guillaume III, comte de Poitiers, & duc d'Aquitaine, qui refusoit de les reconnoître, accusant les François de perfidie, & d'avoir lâchement abandonné le sang de Charlemagne.

VII. Il est vrai encore que la Gascogne se détacha de l'Aquitaine [2] sous le regne de Charles le Chauve, & qu'elle voulut être gouvernée par des ducs de sa nation. Sanche, surnommé Mitarra par les Sarrazins, c'est-à-dire FLÉAU, parce

[1] L'an 990.
[2] L'an 870.

qu'il leur faifoit une cruelle guerre, en fut le premier duc; & cette puiffance demeura dans fa famille près de deux cens ans, jufques à ce qu'au défaut de mâles, elle fe réunit une feconde fois à la maifon de Guyenne [1] en la perfonne d'Othon, frere & héritier de Guillaume le Gros, comte de Poitou & duc d'Aquitaine, & ayant hérité par fa mere du duché de Gafcogne.

Telle eft l'origine des anciens ducs de Guyenne, fi illuftre, qu'elle a la même fource que le fang de Charlemagne, dont nous venons auffi de voir que le duc Guillaume III du nom foutenoit les droits contre Hugues Capet, qu'il regardoit comme un ufurpateur. C'eft d'un fi noble fang qu'étant forti Guillaume IX, pere d'Eleonor, il hérita de fon pere Guillaume VIII, du duché de Guyenne; & il devoit hériter de fa mere du comté de Touloufe qui avoit été démembré de l'ancienne Aquitaine; mais il lui fut contefté par le comte de Raymond de Saint-Gilles, fon oncle.

VIII. Il ne vécut que dix ans après Guillaume VIII, fon pere, & mourut en chemin de Saint-Jacques en Galice [2], où il alloit en pélerinage, fuivant la dévotion fuperftitieufe de ce temps-là, pour effacer les crimes qu'il avoit

[1] L'an 1037.
[2] L'an 1136.

commis dans sa jeunesse. Son corps fut porté à Saint-Jacques, & enterré dans l'église. Cependant les faiseurs de légendes n'ont pas laissé de débiter qu'il ne mourut pas dans son voyage, mais qu'il se déroba à ceux de sa suite, & qu'il vint se rendre hermite dans un lieu désert au territoire de Sienne, où l'on montre encore aujourd'hui sa grotte. Ils ajoutent qu'il y vécut plusieurs années dans une grande austérité, & qu'il institua l'ordre des Guillemins. Ces fables étoient au goût du siecle, & le peuple superstitieux avoit une foi aveugle pour ces contes ridicules. Il y a de l'apparence que celui-ci est fondé sur l'histoire de Guillaume I, qui se retira véritablement dans un monastere qu'il avoit fait bâtir en Auvergne, où il prit l'habit de religieux, & qui fut appellé de son nom, Saint-Guillaume le Désert.

Quoi qu'il en soit, Guillaume avoit fait son testament avant que de partir, par lequel il avoit disposé de ses états, & du mariage d'Eléonor sa fille aînée qui n'avoit que quatorze ans. Toute la succession la regardoit, quoiqu'elle eût encore une sœur plus jeune qu'elle ; parce que le duc Guillaume ne vouloit point démembrer ses provinces, & que d'ailleurs il aimoit Eléonor, qu'il pensoit à faire reine. Il n'avoit qu'à choisir. Parmi tous les monarques de la chrétienté, il n'y en avoit aucun qui n'eût accepté avec plaisir l'alliance d'un prince qui alloit de pair avec les plus grands rois de l'Europe, non-seulement par la noblesse de son extraction, mais encore par l'étendue de son domaine.

Les rois de France & d'Angleterre étoient les seuls sur qui Guillaume jettoit les yeux, comme sur les plus grands princes de la chrétienté, ses plus proches voisins, & par conséquent les plus capables d'attaquer, ou de défendre les états de sa fille : de sorte qu'il falloit s'attacher à l'un pour s'opposer aux entreprises de l'autre. L'Angleterre n'étant séparée de la Guyenne que par un trajet de quelques jours, elle pouvoit facilement faire aborder ses flottes dans les ports de Saintonge & de Guyenne. D'ailleurs, le prince qui régnoit alors en Angleterre, étoit aussi comte de Boulogne ; si bien qu'il avoit un port en France fort voisin de son île, & d'un abord très sûr & très commode. Mais les brouilleries de ce royaume-là empêcherent le duc Guillaume de penser au mariage du prince Anglois, fils de celui qui étoit sur le trône.

Etienne de Blois, héritier par sa femme du comté de Boulogne, s'étoit emparé du royaume au préjudice de Geoffroy Plantegenet, comte d'Anjou, qui avoit épousé Matilde, fille de Henri I, mort depuis peu. Ainsi le droit d'Etienne ne paroissoit pas légitime, & celui de Geoffroy étoit opprimé par son concurrent; si bien qu'il y auroit eu du danger à s'allier de l'un ou de l'autre. En effet, on ne pouvoit douter que celui qu'Eléonor épouseroit, n'attirât dans les états de sa femme les armes du parti contraire : de sorte que s'il étoit vaincu, elle demeureroit sans royaume, & courroit encore risque de perdre son duché. Il y avoit plus de sureté à s'allier de la France.

IX. Ce royaume étoit alors gouverné par un prince sage [1] & vaillant, & d'un activité surprenante, nonobstant la pesanteur de son corps, qui lui acquit le surnom de GROS. Il avoit soumis tous les seigneurs qui avoient pris la liberté, dans les regnes précédens, de faire des ligues au mépris de l'autorité royale. Il avoit soutenu les efforts de Henri I, roi d'Angleterre, & de l'empereur Henri V, son gendre, deux des plus redoutables princes de l'Europe, & les avoit obligés à faire avec lui une paix avantageuse. Son trône étoit encore affermi par l'union de sa famille. Il avoit associé à la royauté son fils de même nom que lui, qui étoit devenu l'aîné par la mort de son frere Philippe, prince d'une grande espérance, & qui mourut par un étrange accident. Comme il se promenoit à cheval par les rues de Paris, & qu'il courroit

[1] Louis le Gros.

par divertiffement après un de fes écuyers, un pourceau fe jetta entre les jambes de fon cheval, qui fe renverfa fur lui avec tant de violence, qu'il en mourut le même jour. Son frere lui fuccéda, & fut couronné à l'âge de treize ans, du vivant de fon pere [1]. Pour les diftinguer, on donna au fils le furnom de JEUNE & au pere celui de VIEUX, pendant qu'ils regnerent conjointement. Ce couronnement fut d'autant plus célèbre, que ce fut le pape Innocent, qui facra le jeune prince dans l'églife de Rheims, après avoir été avec tous les prélats le prendre dans l'abbaye de Saint-Remi où il étoit logé, & l'avoir conduit en pompe à l'églife. Ce fut, dit-on, en ce facre qu'on réduifit à douze le nombre des pairs qui devoient affifter au couronnement des rois de France, dont il y en avoit fix laïques, & fix eccléfiaftiques.

X. Quoi qu'il en foit, ce fut cinq ans après le facre de ce prince, que le duc Guillaume forma le deffein de lui donner fa fille, & de joindre à la couronne de France des provinces qui en devoient faire le plus beau fleuron, s'il avoit fceu profiter de cet avantage. Le duc avoit ce mariage fi fort à cœur, que non content de l'avoir ordonné par le teftament [2] qu'il laiffa en

[1] L'an 1131.

[2] Sur l'authenticité de ce teftament, que plufieurs auteurs ont ré-

partant pour son pélerinage, il confirma de nouveau cette disposition en chemin, lorsqu'il se sentit frappé de la maladie dont il mourut.

Les Aquitains ayant appris la mort de leur duc [1], & sa derniere volonté, envoyerent à Louis-le-Gros des députés avec le testament. Le roi étoit tombé malade au retour d'une expédition qu'il venoit de faire du côté de la Loire contre un petit tyran [2] de la province, qui couroit le païs avec un armée de voleurs, & troubloit le commerce des marchands. Comme il revenoit après l'avoir soumis, il fut arrêté au château de Bétisi [3] par une dissenterie, qu'il connut bien

---

voqué en doute, on peut consulter les observations de M. de Bréquigny, Tome XLIII des Mémoires de l'Acad. des Inscrip. & Bell. Lett. p. 421 & suiv. On peut encore voir au feuillet 56 des Annales d'Aquitaine, par J. Bouchet, *édit. de Poitiers, 1545, in-fol.* Cet ouvrage est le premier imprimé où il soit fait mention de ce prétendu testament.

[1] L'an 1136.

[2] Le seigneur de Saint-Brisson.

[3] Bourg de France dans le Valois. « Il est connu, dit Piganiol » de la Force, par son ancien château qui a servi de maison de » chasse à quelques-uns de nos rois... A un coin de ce bourg, au » pied de la montagne, du côté du septentrion, sur le sommet » d'un haut tertre & roc en figure conique, ou de cloche, se montre » & découvre d'assez loin le rond d'une grosse & épaisse muraille en » forme de couronne, que l'on nomme la tour du château antique » & ruiné ». C'est vraisemblablement dans ce séjour favorisé de Louis VI & Louis VII, & de Philippe-Auguste, que fut arrêté le mariage du second avec Eléonor. C'est encore là que Philippe-Auguste tenant son parlement, en 1282, confirma les Lettres d'usage en la forêt de Guyse, octroyées par Louis le Gros, son aïeul.

être mortelle. Il reçut là avec beaucoup de joie le députés de Guyenne, & le testament qu'ils luy apportoient. Il leur dit, « Qu'en l'état où
» il se trouvoit, prêt à quitter le monde, &
» à laisser à son fils le choix d'une femme, il
» étoit bien-aise que le ciel y eût pourvu, &
» qu'il eût encore cette satisfaction, avant que
» de mourir, de voir le jeune prince aussi avan-
» tageusement marié qu'il le souhaitoit, qu'il
» recevoit de bon cœur l'alliance qu'ils lui pro-
» posoient, & qu'il vouloit que son fils partît
» sans délai avec une suite digne de lui, & de
» la princesse qui lui étoit destinée ».

XII. Il fit aussi-tôt préparer un équipage magnifique. Plus de cinq cens gentilshommes des plus qualifiés du royaume étoient de la suite, & tout répondoit à la majesté d'un roi de France, & à la solemnité d'une si grande fête. Le jeune roi prit congé de son pere, qui lui donna sa bénédiction, & d'excellentes leçons [1] pour le gouvernement du royaume qu'il luy laissoit, & des états dont son mariage avec la princesse de Guyenne l'alloit mettre en possession. Il arriva

---

[1] Les dernieres paroles que lui dit en cette occasion son pere, sont très remarquables : « Souvenez-vous, mon fils, & ayez tou-
» jours devant les yeux, que l'autorité royale n'est qu'une charge
» publique, dont vous rendrez un compte très exact après votre
» mort ».

à

à Bourdeaux, où cette princesse l'attendoit, ayant auprès d'elle les principaux seigneurs de Guyenne, de Poitou, de Saintonge & de Gascogne, qui composoient une cour qui n'étoit guere moins belle ni moins nombreuse que celle de France. Le mariage fut célébré en la présence de tous ces seigneurs, auxquels le roi fit distribuer de riches présens, pour leur témoigner sa reconnoissance & sa libéralité. Il prit ensuite possession des états de sa femme, fut couronné comte de Poitiers dans cette ville-là, & duc d'Aquitaine à Bourges; & après s'être fait voir à ses nouveaux sujets, menant avec lui la reine Eléonor, il revint à Poitiers, où il reçut la nouvelle de la mort [1] de son pere. Il en partit en poste pour se rendre à Paris, laissant à l'évêque de Chartres le soin de lui amener la reine son épouse à petites journées.

XIII. Le deuil de la mort du roi Louis-le-Gros disparut à l'arrivée de la reine Eléonor, & fit place à la joie que tout le royaume témoigna du mariage du nouveau roi. La ville de Paris surtout signala sa magnificence dans cette solemnité, où elle renouvella la pompe des nôces qui avoient été célébrées en Guyenne. On ne voyoit à la cour & dans la ville que festins, que ballets, que tournois, que courses de bagues, & autres semblables

[1] Arrivée le premier août 1136, à Paris.

divertiſſemens, avec plus d'éclat qu'on n'avoit vu dans le royaume depuis la décadence de la maiſon de Charlemagne: comme ſi la France eût eſpéré qu'un mariage ſi heureux lui rameneroit le ſiécle de cet empereur. Mais les événemens ſont cachés dans l'avenir, & elle ne prévoyoit pas le malheureux divorce qui devoit lui enlever toutes ces belles eſpérances.

XIV. Le peuple qui aime les plaiſirs brillans, ne pouvoit ſe laſſer de cette magnificence; & la cour, où il n'y avoit que de jeunes princes & de jeunes princeſſes, étoit bien aiſe de faire durer ces galanteries. Le roi étoit beau & bien fait, n'ayant que dix-huit ans. La reine la plus belle princeſſe de l'Europe n'en avoit que quatorze. Les princes, freres du roi, commençoient à paroître dans les converſations & dans les parties de plaiſir; principalement Robert, comte de Dreux, dont la poſtérité hérita depuis du duché Bretagne; & Pierre, qui épouſa dans la ſuite l'héritiere de Courtenay, dont la famille ſubſiſte encore en France, mais ſans y tenir le rang que ſa naiſſance lui donne. La princeſſe Conſtance, ſœur de ces princes, qui épouſa bientôt après le comte de Boulogne, avoit de l'eſprit & de la beauté, & n'étoit pas le moindre ornement d'une ſi galante cour. Alix, ſœur de la reine Eléonor, n'ayant qu'une année moins qu'elle, paroiſſoit auſſi avec éclat

dans les ballets & dans les autres divertiſſemens.

XV. Il y a des auteurs qui diſent qu'elle étoit
aînée d'Eléonor; mais que ſon pere lui préféra
ſa cadette, qu'il aimoit plus qu'elle. A quoy il
y a auſſi peu d'apparence, qu'à ce qu'ils ajoutent, que Robert, comte de Dreux, frere du
roi Louis, étoit l'aîné; mais que la foibleſſe de
ſon eſprit le fit exclure du royaume. La fauſ-
ſeté de ces deux faits paroît par la conduite
que tint le roi à l'égard du comte de Dreux,
dont il n'auroit pas ſouffert le mariage, s'il
avoit appréhendé que ſa poſtérité pût un jour
ſe reſſaiſir du royaume; & à l'égard de la
princeſſe Alix, qu'il n'auroit pas mariée comme
il fit avec le comte de Vermandois, prince du
ſang, le plus accrédité ſeigneur de la cour, ſi
cette princeſſe avoit eu des droits ſur la Guyenne,
au préjudice de la reine Eléonor. Ce ſeigneur
moins jeune que le roi, mais étant encore dans
la fleur de ſon âge, paroiſſoit avantageuſement
dans les tournois, auſſi bien que Matthieu de
Montmorency, connétable, & quantité d'autres
ſeigneurs: de ſorte qu'on n'a jamais vu de cour ni
plus galante, ni plus magnifique. Alix de Savoie,
veuve du feu roi, s'en laiſſa charmer elle-même,
& oubliant la perte qu'elle avoit faite, elle paſſa
à de ſecondes nôces avec le connétable, ſujet de

mérite, mais qui fembloit peu proportionné à la qualité de veuve d'un roi de France. Cependant ce mariage fe fit fans oppofition de la part du nouveau roi : & Alix vécut encore quinze ans avec fon fecond mari, dont elle eut une fille, qui fut depuis mariée à Gautier de Châtillon. Il eft vrai qu'un an avant fa mort elle fe retira, du confentement de fon mari, dans le monaftere de Montmartre, où elle voulut finir fa vie, comme pour faire réparation au roi fon époux de fon fecond mariage.

XVI. Après tout, quelque mérite qu'euffent les princeffes & les dames de la cour de France, la reine Eléonor en étoit le plus bel ornement. Tous les hiftoriens parlent avec admiration de fa beauté, de l'air vif & brillant qui fe répandoit fur toutes fes actions, de la délicateffe de fon efprit, & de la fermeté de fon courage, capable de foutenir les plus rudes attaques de la fortune, auxquelles elle fe trouva expofée dans les dernieres années de fa vie.

XVII. Les affaires fuccéderent enfin aux plaifirs. La France étoit en paix [1], mais l'Angleterre étoit en trouble ; & il étoit impoffible que la France ne fe reffentît de ces mouvemens, à caufe de fon voifinage avec un royaume qui n'en eft féparé que par un bras de mer. Il y étoit même

[1] L'an 1137 & 1138.

joint alors par une grande [1] province qui alloit jufqu'aux portes de Paris. D'ailleurs, les deux princes qui difputoient le royaume d'Angleterre étant tous deux François, & vaſſaux de la couronne de France, à caufe des états qu'ils y poſſédoient, il n'étoit pas poſſible que le roi Louis ſe tînt les bras croiſés, & ſans prendre parti dans une querelle qui le touchoit de ſi près ; joint que chacun des deux concurrens ſollicitoit ſon ſecours.

Mais avant que d'entrer dans le détail de cette guerre, dans laquelle la France ſe trouva engagée, il eſt néceſſaire de donner un plan des affaires de ce royaume d'outre-mer, à cauſe de la relation qu'elles ont avec l'hiſtoire d'Eléonor de Guyenne, qui y fut premierement intéreſſée comme reine de France, mais qui s'y trouva encore plus engagée dans la ſuite, lorſqu'elle devint reine d'Angleterre.

Guillaume le Conquérant, fils naturel de Robert, duc de Normandie, avoit ſuccédé à ſon pere. Il avoit encore hérité du royaume d'Angleterre par le teſtament d'Edouard [2], nonobſtant le défaut de ſa naiſſance, qui n'a ſervi qu'à rendre ſon nom plus célèbre. Guillaume ſon fils, ſurnommé le Roux, régna après lui, & mourut ſans laiſſer

[1] La Normandie.
[2] Saint Edouard.

d'enfans, ayant été tué à la chasse d'un coup de fléche, soit qu'il eût été tiré par hazard, ou à dessein. Son frere Robert lui devoit succéder par l'ordre de la naissance : mais Henri le dernier des trois fils de Guillaume le Conquérant, prenant le temps de l'absence de son frere Robert, qui étoit allé à la conquête de la Terre-Sainte, passa en Angleterre, & s'y fit couronner.

XVIII. Robert étant de retour, après avoir inutilement demandé à son frere, qu'il lui quittât le royaume qu'il avoit usurpé, leva des troupes en Normandie dans le dessein de passer en Angleterre. Mais Henri le prévint, & ayant passé la mer, il lui enleva une partie de la province. La guerre dura trois ans, & ne fut terminée que par la prise de Robert, qui fut fait prisonnier dans la bataille. Son frere joignant la cruauté à l'injustice, ne se contenta pas de lui avoir ravi ses états, il lui ôta encore la vie, après lui avoir fait perdre la vue, en le contraignant de regarder dans un bassin de cuivre ardent, dont ce prince mourut peu de jours après dans la prison.

XIX. Ainsi Henri maître du duché de Normandie, aussi bien que du royaume d'Angleterre, régna avec une puissance absolue, craint de ses voisins aussi bien que de ses sujets, mais craignant lui-même autant qu'on le craignoit ;

n'étant en sûreté nulle part, & changeant de lit & de gardes cinq ou six fois la nuit. Il avoit épousé Matilde, sœur du roy d'Ecosse, dont il ne lui resta d'enfans qu'une fille, à qui il donna le nom de sa mere, & qu'il maria à l'empereur [1] Henri V [2], si connu par sa cruauté envers son pere, & par ses démêlés avec la cour de Rome, elle en devint veuve deux ans après, & épousa en secondes nôces Geoffroy [3], comte d'Anjou, à qui son pere la maria, après l'avoir fait solemnellement reconnoître pour sa fille & sa légitime héritiere, dans une assemblée qu'il convoqua des seigneurs & des prélats du royaume, qui prêterent tous serment de fidélité à Matilde. Etienne comte de Boulogne, fils d'Etienne comte de Blois, neveu de Henri, & sorti de sa sœur Adèle, étoit du nombre de ceux qui firent le

---

[1] L'an 1124.

[2] Ce dénaturé fils, sous prétexte d'avoir avec l'empereur Henri IV, son pere, une entrevue à Mayence, le fait arrêter prisonnier à Ingelheim, & l'obligea, après l'avoir dépouillé avec violence de tous les ornemens impériaux, de renoncer à l'empire. Ce prince dont les exploits avoient fixé les yeux de toute l'Europe, ne peut obtenir de l'évêque de Spire, avec lequel il avoit étudié, la derniere place dans son chapitre pour subsister. Enfin, devenu le jouet des vicissitudes de la fortune, & forcé par la nécessité, ce malheureux empereur écrit à son fils en ces termes : « Laissez-moi à Liége, sinon » en empereur, du moins en réfugié ! qu'il ne soit pas dit à ma » honte, ou plutôt à la vôtre, que je suis obligé de chercher de » nouveaux asyles dans le temps de Pâques ».

[3] L'an 1129.

ferment. Mais il le viola bientôt après, lors que le roi étant mort, & que se trouvant alors en Angleterre, il se déclara son héritier, au préjudice de Matilde, qui étoit absente dans les états de son mari. La mere d'Etienne, princesse habile & ambitieuse, avoit eu soin de faire élever son fils à la cour d'Angleterre, où, sous pretexte d'un attachement désintéressé, & d'un grand respect pour le roi Henri son oncle, il s'insinuoit dans l'esprit des Anglois. Il les gagna si bien, qu'à la mort du roi, il se trouva en état de se saisir du royaume, & de s'y maintenir.

XX. Les écrivains de ce temps-là disent, que cette invasion, & tous les malheurs qui arriverent à la postérité du roi Henri, furent un effet de la malédiction que la reine sa femme donna à leur mariage, & à tous ceux qui en descendroient à l'avenir, pour venger l'injure faite à Dieu, à qui elle avoit voué sa virginité, en prenant le voile, que le roi d'Ecosse son pere la contraignit de quitter pour épouser le roi d'Angleterre. Ils rapportent encore à cette malédiction le naufrage du fils aîné du roi & de deux de ses freres puinés, qui périrent en passant de Normandie en Angleterre par la faute des matelots, qui s'étant enivrés de l'argent que ces princes leur avoient donné, allerent au sortir du port briser leur navire contre un rocher. L'aîné nommé Guillaume comme son aïeul, prince d'une grande espérance, s'étant jetté dans une chaloupe étoit hors de péril : mais voyant ses freres qui disputoient leur vie avec les flots, il voulut qu'on ramât vers eux pour tâcher de les sauver. Sa pitié lui coûta la vie[1]. En les abordant dans sa chaloupe, il s'y jetta un si grand nombre de ceux qui étoient dans le vaisseau qui avoit fait naufrage, qu'elle coula à fond, & qu'ils furent tous noyez. Ils ajoutent, que toutes les guerres que l'Angleterre a soutenues depuis le roi Henri, & tout le sang qui a été répandu dans la famille royale, où les divisions & les haines furent long-temps héréditaires, étoient la juste punition de la violence faite aux vœux de cette princesse. Ce sont des contes de moines, qui remplissoient leurs annales de semblables fictions, que leur malice ou leur faux zèle leur faisoit écrire, & que la superstition faisoit croire au peuple, qui n'avoit point alors d'autres livres, que ceux qu'on composoit dans l'oisiveté des cloîtres. Mais s'il étoit permis de juger des actions des souverains, &

---

[1] Ce généreux exemple d'humanité a été répété de nos jours par le prince Maximilien-Jules-Léopold de Brunswick-Wolfenbutel, qui a péri dans l'Oder en allant au secours de deux paysans entraînés par les eaux. Ce prince, né le 10 octobre 1752, fut transporté le 15 mai 1785 dans la sépulture ducale de Brunswick.

de rechercher dans les caufes fecondes la fource des événemens, il feroit bien plus naturel & plus vraifemblable d'imputer les malheurs de Henri I, à fes injuftes violences, qu'au zèle indifcret d'une princeffe, que ces mêmes auteurs nous repréfentent d'ailleurs comme un modèle de vertu & de douceur : idée bien contraire à cette fureur avec laquelle ils lui font maudire toute fa poftérité.

XXI. Il eft temps de reprendre la fuite de mon hiftoire. Quelque puiffant que fût le parti d'Etienne, ce prince avoit befoin d'un prétexte pour autorifer fon action. Les brouilleries qui étoient furvenues entre le roi Henri, & le comte d'Anjou fon gendre, le lui fournirent à point nommé. Henri ne fe voyant plus d'enfans que Matilde, & craignant les armes de la France, avec qui il avoit toujours été en guerre, avoit penfé à chercher un parti à fa fille qui pût faire tête à un fi puiffant voifin, ou lui fufciter des affaires dans fon royaume, capables d'empêcher qu'il ne troublât l'Angleterre. C'eft pour cela qu'il avoit premierement marié fa fille à l'empereur Henri V ; & qu'après fa mort il lui fit époufer Geoffroy, fils de Foulques, comte d'Anjou, qui étoit paffé en Afie, où il avoit époufé Melinfende fille & héritiere de Baudouin, roi de Jérufalem, & avoit laiffé fes états d'Anjou, du Maine & de Touraine à fon fils. Le roi Henri avoit fait la guerre à outrance au comte Foulques son pere, qui étoit venu au secours d'Elie, comte du Maine, son gendre, que Henri avoit fait prisonnier ; mais le roi de France Louis le Gros étant venu soutenir le comte d'Anjou, la paix s'étoit faite ; & comme la haine & l'amitié des princes ne sont que des mouvemens de leur politique, Henri oubliant cette querelle, pensa à s'allier d'une maison qu'il avoit persécutée, & préféra le comte Geoffroy à plusieurs souverains, qui auroient souhaité avec ardeur un aussi grand parti qu'étoit l'héritiere d'Angleterre.

XXII. Guillaume le Conquérant par la même politique avoit détaché de la France le comte de Blois, en lui faisant épouser sa fille Adèle : de sorte que Henri crut qu'à l'imitation de son pere, il ne pouvoit mieux faire que d'en détacher encore le comte d'Anjou, afin que tenant ce royaume dans la crainte par la jalousie de ces deux alliances, il l'empêchât de rien entreprendre en Normandie. Mais ce roi encore plus ambitieux que politique, n'étoit pas d'humeur à mettre sa couronne sur la tête d'un gendre, après l'avoir arrachée à son frere avec la vie. Il ne laissoit au comte d'Anjou que des espérances après sa mort ; & non content de jouir du royaume que la mer séparoit de ses autres états, il retenoit encore toute la Normandie. D'autre côté, le voisinage de cette province frontiere des états du comte d'Anjou, lui en faisoit souhaiter la possession : & sa femme, qui avoit conservé, avec le titre d'impératrice, une ambition plus conforme à son premier mariage qu'au second, l'animoit encore contre son propre pere. De sorte que Geoffroy, qui d'ailleurs étoit un vaillant prince, n'ayant pu obtenir de son beau-pere la cession de la Normandie, il s'y jetta avec une armée pour en faire la conquête. Mais Henri vint au secours, & le contraignit de se retirer. Cependant le chagrin que cet attentat lui donna fut si violent, qu'il en fut pris de fiévre, dont il mourut peu de temps après. Grand & vaillant prince, mais injuste & cruel ; avide de régner, sans se soucier à quel prix ; jaloux de son autorité, sans en vouloir faire part à ses enfans. Il usurpa le royaume sur son frere, & pour s'y maintenir, il lui ôta la vie : mais il la perdit lui-même par la crainte ou le dépit qu'il eut d'y être troublé par son gendre & par sa fille.

XXIII. Cette mort donna lieu à Etienne de Blois, comte de Boulogne, son neveu, de supposer que le roi Henri en son lit mortel l'avoit reconnu pour son héritier, & qu'il avoit deshérité sa fille Matilde. Ce que Hugues Bigot, sénéchal du royaume, affirma par serment dans une assemblée de seigneurs & de prélats qu'Etienne convoqua, où il se fit proclamer roi, avant qu'on fît les funérailles de son prédécesseur. Il se fit ensuite couronner par l'archevêque de Cantorbery & par l'évêque de Salisbury, qui tous deux avoient prêté à Matilde le serment de fidelité dont j'ai parlé; & ayant assemblé le parlement à Oxford, il s'y fit confirmer la royauté, après avoir juré l'observation des loix. Le pape Innocent II, favorisa encore l'entreprise d'Etienne. Il lui écrivit pour le féliciter de son avénement à la couronne, & le recommanda aux prélats, comme un prince dont l'église & le royaume avoient besoin. C'est ainsi que les papes profitant de la division des princes, se rendoient les arbitres des têtes couronnées, & que sous pretexte d'en maintenir les droits, ils songeoient à établir leurs prétentions.

Etienne s'étant ainsi assuré le royaume d'Angleterre, resolut de passer en Normandie, pour mettre aussi cette province dans son obéissance. Son comté de Boulogne, qui en étoit frontière, lui donnoit une entrée facile, & les intelligences qu'il avoit dans le duché, lui faisoient espérer un heureux succès de son entreprise.

XXIV. Cependant l'impératrice Matilde, princesse d'un grand courage, & d'une plus grande ambition encore, ne pouvoit souffrir qu'on lui enlevât une couronne que sa naissance lui avoit acquise, & qui sembloit lui avoir été assurée par le serment que les Anglois lui avoient prêté du vivant de son pere. Elle s'emportoit contre la perfidie d'Etienne, qui avoit comme les autres juré entre ses mains de la reconnoître pour l'héritiere du royaume ; contre la trahison du sénéchal, qui ajoutoit une calomnie à son parjure ; contre l'infidélité de l'archevêque de Cantorbery, & de l'évêque de Salisbury, qui avoient couronné Etienne, en violant le serment qu'ils lui avoient fait ; & contre la légéreté des Anglois, qui oublioient si promptement la fidelité qu'ils lui devoient, & qu'ils lui avoient jurée.

Le comte Geoffroy entroit dans tous les ressentimens de l'impératrice sa femme, & pensoit aux moyens de la rétablir sur le trône. C'étoit un prince si bien fait & de si bonne mine, qu'on lui avoit donné le surnom de BEL ; & d'une maison si ancienne, qu'elle tenoit depuis plus de trois cens ans la premiere charge [1] du

---

[1] La charge de grand sénéchal. Elle étoit à peu près la même que celle de grand-maître de l'hôtel, pour ce qui regarde la maison du roi ; que celle de connétable, pour la guerre ; & que celle de comte du palais, pour l'administration de la justice. Cette charge étoit héréditaire dans la maison des comtes d'Anjou, depuis le regne de Lothaire. Le peu de séjour que faisoient à la cour les vassaux du

royaume de France, ne voyant que la famille royale au dessus d'elle : vaillant au reste, & l'un des plus expérimentés capitaines de son temps. Il résolut donc avec l'impératrice de députer au roi de France pour l'engager dans leur querelle, afin d'en obtenir des troupes pour agir en Normandie, pendant que, pour faire diversion, il jetteroit une autre armée dans le Boulenois, & que Matilde passeroit elle-même en Angleterre, pour soulever les provinces où elle avoit des intelligences.

Les affaires d'Angleterre, & des deux princes qui en disputoient le royaume, étoient en cet

premier rang, ne permettoit pas aux comtes d'Anjou de s'acquitter exactement des fonctions de leur emploi : on leur donna donc un substitut qui exerçoit à leur place, mais toujours avec dépendance, & sous l'obligation de l'hommage. Dans un Traité conclu entre Louis le Gros & le comte d'Anjou, il fut arrêté que dans les cérémonies d'éclat, lorsque le roi mangeroit en public, le comte se tiendroit assis jusqu'au moment du service; qu'alors il recevra les plats pour les placer sur la table; qu'après le repas il se retirera chez lui, sur un cheval de guerre, dont il fera présent au cuisinier du roi, lequel lui enverra un morceau de viande, & le pannetier y joindra deux pains, avec trois chopines de vin. A la guerre, le grand sénéchal fera préparer, pour le roi, un pavillon qui puisse contenir cent personnes. Au départ de l'armée; il commandera l'avant-garde, & au retour, l'arriere-garde. Quelque chose qui arrive, le roi ne pourra lui faire aucun reproche pour ce qui regarde l'administration de la justice. Tout jugement porté par le grand sénéchal ne sera point réformé; & dans les contestations sur les sentences rendues par les juges royaux, sa décision fera loi. *Dict. des Mœurs & Coutumes des François*, 3 vol. in-8°. Paris, chez *Cussac, Libraire*.

état, lors que les ambassadeurs de l'impératrice Matilde & du comte Geoffroy arriverent à la cour de France. Quoi que le roi Louis VII, n'eût pas toutes les grandes qualités de son pere, il avoit pourtant du courage, aimant la gloire, & manquant moins de hardiesse que de prudence dans ses desseins : jaloux d'ailleurs de ses droits, & ne pouvant souffrir les entreprises faites au préjudice de son autorité. Il venoit de le témoigner à ceux d'Orléans qui avoient voulu faire les mutins, les ayant contraints d'implorer sa clémence ; & à Gautier de Montjay l'un des chefs des ligueurs sous le regne précédent, dont il ravagea les terres, & démantela les forteresses.

Il n'avoit donc garde de demeurer immobile au milieu de deux princes qui alloient couvrir de troupes son royaume, dont leurs états faisoient la plus considérable partie. D'ailleurs, comme seigneur souverain, il étoit obligé de prendre parti, soit comme arbitre des deux concurrens, ou comme ami de l'un, & ennemi de l'autre. La reine Éléonor, qui ne sçavoit pas alors l'intérêt qu'elle devoit prendre un jour à cette querelle, étoit encore si jeune, que les divertissemens de la cour l'occupoient bien plus que les intrigues du gouvernement. Ainsi elle ne se mêla point de la réponse que le roi fit

aux

aux députés de Matilde & de Geoffroy, qui fut telle qu'ils la pouvoient souhaiter.

Deux choses déterminerent le roi à prendre ce parti : la premiere, parce qu'il le crut le plus juste, comme il l'étoit en effet : la seconde, parce qu'il se souvint que lors qu'il avoit visité ses états de Guyenne après son mariage, le comte de Blois, qui étoit alors sur les terres de son comté, n'étoit pas venu au devant de lui : mépris qu'il n'oublia pas : & qui eut bonne part à la réponse favorable qu'il fit aux envoyés du comte d'Anjou. Ajoutez à cela, que la maison d'Anjou étoit attachée à celle de France par des liens trop étroits & trop anciens, pour l'abandonner ; & qu'enfin la politique de cette cour ne pouvoit souffrir qu'Etienne, prince remuant & ambitieux, unît à la couronne d'Angleterre & à son comté de Boulogne, le duché de Normandie, de peur qu'il ne lui prît envie de s'aggrandir encore davantage aux dépens de la France elle-même.

XXVI. Les résolutions ayant été ainsi prises dans le conseil du roi, & dans celui du comte d'Anjou, elles furent aussi-tôt exécutées. On fit passer des troupes dans le Boulenois, & le roi Louis & Geoffroy avec le gros de l'armée entrerent dans la Normandie. Etienne n'ayant point d'armée dans cette province, elle ne fit point de résistance ; & les peuples bien aises de rentrer sous la domination de leur légitime souveraine, prêterent serment de fidélité au comte Geoffroy son mari. Ce comte en fit aussi-tôt hommage au roi ; & en reconnoissance du service qu'il venoit d'en recevoir, il lui céda Gisors & le Vexin Normand, païs situé entre les rivieres d'Epte & d'Andelle, & les barrieres de la France & de la Normandie. C'est pourquoi ce fut depuis le théâtre de la guerre entre les rois de France & d'Angleterre, & souvent le prix de leurs victoires ou de leurs alliances.

XXVII. Etienne ne s'étonna point de ces progrès [1], & ayant donné les ordres nécessaires pour empêcher qu'en son absence les intrigues de Matilde & de ses partisans ne fissent soulever le peuple, il partit avec une flotte qu'il avoit fait équiper ; &, avec des troupes d'élite, il aborda en Normandie, qu'il regagna avec la même facilité avec laquelle le roi Louis & le comte d'Anjou venoient de la conquérir. Cette rapidité surprit si fort le roi de France, qu'il craignit de perdre aussi le Vexin, & qu'il fut d'ailleurs intimidé par ses ministres, entre lesquels Thibaut, comte de Blois, frere du roi Etienne, avoit des pensionnaires, qu'il traita avec ce roi aux mêmes conditions qu'il avoit traité il n'y

[1] L'an 1139.

avoit pas long-temps avec la comte d'Anjou :
& pour gage de cette alliance, il donna sa sœur
Constance en mariage à Eustache, comte de
Boulogne, son fils [1].

XXVIII. Il est mal aisé de justifier un tel
procédé, & l'histoire n'y trouve point d'autre
excuse, que la crainte que Louis eut des trahisons
que le comte de Blois formoit par le moyen
de ses intelligences, jusques dans son cabinet :
comme s'il étoit permis aux souverains de manquer de foi par de semblables motifs. Cette
légéreté fut suivie de plusieurs autres, qui firent
des taches à la réputation de ce roi, que la postérité ne lui a pu pardonner, & dont Matilde
& Geoffroy conçurent un vif ressentiment, qu'ils
firent passer à leurs enfans, auxquels ils en laisserent la vengeance. Mais qui auroit alors pensé
que la reine Eléonor dût être le principal instrument de cette vengeance, comme nous le verrons
dans la suite ?

XXIX. Cependant l'impératrice Matilde passa
en Angleterre sans mener de troupes avec elle,
se fiant aux intelligences que le comte de Glocester avoit dans le royaume. C'étoit son frere
naturel, homme de conseil & d'exécution,
prompt à concevoir un grand dessein, & plus
hardi encore à l'entreprendre ; fort attaché aux

[1] L'an 1140.

intérêts de Matilde, & l'ame de tous ses conseils. Il avoit passé avec elle, & quoiqu'il ne se trouvât à leur descente qu'une petite troupe de dix cavaliers, le comte se mit à leur tête, après avoir laissé l'impératrice dans le château d'Arondel [1] en la province de Sussex; & marcha avec autant d'assurance, que s'il avoit eu une grosse armée. Il n'eût pas fait beaucoup de chemin, qu'il fut joint par plusieurs milords, qui reconnurent Matilde pour leur souveraine, & peu de jours ensuite il se vit une armée capable non-seulement de résister aux ennemis, mais encore de les attaquer.

Le roi d'Ecosse, oncle de Matilde, prit les armes pour elle, & fit une si furieuse irruption dans l'Angleterre, qu'après s'être rendu maître du comté Northumberland, il entra dans la province d'Yorck, & fut joint par un grand nombre de seigneurs qui se déclarerent pour l'impératrice. Mais cette armée victorieuse vint

---

[1] C'est au célèbre comte de ce nom que l'Europe est redevabel du plus beau monument de chronologie qui soit au monde. Les marbres sur lesquels elle est gravée, furent trouvés dans l'île de Paros, au commencement du dix-septieme siecle, par Thomas Pétre, & apportés en Angleterre aux dépens du lord Howard, comte d'Arondel, qui les fit placer autour des murailles de son jardin, d'où son petit-fils les a fait enlever depuis, pour les déposer dans la célèbre bibliotheque de l'Académie d'Oxford, où ils sont actuellement. Ils sont également connus sous les titres de marbres de Paros, d'Arondel & d'Oxford.

échouer contre une poignée d'Anglois & de Normands, qui étant demeurés fideles au roi Etienne, avoient envoyé prier l'archevêque d'Yorck de leur prêter main-forte.

XXX. C'étoit alors la coutume que les évêques, à cause de leurs fiefs, assistoient les rois dans les batailles : & l'histoire de ce temps-là nous apprend que Philippe Auguste, qui régna en France après Louis VII, fit saisir les biens des évêques de Paris & d'Auxerre, parce qu'ils ne s'étoient point trouvés à l'armée. L'archevêque d'Yorck étant malade, ne pût venir en personne; mais il envoya l'évêque de Durham avec des troupes en sa place. Ce prélat étant arrivé mit l'armée en bataille, & lui tint ce discours : « Vaillants Anglois & Normands,
» auxquels l'Angleterre est soumise, qui faites
» trembler la France, qui avez conquis les
» royaumes de Naples & de Sicile, & qui
» maintenez celui de Jérusalem : l'Ecosse votre
» sujette vous insulte, & profitant de l'abscence
» de votre roi, & de l'invasion de ses ennemis,
» elle vient ravager vos provinces; elle se fie
» à la multitude de ses troupes, & méprise
» votre petit nombre. Montrez-lui que vous êtes
» toujours invincibles, que la valeur ne compte
» point les hommes, & que la victoire se déclare
» toujours pour les plus vaillantes troupes, &

" non pour les plus nombreuses [1] ". Les historiens ajoutent, qu'il finit sa harangue en donnant l'absolution à l'armée, qui poussa dans l'air des cris redoublés d'allégresse & de confiance, comme si elle eût été assurée de la victoire. Le combat commença aussi-tôt, & les Anglois que l'évêque avoit animés par son discours, y firent paroître un courage extraordinaire. Non-seulement ils soutinrent les efforts des Ecossois beaucoup supérieurs en nombre, mais ils les enfoncerent, les battirent & en firent un tel carnage, qu'il en resta onze mille morts sur le champ.

XXXI. Cependant la province de Northumberland avoit été enlevée au parti d'Etienne, & le comte de Glocester faisoit d'autres progrès, qui auroient pu renverser le trône de ce roi, encore mal affermi, s'il n'étoit accouru au secours en quittant la Normandie, qu'il crut être en sûreté par les gouverneurs fideles dont il avoit pourvu les places, & par l'alliance qu'il avoit faite avec le roi de France. Comme il étoit vaillant & plein de feu, il ne fut pas long-temps après son retour sans présenter le combat au comte de Glocester, qui ne lui étant inférieur ni en courage, ni en expérience, l'accepta, & eut le bonheur de remporter une pleine victoire [2],

---

[1] Matth. Paris.
[2] L'an 1141.

& de prendre Etienne prisonnier. Il l'envoya à l'impératrice Matilde, qui usant mal de sa bonne fortune, le fit jetter dans un cachot, chargé de chaînes.

Ce fut alors qu'on crut les affaires d'Etienne désespérées ; & il sembloit même, de la maniere dont Matilde le traitoit, qu'elle n'épargneroit pas sa vie : lorsque tout d'un coup les choses changerent de face, & que, par un revers surprenant, le comte de Glocester tomba dans une embuscade que lui dressa Guillaume d'Ypres, & fut pris & mené prisonnier dans une place de l'obéissance d'Etienne.

XXXII. Un événement si fâcheux & si imprévu n'arrêta pas seulement les victoires de Matilde, il lui en fit encore perdre tout le fruit ; & depuis cette fatale journée, elle n'eut plus que de méchans succés, qui l'obligerent enfin à sortir du royaume ; le ciel en ayant différé le recouvrement à un autre temps & par d'autres voies, pour montrer que c'est lui qui dispose des empires, & qui les donne à qui il lui plaît. Pour avoir la liberté du comte de Glocester, sans qui elle ne pouvoit rien faire, elle fut obligée de l'échanger avec le roi Etienne. C'étoit proprement descendre du trône pour y faire remonter son ennemi. En effet, Etienne ne fut pas plutôt en liberté, qu'il rétablit son autorité dans le royaume, & que chaffant Matilde de place en place, il la vint affiéger dans Oxford.

Mais les manieres hautaines, & les actions violentes de cette princeffe, lui faifoient encore plus de tort que les armes de fes ennemis. Les Anglois plus jaloux de leur gloire qu'aucune nation du monde, ne pouvoient fouffrir qu'on les traitât avec mépris; & la fierté de Matilde, qui affectoit les airs d'impératrice, leur devint bientôt infupportable. Ils étoient encore choqués de l'indignité qu'elle avoit fait fouffrir au roi Etienne dans fa prifon; & ceux même qui combattoient pour elle en avoient murmuré.

XXXIII. Etienne profita de ce mécontentement. Il avoit des gens apoftés, qui animoient les efprits par des difcours qui tenoient beaucoup de la fatyre & de la fable, mais que le peuple prévenu écoutoit avec plaifir. Ils difoient que ce n'étoit pas fans caufe qu'elle retenoit toujours le titre d'impératrice, nonobftant fon fecond mariage avec le comte d'Anjou : que l'empereur Henri n'étoit pas mort en effet, qu'elle étoit toujours fa femme, & qu'elle couvroit du nom de mariage une honteufe proftitution; que les enfans qu'elle avoit eus de Geoffroy étoient des bâtards, indignes de fuccéder au royaume d'Angleterre, auffi bien que leur mere; & qu'Etienne étoit le feul des defcendans de Guillaume le

Conquérant, qui fût digne d'hériter de ses états, comme il avoit hérité de ses vertus.

Ce qui donnoit lieu à cette satyre, c'est qu'il avoit paru un homme peu de temps après la mort de l'empereur Henri, qui se disoit être lui-même. Comme il lui ressembloit extrêmement de taille & de visage, & qu'il y avoit dans son air & dans ses actions la même majesté que cet empereur avoit fait paroître dans les siennes, il en imposa d'abord au peuple par cet extérieur, & pensa former un parti dans l'empire. Mais le fourbe ayant été découvert, on le confina dans un monastere, où il passa le reste de ses jours. Cependant comme cette punition sembloit peu proportionnée à la qualité du crime, on disoit que c'étoit un moyen qu'on avoit trouvé pour conserver la paix de l'empire, en faisant disparoître l'empereur. Quelques-uns furent assez crédules pour ajouter foi à ce conte; & ce fut un prétexte aux autres, qui ne pouvoient s'accommoder des manieres hautaines de Matilde, pour abandonner son parti.

XXXIV. Etienne la tenoit toujours assiégée dans Oxford, où elle s'étoit renfermée sans vivres & sans provisions. Elle y soutint néanmoins le siége pendant plus de deux mois, résolue à tout risquer plutôt que de tomber entre les mains de ce prince, après le traitement qu'elle lui avoit fait. Il auroit fallu pourtant en venir à cette extrémité, si l'embarras dans lequel elle se trouvoit ne lui eût fait imaginer un moyen ingénieux d'en sortir. On étoit à la fin de décembre, & après une gelée qui avoit glacé toutes les rivieres, il étoit tombé beaucoup de neige, dont la terre étoit couverte. Matilde s'avisa de s'habiller tout de blanc, commandant à ceux de sa suite de faire la même chose; & sortant la nuit par une porte dérobée, elle passa la riviere sur la glace, & traversa le camp des ennemis sans être découverte, parce que la blancheur éblouissante de la neige & des habits empêchoit qu'on ne pût distinguer les objets. S'étant ainsi échappée, elle repassa la mer, & Etienne reconquit la plupart des provinces qu'elle avoit fait soulever; le comte de Glocester se maintenant dans les autres.

XXXV. Mais Geoffroy qui avoit sçu profiter de la prison d'Etienne, étoit entré avec une armée dans la Normandie, dont il reprit les meilleures places. Le comte de Glocester passa la mer [1] pour s'aboucher avec lui, & le pria à son départ de lui donner le jeune Henri son fils aîné, qu'il ramena en Angleterre. Il le fit élever à Bristol avec beaucoup de soin, & lui donna des maîtres pour l'instruire dans la connoissance de

[1] L'an 1142.

la langue latine & des sciences dont il pouvoit être capable, n'ayant pas encore dix ans accomplis. Mais il tâchoit sur-tout de le former de bonne heure aux mœurs & aux coutumes des Anglois, afin que, quand il seroit en âge de les gouverner, il les trouvât disposés à lui obéir, & à le rétablir sur le trône de son ayeul [1]. Il le garda quatre ans, au bout desquels le comte d'Anjou son pere souhaita de le revoir, & députa en Angleterre trois seigneurs de sa cour avec une troupe de soldats d'élite, pour servir d'escorte au jeune prince, qu'il les chargea de lui ramener. Il écrivit au comte de Glocester, qu'il n'avoit pu resister à l'envie qu'il avoit de voir son fils ; & qu'après avoir satisfait à sa tendresse, il le feroit reconduire en Angleterre. Il le garda pourtant deux ans, au bout desquels il lui fit repasser la mer : sçachant de quelle conséquence il étoit qu'il gagnât par sa présence le cœur d'une nation fiere, & qui veut être caressée par ses princes.

XXXVI. Le comte de Glocester le voyant de retour, continua de prendre soin de son éducation. Il lui donna des maîtres pour former son corps aux exercices de la guerre, pour lui apprendre à monter à cheval, & pour lui montrer à se servir avec adresse des armes qui étoient

---

[1] L'an 1149.

alors en usage, afin qu'il pût s'en servir un jour avec succès. Il lui donna aussi d'habiles précepteurs, qui s'appliquerent à cultiver son esprit. Et comme le jeune Henri avoit de la vivacité, qu'il étoit bien fait de corps, & d'un tempérament robuste, il réussit admirablement par tout, & fit dans les armes & dans les sciences des progrès qui étonnoient ses maîtres, & qui donnerent au comte de Glocester de grandes espérances.

SOMMAIRE
DU SECOND LIVRE.

RAOUL de Vermandois répudie la sœur du comte de Champagne, pour épouser Alix. Guerre qui s'en enſuivit. II. Thibaud fait excommunier Raoul. III. Le roi prend le parti de Raoul, brûle Vitry & ſes habitans. Son repentir, & ſon vœu pour une croiſade. IV. Origine des différends ordres de chevalerie. V. Les vices & la déſunion s'introduiſent parmi les chevaliers. VI. Le ſatrape d'Héliopolis en profite, & s'empare de pluſieurs places. VII. Le roi prétend au comté de Toulouſe. Entre en accommodement avec le comte de SaintGilles. VIII. Longue vie de Jean d'Etampes. IX. Départ du roi & de ſa ſuite pour la Terre-Sainte. La reine eſt du voyage. Il laiſſe la régence du royaume à Suger & au comte de Vermandois. X. Marche & deſcription de l'armée des croiſés. XI. Ancienne jalouſie entre les empereurs d'Orient & d'Occident. Perfidie de Manuel. XII. Louis paſſe le Méandre malgré les ennemis. Tombe dans une embuſcade. Sa réſolution & ſa harangue. Arrive à Attalie. XIII. Les Antiochiens conſervent leur principauté à la fille de Boëmond. XIV. Réception du roi & de la reine par le comte Raymond de Saint-Gilles. Leur meſintelligence. *Le roi est jaloux de la reine. Il la fait enlever.* XV. *Sujet de cette jalousie.* XVI. *Naissance & mérite extraordinaire de Saladin. Sa jeunesse; ses belles qualités. Reçoit les députés de la reine.* XVII. *Le roi en est instruit, & soupçonne la reine d'intelligence avec ce généreux Turc. Suite de cette aventure.* XVIII. *Description de la ville de Damas, & son siege par l'armée des croisés.* XIX. *Origine du luxe, des armoiries, de la poésie & de la langue françoise.*

LIVRE SECOND.

Je n'ay rien dit de ce qui se passa pendant ce temps-là en Angleterre entre le roi Etienne & les seigneurs du parti de Matilde, n'en ayant pas jugé les événemens assez considérables. Mais il faut voir ce qui se passa en France, parce qu'il est de plus grande importance, & qu'il a d'ailleurs plus de rapport à l'histoire que j'écris.

Tout y étoit tranquille [1]. Une profonde paix donnoit lieu aux divertissemens de la cour, & faisoit en même temps le bonheur des peuples : lorsque tout d'un coup la division & la guerre sortant du milieu des plaisirs, mirent tout le royaume en trouble. Raoul, comte de Vermandois, proche parent du roi, seigneur d'un grand mérite, mais sensible aux deux plus violentes passions, l'amour & l'ambition, se laissa charmer par la beauté de la princesse Alix, sœur de la reine. Et quoi qu'il fût marié avec une parente [2] du comte de Champagne, il pensa pourtant à épouser Alix, en répudiant sa femme sous prétexte de parenté. Peut-être aussi qu'il cherchoit autant à satisfaire son ambition que son amour, par un mariage qui le faisoit devenir beau-frere

---

[1] Depuis l'an 1142 jusqu'à l'an 1147.
[2] C'étoit, selon Mézerai, Gerberte, cousine-germaine de Thibaud, comte de Champagne.

du roi, & qui lui donnoit des prétentions fur la Guyenne, fi la reine venoit à mourir fans enfans. Quoi qu'il en foit, ayant fait agréer fon mariage au roi & à la reine, auffi bien qu'à la jeune princeffe, il convoqua un nombre d'évêques pour faire les informations de la parenté qui étoit entre lui & fa femme, afin de faire caffer leur mariage. On étendoit alors fi loin les degrés de parenté, qu'il eût été bien difficile de n'en point trouver entre la femme & le mari, fur-tout dans les familles des princes, qui font bien aifes de multiplier leurs alliances. Les évêques affemblés trouverent donc ce degré de parenté qui rendoit le mariage du comte de Vermandois illégitime, & prononcerent le divorce. Mais la femme irritée de cet affront, & ne pouvant fouffrir que fa rivale la chafsât du lit de fon mari, protefta contre l'injuftice des évêques, & chercha auprès du comte de Champagne fon parent un fecours capable de la rétablir dans fes droits.

II. La maifon de Champagne étoit fi puiffante, qu'elle cédoit à peine à celle de France. Elle avoit comme elle fes pairs, & poffédoit avec la Champagne & la Brie, les comtés de Blois, de Chartres, & de Sancerre, dans le cœur du royaume, dont ce païs eft une des plus délicieufes & des plus fertiles contrées. Le comte Thibaut, l'aîné de la maifon, étoit d'ailleurs un prince vaillant & fage,

aimé

aimé de ses peuples pour sa bonté, respecté de ses voisins pour sa justice, & dont la magnificence lui avoit gagné le cœur de tout le monde. Mais tant de puissance & tant de vertus donnoient de la jalousie à la cour de France. Le comte qui ne l'ignoroit pas, pensoit moins à la diminuer, qu'à s'en garantir, en balançant l'autorité de cette cour en toutes rencontres, & prenant toujours le parti de ceux qu'elle vouloit opprimer. C'est ce qu'il venoit de faire dans le démêlé que le roi avoit eu avec le pape, au sujet de l'archevêché de Bourges, qui avoit été si loin, que le pape soutenant l'élection que le clergé avoit faite, avoit excommunié le roi qui s'y opposoit. Le comte de Champagne n'avoit donc garde d'abandonner sa parente dans une cause qui lui sembloit encore plus juste que celle de l'archevêque, & dans laquelle il étoit assuré de faire intervenir le pape en sa faveur. Il ne se trompa pas. Le pape bien aise de chagriner le roi, à qui l'excommunication n'avoit rien fait relâcher de l'affaire de Bourges, reçut l'appel de la princesse répudiée, cassa le jugement des évêques, & les mit en interdit ; condamna le comte de Vermandois à reprendre sa femme, & à son refus il l'excommunia.

III. D'autre côté le roi de France, qui ne pouvoit abandonner la cause du comte de Vermandois, ni l'honneur de sa belle-sœur, se jetta avec une armée dans les terres du comte de Champagne, qu'il regardoit comme son ennemi, aussi bien que comme l'ennemi du comte de Vermandois ; vengeant en même-temps ses injures & celles de son beau-frere. Le comte de Champagne étonné de cette irruption, & ne se voyant pas en état de la soutenir, ne trouva point de meilleur moyen pour s'en délivrer, que de prier le pape de lever l'excommunication. Ainsi le comte de Vermandois étant satisfait, le roi retira ses troupes. Mais à peine les avoit-il congédiées, que le pape, soit de son mouvement, ou à la sollicitation du Champenois, fulmine une seconde fois l'excommunication. La nouvelle en étant portée au roi, il rassemble promptement ses troupes, prévient encore une fois le comte de Champagne, entre dans son païs à la tête d'une puissante armée, ne respirant que la vengeance, & mettant tout à feu & à sang. La ville de Vitry qui se trouva sur son passage fut emportée de vive force. Tout y fut passé au fil de l'épée, ou périt par les flammes. Plus de trois mille[1] personnes s'étoient réfugiées dans l'église, espérant que le roi respecteroit la sainteté de l'asyle : mais il n'écouta que sa colere,

---

[1] Cet acte d'inhumanité, dont du Tillet porte le nombre de victimes à plus de 1500, fut d'autant plus malheureux, qu'il devint l'un des motifs de la seconde croisade où périrent tant de braves Européens.

& fit mettre le feu à l'église, où tant de malheureux furent brûlés. Que le plaisir de la vengeance est court & turbulent, & que le repentir en est long & amer ! Lorsque la colere du roi fut passée, & qu'il vint à considérer de sang froid le triste spectacle qui s'offroit à ses yeux, une ville ruinée de fond en comble par ses ordres, ses maisons brûlées ou abattues, ses églises en cendre, ses habitans consumés au pied des autels : il fut saisi d'une douleur qui faillit à le faire mourir, & fut long-temps inconsolable. Il fallut envoyer quérir Bernard, abbé de Clervaux, homme qui vivoit dans la réputation d'une si grande vertu, qu'il mérita le titre de Saint après sa mort, & qui n'étoit pas moins renommé pour son sçavoir & pour son éloquence, que pour sa piété. C'étoit un gentilhomme Bourguignon, qui à l'âge de vingt-deux ans se retira du monde dans le monastere de Cîteaux, d'où il fut envoyé cinq ans après dans celui de Clervaux nouvellement bâti sur la riviere d'Aube en Champagne, & dont il fut le permier abbé. Il étoit l'oracle de son siecle, & ses écrits sont encore aujourd'hui fort estimés. Il eut bien de la peine à remettre l'esprit du roi, qui disoit que rien n'étoit capable d'expier le massacre & le sacrilege qu'il venoit d'autoriser. Mais il n'en eut pas moins à retenir le ressentiment du comte de Champagne, qui ayant levé une armée, vouloit pourfuivre la vengeance du meurtre de fes fujets. Il fallut que le roi l'envoyât complimenter le premier, lui faifant témoigner par fon ambaffadeur le déplaifir qu'il avoit de ce qui s'étoit paffé; qu'il s'obligeât de réparer tout le dommage qu'il avoit fait, & qu'il promît de ne s'oppofer plus à l'établiffement de l'archevêque de Bourges que le clergé avoit élu, & dont le comte de Champagne avoit pris le parti. Mais le roi preffé par les remords de fa confcience, crut qu'il ne fuffifoit pas d'appaifer la colere des hommes, s'il n'appaifoit encore celle de Dieu. Ce fut pour cela qu'il fit vœu de mener une armée au fecours de la Terre-Sainte, que les infideles menaçoient d'enlever aux chrétiens, en les chaffant de Jérufalem. C'étoit la dévotion de ces temps-là; & les rois, auffi bien que les peuples, fe trouvoient dans cette prévention, qu'ils eftimoient que les pélérinages & les croifades étoient les plus faintes actions de la religion. Ce zèle qui s'empara de l'efprit des chrétiens occidentaux fur la fin du fiecle précédent, avoit pour but, au moins en apparence, d'arracher aux Sarrafins la ville de Jérufalem, & le Saint-Sépulcre. Mais peut-être qu'il y avoit moins de piété que d'ambition dans ce deffein. Quoi qu'il en foit, ces expéditions s'appelloient croifades, parce que ceux qui s'enrôloient prenoient la croix: & ces milices facrées, comme on les nommoit, s'affembloient fous un ou plufieurs princes chrétiens, dont le pape étoit le chef, ayant fes légats dans les armées pour y exercer fon autorité. La premiere croifade s'étoit faite il y avoit cinquante ans. Elle avoit conquis la Paleftine & une partie de la Syrie, où les chrétiens avoient érigé le royaume de Jérufalem, dont le fameux Godefroy de Bouillon fut le premier roi, & fondé les principautés d'Antioche, d'Edeffe, & de Tripoli. Louis VII fut l'auteur de la feconde, dans le deffein d'expier le maffacre de Vitry, en allant fecourir ces chrétiens orientaux, que les Turcs & les Sarrafins commençoient d'opprimer: & fon zèle donna de l'émulation à Conrad, empereur d'Allemagne, qui prit auffi la croix. Il y avoit eu une autre croifade quelques années auparavant; mais les vents contraires avoient jetté les croifés fur les côtes d'Efpagne, où ils ne rendirent pas moins de fervice à la chrétienté, que s'ils avoient paffé en Afie, ayant aidé au roi de Caftille à chaffer les Mores de la Galice. En reconnoiffance d'un fervice fi important, le roi donna cette province, qu'il érigea en comté, à Henri de Lorraine leur chef, dont le fils nommé Alphonfe fut le premier roi de Portugal. Ainfi ne comptant point cette croifade qui demeura en chemin, il eft vrai que ce fut Louis VII, & l'empereur Conrad qui firent publier la feconde, dont ils furent les chefs.

Avant que de les suivre dans cette expédition, je crois être obligé de donner une idée des établissemens que les chrétiens de l'Europe avoient fait dans l'Orient, sous le regne de Godefroy de Bouillon qui fut fort court, & de l'état où ils se trouvoient depuis sa mort. La princesse dont j'écris l'histoire m'y oblige, puisque sa curiosité ou son malheur l'engagea à suivre le roi dans ce voyage, qui leur fut fatal à tous deux.

IV. Les premiers croisés ne penserent pas seulement à faire des conquêtes, ils eurent encore soin d'assurer aux chrétiens de l'Europe le chemin de Jérusalem, lorsque leur dévotion leur en feroit entreprendre le voyage. La politique n'avoit pas moins de part à cette conduite, que la religion: car en tenant la porte ouverte aux chrétiens d'Occident, ils se préparoient du secours, qui ne leur pouvoit venir que de ce côté-là. Ce fut dans ce dessein que fut institué l'ordre des Templiers, ainsi nommés, parce qu'ils avoient leur logement près du temple de Jérusalem: ordre qui d'un foible commencement parvint à une telle puissance, qu'il se rendit redoutable aux plus grands rois de la chrétienté. Mais cette élévation ayant causé son orgueil, son orgueil attira sa ruine. Il se maintint long-temps dans une si grande réputation de valeur & de courtoisie, qu'on disoit de ces chevaliers, qu'il n'y avoit rien de plus fier & de plus terrible l'épée à la main dans un jour de combat, ni de plus doux & de plus honnête hors de ces occasions. La marque de cet Ordre étoit la croix rouge qu'ils portoient sur l'habit blanc. Deux autres ordres s'établirent en même temps, & à peu près pour la même fin: l'ordre des Hospitaliers, qu'on nomma aussi l'ordre de Saint-Jean; & l'ordre Teutonique. Leur institution regardoit proprement les malades, les hôpitaux, & le soin des pélerins qui abordoient à Jérusalem: mais il n'y eut que les moins considérables d'entr'eux qui demeurerent chargés de ces emplois; les autres faisant profession de combattre pour la foi. Au reste, les chevaliers de l'ordre Teutonique ne s'intéressoient guere que pour ceux de leur nation; & peu d'années après l'empereur Frederic II les ramena tous en Allemagne, leur proposant la conquête de la Prusse, dont les peuples étoient alors païens. Ils l'entreprirent, & en vinrent à bout. Ils firent encore de plus grandes conquêtes le long de la Vistule [1], dans lesquelles ils se sont maintenus, jusqu'à ce qu'Albert, markgrave de Brandebourg, qui avoit été élu grand maître de cet ordre, fut fait duc souverain de Prusse,

---

[1] Grand fleuve d'Europe, qui prend sa source au mont Krapach, en Silésie, passe par la Mazovie & la Prusse, & se jette dans la m Baltique par plusieurs embouchures.

& qu'ayant épousé la princesse de Dannemarck, il laissa ce duché à sa postérité [1]. L'ordre Teutonique se conserve pourtant encore en Allemagne, où il a son grand-maître, ses chevaliers, & des revenus considérables. La marque de cet ordre étoit la croix noire sur l'habit blanc. Les chevaliers de Saint-Jean portoient au contraire la croix blanche sur l'habit noir. Les Turcs n'ont point encore aujourd'hui de plus dangereux ennemis que ces derniers, qui furent connus depuis par le nom de Rhodes, & qui le sont présentement par celui de chevaliers de Malthe, lesquels, avec de moindres richesses, ont acquis plus de gloire, & soutiennent encore aujourd'hui leur ancienne réputation.

V. La valeur de tous ces chevaliers fut invincible, tant qu'ils ne se laisserent point vaincre par leurs vices : mais l'avarice & l'ambition corrompirent bientôt les Templiers, qui de défenseurs de la cause commune, se firent chefs de parti ; & la division se mit entre les princes croisés, qui songerent plus à se nuire les uns aux autres, qu'à s'entresecourir. La mort de Foulques d'Anjou, qui laissoit à sa femme l'administration du royaume de Jérusalem [2], & la tutelle de deux enfans, dont l'aîné n'avoit que treize ans, com-

---

[1] L'an 1525.
[2] L'an 1142.

mença d'apporter du désordre par les cabales auxquelles les minorités des princes font sujettes. Ces mouvemens se communiquerent aux autres états de la domination chrétienne ; & comme ces premiers héros, Godefroy de Bouillon, Boëmond & Tancrède qui les avoient maintenus par leur sagesse, après les avoir conquis par leur valeur, n'étoient plus, & que leurs successeurs n'avoient pas hérité de leurs vertus, en héritant de leurs états, on ne vit par-tout que des troubles, qui ouvrirent la porte aux invasions des infideles.

VI. Le satrape [1] d'Heliopolis profitant de cette désunion, assiegea & prit Edesse [2], & avec cette place, tout ce que les chrétiens occupoient dans la Mésopotamie. Son fils aîné, nommé Mirmiran, s'y établit après sa mort, & son cadet nommé Noradin, non content du gouvernement d'Héliopolis, y voulut joindre la principauté d'Antioche : pendant que d'un autre côté le roi de Damas formoit des desseins sur la ville de Jérusalem.

VII. C'étoit l'état où se trouvoient les chrétiens dans l'orient, lorsque Louis VII résolut de passer à leur secours. Mais il voulut, avant que de partir pour cette expédition, obliger Alphonse, comte de Saint-Gilles, à lui céder le comté de

[1] Dont le nom étoit Sanguin.
[2] L'an 1144.

Touloufe, qu'il prétendoit appartenir à la reine Eléonor. En effet, fa mere étoit fille unique & héritiere de Guillaume d'Arles & de Touloufe. Mais le comte de Saint-Gilles, cadet de Guillaume, difoit que fon frere lui en avoit fait une vente[1]. Ce contrat étoit contefté, & le roi pouffé par la reine Eléonor, qui n'aimoit pas tant les plaifirs, qu'elle ne fût auffi fenfible à fes intérêts, fit marcher des troupes pour s'emparer de Touloufe de gré ou de force. Il ne put neanmoins exécuter fon deffein. Il trouva le comte de Saint-Gilles fi réfolu à fe bien défendre, & toutes fes places fi bien pourvues, qu'il n'ofa s'engager dans une guerre réglée, & qu'il retira fes troupes, après un accommodement fait avec ce comte, fe contentant de la promeffe qu'il lui fit de paffer en Orient avec lui. Cette alliance fut confirmée depuis au retour de leur voyage d'Afie, par le mariage de Conftance, fœur du roi, qui devint veuve du comte de Boulogne, avec Raymond, fils du comte de Saint-Gilles.

VIII. On rapporte à ce temps-là la mort de Jean d'Etampes, que d'autres nomment Jean des Temps, à caufe de fa longue vie : ayant commencé à porter les armes fous Charlemagne, & n'étant mort que fous le regne de Louis VII: de forte qu'il auroit vécu près de quatre cens

[1] L'an 1146.

ans. Il y a pourtant des auteurs qui difent qu'on s'eft trompé, & que ce ne fut pas pour Charlemagne qu'il combatit, mais pour Charles de Lorraine, dernier des fucceffeurs de Charlemagne, qui fut dépouillé par Hugues Capet; & à ce compte il auroit au moins vécu près de deux cens ans.

IX. Le roi ne voyant plus rien qui pût retarder fon voyage, ne penfa qu'à fe mettre en chemin. Les comtes de Dreux, de Flandre, de Champagne, de Saint-Gilles, de Nevers, de Soiffons, & quantité d'autres feigneurs le fuivoient : & les prédications de faint Bernard, qui par fes ordres & par ceux du pape avoit prêché la croifade, avoient eu un tel fuccès, que tout le monde vouloit paffer en Afie. Ceux qui s'enrôloient envoyoient une quenouille & un fufeau à ceux qui ne prenoient point la croix, pour les piquer par là & leur reprocher leur lâcheté. Les femmes elles-mêmes ne voulant point s'exempter de cette milice facrée, formerent des efcadrons, renouvellant l'hiftoire ou la fable des anciennes Amazônes : & la reine Eléonor à leur exemple voulut auffi être du voyage ; foit qu'elle crût trouver plus de divertiffement à la fuite de la cour, qui accompagnoit le roi, que dans un royaume qui alloit être defert ; ou qu'elle ne pût, comme elle difoit, demeurer fi long-temps séparée du roi son mari, dans le chagrin de son absence, & dans l'incertitude de son retour.

Le roi laissa la régence de son royaume [1] au comte de Vermandois, & à Suger [2] abbé de Saint-Denys. Ce dernier avoit moins d'autorité en apparence, & plus de crédit en effet. C'étoit lui qui étoit chargé de l'expédition des affaires, sous prétexte de soulager le comte de Vermandois, à qui il avoit été joint pour éclairer ses actions, & pour l'empêcher de rien entreprendre, si l'absence du roi lui en faisoit concevoir la pensée. Il avoit eu bonne part aux affaires du

---

[1] L'an 1147.

[2] Célèbre ministre des rois Louis le Gros & Louis le Jeune, & régent du royaume sous le dernier, lorsqu'il fut en Palestine, nâquit à Toury dans la Beauce en 1082, & mourut à l'abbaye de Saint-Denys âgé de soixante-dix ans, généralement regretté. Ce fut en 1147, jour de la Pentecôte, que Louis le Jeune, avant de partir pour la croisade, alla prendre à Saint-Denys l'oriflame, & remettre à Suger les lettres de régence pour qu'il gérât les affaires du royaume en son absence. Ce sage ministre méritoit d'autant plus la confiance de son roi, qu'il fit les plus grandes instances pour ne pas accepter cet emploi. L'Europe entière étoit tellement convaincue de son habileté & de son intégrité, que plusieurs princes le nommoient arbitre dans des affaires de très grande importance. Pendant l'espace de deux ans & quatre mois que dura l'expédition de la Terre-Sainte, le roi lui écrivit d'Antioche sur la fin de l'année 1148, qu'indépendamment de la perte de la plus grande partie de ses troupes, il étoit encore accablé de chagrins domestiques, occasionnés par les procédés d'Eléonor. On reconnut à ces nouvelles accablantes, mais trop tard, combien on auroit agi sagement, si on avoit suivi le conseil du ministre, qui avoit fait tout ce qu'il avoit pu pour tacher de détourner le roi d'aller en personne à cette périlleuse expédition. Il usa

regne précédent. Sa fidélité étoit connue, aussi bien que son habileté; & l'on sçavoit de plus, qu'il n'avoit pas moins de fermeté, que le comte de Vermandois avoit de hardiesse.

Le roi menant avec lui la reine sa femme, partit au commencement de l'été, suivi des seigneurs de sa cour & de toute la cavalerie. Il traversa la Hongrie & la Thrace, & ayant passé le Bosphore, il continua son chemin pour arriver en Syrie; mais ce ne fut pas sans danger, ni sans en venir aux mains avec les infideles, comme je le dirai bientôt. L'empereur Conrad étoit parti un peu avant lui, prenant son chemin

---

d'ailleurs des finances avec tant d'économie, que, sans être obligé d'avoir recours à de nouveaux impôts, il trouva le moyen d'envoyer de l'argent au roi, toutes les fois qu'il lui en demanda. On a cru qu'il ne seroit pas indifférent de trouver ici le parallele de saint Bernard & de Suger, par M. l'abbé Reynal.

« Ces deux hommes avoient tous deux de la célébrité & du mérite. » Le premier avoit l'esprit plus brillant, le second l'avoit plus solide. » L'un étoit opiniâtre & inflexible; la fermeté de l'autre avoit des » bornes. Le solitaire étoit spécialement touché des avantages de » la religion; le ministre du bien de l'état. Saint Bernard avoit » l'air, l'autorité d'un homme inspiré : Suger, les sentimens & la » conduite d'un homme de bon sens. Un sage n'a jamais raison au- » près de la multitude, contre un enthousiaste. Les déclamations » de l'un l'emporterent sur les vues de l'autre, & le zele triompha » de la politique. Les suites de cette entreprise, (il est question ici » de la croisade de Louis le Jeune) également honteuse & funeste, » apprirent à l'univers, qu'un homme d'état lit mieux dans l'avenir » qu'un prétendu prophète ». Le portrait du ministre, dans ce parallele, paroît conforme à l'idée que l'on doit avoir de ce grand homme; & celui de saint Bernard peut être un peu trop forcé.

par Constantinople, siege de l'empire Grec, où regnoit alors Manuel, beau-frere de Conrad.

X. On n'avoit point vu de si belle armée depuis la premiere croisade. Les troupes de l'empereur & celles du roi étoient à peu près égales. Il y avoit dans chaque armée soixante & dix mille gendarmes sans la cavalerie legere, & une fois autant d'infanterie. Mais ce ne sont pas toujours les plus grandes armées qui font les plus grandes conquêtes. Alexandre avec beaucoup moins de troupes passa en Asie, & s'en rendit maître. Les rois de Perse au contraire, avec des millions d'hommes voulant passer en Europe, furent battus par un petit nombre de Grecs, & contraints de se retirer chez eux avec honte [1]. Il en arriva autant à l'empereur Conrad & au roi; mais ce fut moins par la valeur de leurs ennemis, que par la perfidie de leurs alliés, & par la jalousie de l'empereur de Grece. Je crois être obligé de rapporter la cause de cette envie, avant que de faire mention des calamités qu'en souffrit l'empereur Conrad.

XI. Depuis que l'empire avoit été partagé [2] entre

---

[1] C'est Xerxès qui perdit la fameuse bataille de Salamine contre les Grecs, la premiere année de la soixante-quinzieme olympiade, 480 ans avant J. C.

[2] L'an 802.

Charlemagne & Nicéphore, dont le premier portoit le titre d'empereur d'Occident ou des Latins, & le second celui d'empereur d'Orient ou des Grecs, il y avoit toujours eu entre ces deux puissances une jalousie, que les papes d'un côté, & les patriarches de l'autre, augmentoient encore tous les jours. Ainsi l'intérêt de la religion se mêlant avec celui de l'état, il s'en forma une haine irréconciliable. Mais la jalousie des Orientaux s'accrut extrêmement, par la crainte qu'ils eurent que les Occidentaux passant à la conquête de la Terre-Sainte, ne voulussent se saisir de Constantinople par des raisons de bienséance & de commodité, afin d'avoir le passage libre en Orient, ou par des motifs d'ambition, auxquels il est assez difficile à des conquérans de résister. Leur mécontentement alla si loin, que du temps de la premiere croisade le gouverneur de Durazzo arrêta Hugues, frere du roi Philippes, & qu'il l'envoya à l'empereur de Grèce, qui ne le délivra que par la peur qu'il eut de l'armée des croisés, qui parut peu de temps après aux portes de Constantinople. Les Grecs n'avoient donc garde de favoriser la seconde expédition des Latins, qui renouvelloit la frayeur que la premiere leur avoit donnée.

Mais l'empereur Conrad crut que l'alliance qu'il avoit avec Manuel, ces deux princes ayant épousé les deux sœurs, prévaudroit sur la haine de la nation, & il se rendit avec son armée aux environs de Constantinople sur la fin de septembre [1]. Manuel l'envoya complimenter, le félicitant de son arrivée, & l'assurant qu'il lui feroit fournir toutes choses dont son armée auroit besoin pour la continuation de son voyage contre leurs ennemis communs. C'étoient de belles paroles qui cachoient une noire perfidie. Mais Conrad trop crédule accepta ses offres, & lui demanda des vivres pour ses troupes, & des guides pour le conduire dans la Syrie. Manuel lui fournit l'un & l'autre ; mais il fit mettre de la chaux dans les farines, de sorte que le pain qu'on en faisoit pour les soldats fut un poison dont plusieurs moururent, & il envoya des guides qui promenerent cette armée languissante par les rochers & les montagnes de la Cappadoce, où elle périt de faim & de soif; au lieu de la mener par la Phrygie & la Lycaonie, où elle n'auroit manqué de rien. Pour comble de perfidie, ces guides ayant sçu que le sultan d'Iconie [2], avec qui ils avoient intelligence, approchoit, ils disparûrent en une nuit, & abandonnerent les Allemands, qui se virent aussitôt investis par les Turcs. L'état où les avoit mis la méchante nour-

[1] L'an 1146.
[2] Coggny.

riture

riture & la fatigue du chemin, rendit leur défaite facile aux ennemis, qui les taillerent en pieces : de sorte qu'à peine s'en sauva-t-il la dixieme partie avec l'empereur, qui fut obligé de retourner sur ses pas avec le débris de son armée, & chercher du secours auprès du roi de France. Il fallut pour cela faire un long chemin. Car le roi qui venoit après lui, côtoyant les bords de la mer Egée, n'étoit encore qu'à Smyrne, où il le reçut, & tâcha de le consoler de sa disgrace. Mais Conrad ayant honte de se voir en si pauvre équipage, & de faire sa cour au roi, s'en retourna à Constantinople ; soit qu'il crût Manuel innocent de la trahison qu'on lui avoit faite, ou qu'il aimât mieux chercher du secours dans cette perfide cour, que de se voir à la suite d'un roi de France. L'empereur Grec dissimulant la maligne joie qu'il avoit de la disgrace de Conrad, affecta d'en être touché ; lui étant plus facile de témoigner de la compassion pour son malheur, qu'il ne lui avoit été de dissimuler la jalousie qu'il avoit eue de le voir à la tête d'une puissante armée.

XII. Cependant le roi continuant son voyage traversa l'Ionie[1], passa le Cayftre, & arriva sur les bords du Méandre, qui coule dans le plus beau païsage du monde. On diroit à voir les tours & les retours qu'il y fait par ses fréquens

[1] L'an 1148.

replis, qu'il a de la peine à s'en éloigner ; & une infinité de cygnes qui se plaisent dans ses eaux, font une perspective fort agréable. Les Turcs estoient campés à l'autre bord, résolus de lui disputer le passage. Le fleuve n'étoit pas guéable, & il n'y avoit point de bateaux pour le passer. Mais qui peut arrêter une armée qui veut combattre, & qui a son roi pour témoin de ses actions ? La cavalerie se jette à l'eau, le courant en emporte quelques-uns, plusieurs sont assommés par les ennemis, & d'autres plus heureux gagnent la rive malgré la résistance des Turcs épouvantés de leur hardiesse. Ceux-là pourtant auroient péri, leur petit nombre n'étant pas capable de soutenir long-temps un combat si inégal, si on n'eût trouvé un gué, par où toute l'armée passa & accourut à leur secours. Les ennemis furent alors repoussés, & se retirerent en désordre.

Cette victoire sembloit être d'un bon augure : mais elle fut plus funeste aux vainqueurs qu'aux vaincus. Les François mépriserent un ennemi qu'ils avoient battu, & en devenant plus téméraires, ils en devinrent aussi plus négligens. Ils trouverent quelques jours après sur leur marche une montagne, dont le roi jugea à propos que l'avant-garde se hâtât d'occuper la hauteur, & de s'y retrancher, pendant qu'il s'avanceroit avec le corps de bataille, qui marchoit plus pesamment à cause des machines. L'avant-garde se saisit donc du haut de la montagne ; mais au lieu de s'y loger, & d'y attendre l'armée, il lui prit envie de descendre dans la plaine, où elle voyoit des eaux & du fourage en abondance : abandonnant ainsi le poste qu'elle devoit garder, sans faire réflexion que les ennemis pouvoient être cachés derriere la montagne, & venir aussi-tôt qu'ils en seroient partis se mettre entr'eux & leur arriere-garde. C'est en effet ce qui arriva. Les Turcs couverts des montagnes épioient l'occasion d'une surprise. Ils ne manquerent pas celle qui se présentoit ; & l'avant-garde ne fut pas plutôt descendue dans la plaine, qu'ils firent filer leurs troupes par pelotons dans la montagne, dont ils occuperent toutes les avenues, se postant dans les lieux les plus escarpés & les plus inaccessibles. Le roi cependant, qui venoit avec le gros de l'armée, montoit la montagne sans se douter de l'embuscade, croyant que les siens l'attendoient sur le sommet, suivant l'ordre qu'il en avoit donné. Les ennemis ne se remuoient point, qu'ils ne vissent l'armée trop engagée pour pouvoir retourner sur ses pas, les chevaux fatigués & hors d'haleine, & le soldat qui croyoit n'avoir rien à craindre, marchant en désordre. Ils sortent alors de leur embuscade, & avec de grands cris se jettent sur les François qu'ils mettent en

déroute. Le roi vit le péril où il étoit; mais le diffimulant. « Qu'avez-vous à craindre, leur
» dit-il, foldats, & devant qui fuyez-vous?
» Avez-vous peur d'un ennemi qui fe cache
» dans des rochers, vous qui venez de fi loin
» dans le deffein de le chaffer de fes plus fortes
» places? Songez au moins que vous combattez
» à la vue de votre roi; & que ceux qui ont
» peur fe mettent à couvert derriere moi ». Un difcours fi hardi foutenu par des actions de valeur furprenantes, raffura les fiens, qui fe rallierent, & firent ferme. Ainfi le combat s'étant rétabli, & les efcadrons marchant ferrez & en bon ordre, ils forcerent les paffages, & s'ouvrant le chemin à coups d'épée, ils gagnerent enfin le haut de la montagne. Ce ne fut pas fans faire une perte confidérable: près de la moitié de l'armée fut taillée en pieces, & un des parens[1] de la reine qui combattoit vaillamment, couvrant toujours le roi, & s'expofant pour le fauver, fut fait prifonnier dans un endroit où il fe trouva enveloppé, & mené à Saladin qui commandoit les Turcs. Le roi fut furpris de ne trouver point fon avant-garde, & ayant jetté les yeux dans la plaine, il apperçut les feux du camp, où il fit auffi-tôt defcendre fon armée. Ils décamperent le lendemain, marchant en ordre de bataille, traver-

---

[1] Nommé Sandebeuil, feigneur de Sanzay.

ferent la Pamphylie, & arriverent à Attalie [1], fans que les ennemis les ofaffent plus attaquer. Le roi s'y rafraîchit pendant quelques jours, en attendant fa flotte qui portoit l'infanterie & les provifions : fur laquelle, auffi-tôt qu'elle fut arrivée, il s'embarqua, & aborda heureufement au port de Saint-Simeon à l'embouchure de l'Oronte, à cinq lieues d'Antioche, dont le prince l'attendoit fur le rivage.

XIII. C'étoit Raymond, comte de Saint-Gilles, oncle de la reine Eléonor, qui avoit fuccédé au fameux Boëmond, compagnon des victoires auffi bien que des voyages de Godefroy de Bouillon. Boëmond n'avoit laiffé qu'une fille, à qui ceux d'Antioche vouloient conferver la principauté, en reconnoiffance du fage gouvernement de fon pere. Mais il falloit qu'elle époufât un prince capable de les défendre contre les Turcs & les Sarazins. Ils prirent donc auffi foin de lui chercher un mari, & s'adrefferent pour cela à Foulques d'Anjou, roi de Jérufalem. Il y avoit entre lui & le comte Raymond de grandes inimitiés : mais le roi oublia dans cette occafion tout fon reffentiment, pour ne penfer qu'à ce qu'il devoit au bien public, & à la valeur du comte de Saint-Gilles, & le nomma à ceux d'Antioche, comme le plus capable de remplir la place de

[1] Satalie.

Boëmond. Exemple rare de la juſtice & de la générofité d'un ennemi.

XIV. Ce fut donc ce prince qui vint recevoir le roi & la reine ſa parente à la deſcente du navire, & qui les mena à Antioche, où il les régala pendant pluſieurs jours avec beaucoup de magnificence. Le reſpect qu'il devoit au roi, & l'amitié qu'il avoit pour la reine ſa niece, n'étoient pas les principales cauſes des honneurs & des careſſes qu'il leur faiſoit : il y étoit encore porté par des raiſons d'intérêt. J'ai déja dit que Noradin, ſultan d'Héliopolis, menaçoit la principauté d'Antioche : & Raymond crut qu'il ne pouvoit trouver une plus belle occaſion pour repouſſer cet ennemi, & même pour reconquérir ſes états, que celle que lui offroit la venue du roi, s'il le pouvoit obliger à porter ſes armes contre le ſultan. C'étoit pour cela qu'il tâchoit de gagner le cœur du roi par toutes ſortes de ſoumiſſions. Il employa encore les ſollicitations de la reine ſa parente. Mais la recommandation de cette princeſſe ne lui fut pas avantageuſe, & le roi refuſa d'employer ſes troupes contre Noradin. Le prétexte de ce refus étoit le beſoin qu'avoient ceux de Jéruſalem de ſon aſſiſtance. En effet, le roi de Jéruſalem lui avoit envoyé des ambaſſadeurs pour le prier de hâter ſa venue : & il diſoit à Raymond, qu'il ne pouvoit, ſans attirer la malédiction de Dieu sur ses armes, abandonner la sainte ville, pour la défense de laquelle il les avoit prises, & penser à étendre les frontieres de la principauté d'Antioche, pendant que les ennemis viendroient faire des courses jusques aux portes de Jérusalem. Mais il ne disoit pas une raison secrette plus forte que toutes ces considérations : c'étoit la jalousie qu'il avoit prise de la reine sur des soupçons, qui pour être mal fondés, n'en étoient pas moins violens, & qui lui donnant une répugnance invincible pour tout ce qu'elle désiroit, fortifierent la résolution qu'il avoit prise de ne point accorder au comte Raymond la satisfaction qu'il lui demandoit. Il s'imagina même que ce prince avoit eu part à la galanterie dont il soupçonna la reine : & son esprit prévenu lui faisant tout appréhender de leur complot, il la fit enlever la nuit, & conduire à Jérusalem, où il marcha lui-même aussi-tôt qu'il fut jour à la tête de son armée, après avoir pris congé du comte Raymond avec beaucoup de froideur de part & d'autre.

XV. Mais il faut sçavoir le sujet de la jalousie du roi. C'est un endroit qui mérite d'être éclairci; & peut-être que le détail que j'en ferai rendra à cette princesse sa réputation & son innocence, que la plupart des auteurs lui ont, ce me semble, un peu trop légérement ravie. J'ai parlé de son parent qui demeura prisonnier du sultan d'Iconie. Comme ce parent nommé Sanzay étoit un seigneur de mérite, & qu'elle l'aimoit tendrement, elle écrivit au sultan, dont on parloit dans l'armée du roi avec estime, pour obtenir sa liberté, accompagnant sa lettre d'une somme d'argent considérable pour sa rançon. Saladin, c'étoit le nom du sultan, fut encore plus généreux que la reine n'avoit pensé. Avant que de parler de la réponse qu'il fit à ses députés, il faut que je dise qui étoit ce sultan, si connu par ses victoires, dont j'aurai sujet de parler dans la suite, & par les galanteries dont il fut soupçonné avec la reine, qui font un des plus curieux événemens de cette histoire.

XVI. Saladin étoit un soldat de fortune, de fort basse naissance, mais d'un mérite extraordinaire, Turc de nation, & mahométan de religion. Car dès le siecle précédent[1] les Turcs ayant été appellés par le sultan de Perse à son secours contre le calife d'Egypte, ils s'étoient emparés de la meilleure partie des états de celui qui les avoit fait venir, comme ils firent ensuite de ceux du calife : quoique les historiens ne commencent le temps de leur monarchie que du regne d'Ottoman[2], qu'ils en font le fondateur. Saladin fut

[1] L'an 1048.
[2] L'an 1300.

un de ses premiers sultans, & il en rendit par sa valeur le titre encore plus illustre qu'il n'étoit avant lui. Ce terme dans son origine ne signifioit que lieutenant ou intendant général; mais il en est arrivé la même chose que de la qualité d'empereur parmi les Romains; & ces deux titres sont devenus dans la suite des titres de souveraineté, l'un dans l'empire Romain, & l'autre dans l'empire Mahométan.

Il étoit encore fort jeune, lorsqu'il surprit l'armée du roi, & qu'il lui tailla en pieces la moitié de son arriere-garde. Cependant il portoit déja le titre de sultan, & les Turcs l'avoient élu pour leur général, après l'avoir vu signaler son courage dans de moindres emplois. Il est peu de conquérans, même parmi les nations les plus civilisées, qui aient eu autant de belles qualités que lui. Il étoit fort bien fait, vaillant, hardi, infatigable, habile à surprendre ses ennemis, & à profiter de leurs fautes; usant bien de la victoire, traitant les vaincus avec douceur, & gardant religieusement sa parole. Toutes ces grandes qualités étoient soutenues d'une esprit vif & agréable, d'une parfaite générosité, & d'une libéralité qui alloit jusqu'à la magnificence. De sorte qu'il ne faut pas s'étonner si avec tant de mérite il parvint à une si haute fortune, qu'il unit à sa puissance les royaumes d'Egypte & de

Syrie, & qu'il enleva Jérusalem aux chrétiens, après avoir recueilli la succession de son oncle Siracon, qui avoit fait mourir le soudan d'Egypte pour en prendre la place.

Il n'étoit pas encore dans une si grande élévation, lorsque les députés de la reine le vinrent trouver avec sa lettre, & la rançon du prisonnier dont elle demandoit la liberté : mais il fit voir par son procédé qu'il avoit l'ame grande, & qu'il étoit digne du rang auquel il parvint depuis. Il accorda à la reine la liberté de son parent sans en prendre de rançon, & fit à sa lettre une réponse fort spirituelle & fort civile. Sanzay, qui en fut le porteur, étant venu à Antioche, ne manqua pas de publier la générosité de Saladin : & non content d'en parler souvent avec la reine, à qui il rendit la lettre du sultan sans en rien dire au roi, il contoit par tout sa bonne mine & son mérite, avec cette exagération qui est naturelle à ceux qui parlent de leur bienfaiteur.

XVII. Le roi en fut averti, & voulut sçavoir le détail de cette aventure. Le mystere que la reine lui avoit fait de ce qu'elle avoit négocié avec Saladin lui parut suspect, & le procédé du sultan lui sembla si extraordinaire pour un Turc, qu'il ne put croire que sa générosité fût désintéressée. Il pensoit qu'un aventurier comme Saladin, un chef des voleurs, tels qu'étoient alors les Turcs, n'auroit pas été capable d'une action auſſi noble que celle qu'il venoit de faire, s'il n'avoit eu le deſſein de ſe dédommager par quelque choſe de plus avantageux que la rançon qu'il avoit refuſée. Il ne chercha pas long-temps quel pouvoit être ce deſſein. Ce qu'on lui dit de la bonne mine & de la galanterie de Saladin, de la lettre que la reine lui avoit écrite, & de la réponſe qu'il lui avoit faite, lui fit regarder la reine comme une femme qui le trahiſſoit, & qui avoit avec Saladin un commerce criminel. Il ne fit point réflexion ſur l'éloignement des lieux, ni ſur la qualité des perſonnes, qui rendoient ce commerce impoſſible; & s'imagina que ce ſultan venoit déguiſé à Antioche, & que la reine le voyoit chez ſon oncle. Ajoutez à cela, que cette princeſſe irritée de ſes ſoupçons, ne prit pas ſoin de l'en guérir; mais qu'étant pouſſée par ſon oncle qui vouloit ſe venger du refus du roi, au lieu d'avoir de la douceur & de la complaiſance, elle lui témoigna un grand mépris, & lui propoſa la diſſolution de leur mariage, que la parenté, diſoit-elle, qui étoit entr'eux rendoit illégitime. Ce fut alors que le roi craignit qu'elle ne le quittât au premier jour pour ſuivre ſon amant; & ce fut la peur qu'il en eut qui l'obligea à la faire partir d'Antioche à une heure extraordinaire, ne doutant point après une telle proposition, qu'elle n'en eût formé le dessein.

Voilà ce que l'histoire nous apprend de cette avanture, qui pouvoit donner lieu aux défiances d'un prince aussi foible & aussi soupçonneux que l'étoit Louis VII, mais qui ne devoit pas servir de sujet aux calomnies dont la plûpart des historiens ont noirci l'innocence de cette reine. On ne la peut révoquer en doute, lorsque l'on considere l'esprit du roi si fort susceptible de préjugés, qu'il fut sur le point de répudier depuis sa seconde femme, sur le bruit qui courut qu'elle étoit bâtarde. Il fallut même que pour s'en détromper, il fît le voyage de Castille, & qu'il en apprît la vérité de la bouche de son beau-pere. D'ailleurs sa réconciliation avec la reine, qu'il aima comme auparavant, & dont il eut depuis une fille, est une preuve convainquante de la vertu de cette princesse. Un tel retour ne se pût faire dans le cœur du roi, qu'il n'eût été auparavant détrompé de ses soupçons.

XVIII. Quoi qu'il en soit, le roi étant parti d'Antioche avec l'armée, se rendit à Ptolomaïs [1], où le vint trouver l'empereur Conrad nouvellement revenu de Constantinople. Ils tinrent là conseil, où se trouverent tous les seigneurs qui les avoient suivis, avec Baudouin, roi de Jéru-

[1] Acre.

falem, le grand maître de l'ordre des Templiers, & plusieurs princes de ces premiers croisés, qui s'étoient établis en Asie. On y résolut le siege de Damas, qui incommodoit extrêmement Jérusalem par son voisinage, & d'où le roi Sarasin qui y avoit sa résidence, faisoit continuellement des courses dans la Palestine, dont il empêchoit le commerce avec les places que les chrétiens possédoient dans la Syrie.

Cette ville si fameuse dans l'Histoire sainte & dans la profane, capitale du royaume de Syrie, & l'ancienne rivale de Jérusalem, est située dans la Cœlésirie près du mont Liban dans une large plaine, au travers de laquelle coule le Pharphar, qu'on appelle aussi Chrysorrhoé [1] à cause de la beauté de ses eaux, & de son fond de sable, dont la couleur imite celle de l'or. Ce fleuve se divise en trois bras, dont l'un coule à quelque distance de Damas, l'autre passe au travers de la ville, & le troisieme est presque épuisé par les canaux que creusent les habitans, afin d'arroser leurs jardins, & par les aqueducs qui portent l'eau dans leurs maisons. C'est ce fleuve que les Syriens de la suite de Nâman appellent Abana & Parpar dans le second livre des rois, & dont ils préferent les eaux à celle du Jourdain. On prétend qu'Eliheser, serviteur d'Abraham, est le fon-

[1] Coulant d'or.

dateur de Damas, & on en débite une autre antiquité encore plus fabuleuse. On dit qu'Abel fut tué proche de cette ville dans une caverne du mont Liban, qu'on nomme à cause de cela LA CAVERNE DU SANG. Quoi qu'il en soit, Damas étoit alors une ville célébre, située entre Jérusalem, qu'elle a au midi, & Antioche qu'elle a au septentrion. Elle n'avoit point de murailles du côté de la montagne, mais les habitans avoient leurs jardinages le long de la riviere dont elle est arrosée de ce côté-là, qui s'avançoient vers le Liban l'espace de deux lieues, & qui étoient disposés d'une maniere, qu'ils ne contribuoient pas moins à la force de la ville qu'à son embellissement. Plusieurs petits canaux tirés du fleuve les séparoient les uns des autres, & ils étoient remparés de haies vives qui leur servoient de palissades. Mille petites ruelles alloient d'un jardin à l'autre, tellement entremêlées, qu'elles formoient une espece de labyrinte, d'où il eût été difficile à d'autres qu'aux habitans de se tirer, & dont les avenues étoient défendues par une infinité de tours qui faisoient un fort bel effet. Il n'y avoit qu'un chemin droit pour aller à la ville, mais si étroit, que deux hommes de cheval n'y pouvoient marcher de front, & garni de tours qui se défendoient les unes les autres. L'autre côté de la ville étoit environné de bonnes murailles d'une hauteur & d'une épaisseur à l'épreuve des machines & de l'escalade. Les croisés ayant considéré cette situation, jugerent que quelque difficulté qu'il y eût à forcer les Sarasins dans les retranchemens de leurs jardinages, il y en auroit moins qu'à attaquer la ville du côté qui étoit fortifié de murailles, que les batteries ne pourroient endommager qu'après bien du temps. Joint qu'il n'y avoit point d'eau ni de fourages de ce côté-là, qu'on trouvoit en abondance de l'autre côté.

La résolution ayant été prise, on fit marcher l'infanterie pour chasser les ennemis de tous ces petits forts qui défendoient les avenues, & pour couper les haies, combler les canaux. Les chrétiens furent d'abord repoussés avec grand carnage, parce que les assiégés tirant incessamment du haut de leurs tours sur les soldats, qui étoient découverts & exposés à l'orage de leurs fleches, ils ne manquoient presque jamais leur coup. Mais quand on eut fait faire des [1] pavois qui couvroient le soldat, on s'approcha des forts avec moins de péril, & la gendarmerie mettant pied à terre pour soutenir l'infanterie, on commença d'enfoncer les ennemis : pendant que ceux qui étoient destinés à raser les forts, faisoient avancer les machines qui les renversoient. Ainsi les assiégés

[1] De grands boucliers.

perdant courage abandonnerent le terrain, & s'enfuirent dans la ville, où ils porterent une telle frayeur, que les infideles étoient prêts de se rendre à discrétion, lorsque la division fatale aux croisés se mit dans le camp, & changea tellement la face des choses, qu'il fallut lever le siege.

Dans le temps qu'on croyoit la ville prise, & qu'on ne songeoit plus qu'à celui qui en auroit la souveraineté, il courut un bruit que le roi Louis la vouloit donner au comte de Flandre, & que l'empereur Conrad y consentoit. Ce bruit étoit véritable, & le comte de Flandre étoit digne par sa valeur & par sa naissance de cet honneur. Mais les princes descendus de ces premiers croisés, qui avoient suivi Godefroy de Bouillon, ne pouvant souffrir qu'on leur préférât un nouveau venu, résolurent entr'eux de faire périr l'armée des Allemans & des François, & de délivrer la ville, plutôt que d'en voir la principauté entre les mains du comte de Flandre. Cette résolution fut encore appuyée par le comte Raymond qui étoit venu d'Antioche au camp, le cœur plein de ressentiment contre le roi, & par l'avarice des principaux de l'armée corrompus par l'argent des Sarasins. On dit qu'ils furent punis de leur perfidie, & que lorsqu'ils vinrent à ouvrir les tonneaux, où ils devoient trouver l'or qu'on leur avoit

avoit promis, ils n'y trouverent que du cuivre.
Par le conseil de tous ces traîtres on abandonna
le quartier des jardinages qu'on venoit de ruiner,
& on transporta le camp de l'autre côté, sous
prétexte qu'il y avoit moins de surprises à craindre, parce que le terrein étoit découvert. Mais
on y manquoit d'eau & de provisions, & les
ennemis, retranchés derriere de bonnes murailles,
avoient là leurs magasins & leurs meilleures
troupes. On ne fut pas long-temps sans s'appercevoir de la faute qu'on avoit faite. On tâcha
de la réparer par de vigoureuses attaques; mais
elles furent soutenues avec la même résolution
par les assiégés, à qui l'imprudence des chrétiens
avoit relevé le courage. L'empereur & le roi
animoient cependant leurs soldats par leurs exhortations & par leur exemple; & dans une
sortie que firent les infideles, comme ils poussoient les Allemans qui lâchoient le pied, l'empereur rassura les siens, & étonna les ennemis
par une action qui tient du prodige : car d'un
coup de sabre il fendit en deux un Sarasin tout
armé, dont la moitié tomba d'un côté, & l'autre
moitié de l'autre. Mais le manque de vivres
abattant le courage des soldats, que les fréquentes sorties des assiégés avoient fort diminués,
on fut enfin contraint de lever le siege. Conrad
partit le premier, & revint en Europe plus com-

F

blé de chagrins que de gloire. Louis décampa en fuite, & resta encore un an dans la Palestine avec plus de zèle que de fruit. Après tout, ni lui ni Conrad ne firent qu'augmenter la misere des chrétiens d'Orient, qu'ils abandonnerent à la merci de leurs ennemis, & dont ils remporterent aussi autant de malédictions à leur départ qu'ils en avoient reçu de bénédictions à leur arrivée.

XIX. Ainsi ces belles armées à qui saint Bernard avoit prédit la conquête de l'Orient, n'y purent seulement prendre une place. Elles y périrent presque toutes entieres par la jalousie des uns, & par l'ambition ou l'avarice des autres, plutôt que par les armes de leurs ennemis. Ces guerres consumerent des millions d'hommes, & furent la ruine de toutes les grandes maisons de l'Europe : mais elles furent encore plus funestes par le luxe & la molesse de l'Asie qu'elles firent passer dans l'Occident. Avant ces voyages du Levant, on faisoit profession d'une vertu qui méprisoit la pompe. On commença depuis à aimer les habits magnifiques couverts d'or & d'argent, & à se distinguer par des armoiries, qui ayant été des marques de valeur sur les cottes des premiers combattans, devinrent des marques de vanité dans les maisons de leurs successeurs. Je ne sçai si je ne dois point mettre aussi au nombre des maux que les croifades firent paffer en Occident, la poëfie Françoife, qui doit fon origine au commerce qu'eurent ceux de cette nation avec les Grecs dont ils apprirent à louer le vice auffi bien que la vertu, & à inventer ces fictions auffi dangéreufes qu'agréables, qui confacrent fouvent les paffions les plus criminelles. Quoiqu'il en foit, ce fut en ce fiécle qu'on vit premierement en France des vers dans la langue du pays, qui commençoit de fe former du mêlange de la gauloife & de la latine, en aboliffant peu à peu la tudefque, qu'on ne parloit plus que dans les provinces d'au-delà de la Meufe. Peut-être auffi que la galanterie de la cour, à qui la beauté de la reine Eléonor avoit donné un air fort brillant, contribuoit beaucoup à ces jeux d'efprit, & que le peuple, à l'exemple des grands, s'en étoit voulu mêler. De quelque endroit que cela pût venir, on étoit galant jufques dans les cloîtres : & les hiftoires font pleines des avantures amoureufes d'Abélard & d'Héloïfe, un religieux & une religieufe de ce temps-là, dont on voit encore des lettres écrites avec beaucoup de délicateffe.

Il faut pourtant dire auffi à l'honneur de ce fiecle-là, que la politeffe fit fortir les hommes de l'ignorance dans laquelle ils avoient été longtemps enfevelis : de forte qu'ils commencerent à s'appliquer aux belles lettres, & à la recherche de la vérité. Cet Abélard dont je viens de parler, Breton de naiſſance & religieux Benédictin, fut grand philoſophe, d'un eſprit vif, mais peut-être un peu trop ſubtil. Guillaume le Breton & Leonius, deux poëtes dont nous avons encore les ouvrages qui ne manquent pas d'agrément, vivoient en ce temps-là. Pierre Lombard évêque de Paris, & un grand nombre d'autres eccléſiaſtiques, faiſoient auſſi paroître leur ſçavoir. Mais ſaint Bernard les ſurpaſſa tous par la douceur & les lumieres de ſon eſprit, quoiqu'il eût accoutumé de dire qu'il n'avoit point d'autre éloquence que celle qu'il avoit apriſe dans les bois. Ce fut auſſi dans le même temps que Valdo, riche bourgeois de Lyon, homme d'une ſinguliere piété, ſelon le témoignage que lui rendent tous les hiſtoriens, ayant fait traduire l'Ecriture-Sainte en ſa langue, s'appliqua fortement à la lire, & que non content de s'inſtruire, il inſtruiſit auſſi les autres. Il jetta les fondemens de la réformation, qui fut renouvellée quatre cens ans depuis : & il fit un grand nombre de diſciples, que de ſon nom s'appellerent Vaudois [1].

Le malheureux ſuccès qu'eut la croiſade de Louis VII, m'a obligé de parler des ſuites qu'eu-

[1] Le pere Maimbourg dans ſon hiſtoire du Calviniſme.

rent en Europe ces expéditions d'outre-mer : & ces réflexions m'ont insensiblement engagé à donner en passant une légere idée des mœurs & des esprits de ce siecle-là, mêlé de biens & de maux, de vertus & de vices, à quoi le commerce des Grecs & des Orientaux a eu beaucoup de part.

SOMMAIRE
DU TROISIEME LIVRE.

*L*E roi revenant en France, est attaqué par la flotte des Grecs, & secouru par l'amiral de Sicile. II. Geoffroy, maître de presque toute la Normandie, en prend le titre de duc. III. Le parti que le roi prend dans la guerre, entre lui & Etienne, est blâmé. IV. Testament de Geoffroy, sa mort & sa postérité. V. Henri, l'aîné de ses fils, parvient à la couronne. VI. Mesintelligence entre Louis le Jeune & Eléonor. VII. Henri vient à la cour. Rang qu'il y tient. Son portrait. VIII. La reine s'apperçoit qu'elle en est aimée. Elle lui en recommande le secret, & promet de travailler à la dissolution de son mariage, pour l'épouser. IX. Assemblée des évêques convoquée à cet effet. X. Eléonor retourne dans ses états. Lettre qu'elle écrit à Henri. Son second mariage avec ce prince. XI. Louis sent vivement la faute qu'il vient de faire en la répudiant ; s'en irrite, mais trop tard. XII. Henri passe en Angleterre. Assiége Malmesbury & autres places. Y apprend la mort du comte de Boulogne, & la naissance d'un fils. Entre en accommodement avec Etienne ; est reconnu successeur. XIII. Eléonor reprend le titre de reine. Son mari rétablit les loix

SOMMAIRE.

& les finances. Fait démolir les châteaux & chaſſer les Vagabonds. XIV. Le roi d'Ecoſſe eſt obligé à lui abandonner pluſieurs provinces. Celle de Galles ſe ſoumet également. XV. Proſpérité de la maiſon royale d'Angleterre. Naiſſance de Richard & de Geoffroy. XVI. Guerre entre cette maiſon & celle de France, au ſujet de la reſtitution des provinces d'Anjou, de Touraine & du Maine. XVII. Henri paſſe la mer, & vient camper entre l'Epte & l'Andelle. Paſſe de là en Anjou. S'y rend maître de Loudun, Mirebeau & Chinon. XVIII. Maitre de Cahors, il redemande le comté de Toulouſe, & la main de la fille du roi, deſtinée pour ſon fils, cimente l'accord qu'il fait avec Louis. XIX. Ancienne maniere d'élever les filles des rois promiſes en mariage, & mort de Geoffroy. XX. Louis invite le roi d'Angleterre à venir à Paris. Lui déclare la Guerre. Prend Chaumont; y eſt battu par Henri. Condition de leur traité. XXI. Reſpectueuſe réception que ces deux princes font au pape Alexandre. XXII. Henri repaſſe en Angleterre. Y châtie les Gallois. XXIII. Apprend la mort de Conan. S'empare de la Bretagne & de l'Irlande. XXIV. Confiſcation des biens de Striguil, & naiſſance de Jean Sans-Terre. XXV. Orgueil d'Henri dans la proſpérité. Troubles que ſes enfans lui ſuſcitent.

LIVRE TROISIEME.

Cependant le roi s'étant embarqué au port de Jaffé[1], s'en retournoit en France. Il ne ramenoit pas avec lui la vingtieme partie de son armée, & il n'étoit pas encore au milieu de sa route, lorsqu'il fut rencontré par la flotte de l'empereur de Grèce qui croisoit sur son passage. Le dessein des Grecs étoit de l'enlever, bien qu'il n'y eût point de guerre entre l'empire & la France. Mais les Grecs jaloux des expéditions d'outre-mer, étoient ennemis jurés des François qui en étoient les principaux conducteurs : & cette nation ne se soucioit guere que ses armes fussent justes, pourvu qu'elles fussent heureuses. Ils attaquerent donc la flotte du roi, qui n'étant pas si forte, ni si bien armée que la leur, faisoit une foible résistance. De sorte qu'ils eussent amené le roi à Constantinople, si l'amiral de Sicile n'eût paru

---

[1] Actuellement Jaffa. Son ancien nom étoit Joppé. Cette ville est fameuse dans l'Ecriture Sainte. On prétend que d'elle sortirent un jour la Madelaine, sainte Marthe & Lazare pour se mettre en mer sur un bateau sans voile, sans rames & sans gouvernail. Elle l'est encore par la mythologie, car, selon les poëtes, c'est là qu'Andromède fut attachée à un rocher, d'où Persée la délivra. Elle passe pour une des plus ancienne ville du monde. Saladin la ruina; quelques années après saint Louis la rétablit, & y donna des marques de sa charité. Aly-Bey l'a prise en 1772, après avoir soutenu un siege de six mois.

avec fes vaiffeaux. Comme il y avoit une étroite alliance entre la France & la Sicile, l'amiral qui reconnut le pavillon François, fe rangea auffi-tôt du côté du roi, réfolu de combattre les Grecs, s'ils ne vouloient pas lâcher prife. Ainfi s'approchant de leur amiral, il leur fit tirer des flèches garnies d'or au lieu de fer, leur témoignant par ces armes galantes, qui étoient d'un côté le fymbole de la paix, & de l'autre celui de la guerre, qu'il étoit également préparé à l'une & à l'autre. Les Grecs n'ofant hafarder le combat, fe retirerent, & le roi ainfi délivré continua fa route, & vint defcendre à Marfeille.

II. Il trouva à fon retour la guerre fort échauffée entre le roi Etienne & le comte d'Anjou. Ce dernier, après avoir reconquis prefque toute la Normandie[1], avoit été reçu dans Rouen, qui avoit chaffé les garnifons d'Etienne; & il avoit alors pris la qualité de duc de Normandie, qu'il n'avoit point voulu prendre, qu'il ne fut maître de la capitale. Il eft vrai qu'il en avoit fait hommage au roi de France dix ans auparavant, lorfqu'après la mort du roi Henri, fon beau-pere, il y entra à la tête d'une armée; mais en ayant été dépoffédé peu de jours après par le roi Etienne, il n'avoit point encore mis dans fes titres la qualité de duc, qu'il ne commença de

[1] L'an 1149.

prendre que du jour de cette seconde conquête. Il se contenta pourtant de la gloire de l'avoir faite, & peu de temps après il résigna le duché à Henri, son fils aîné, qui n'avoit que seize ans. Ce jeune prince ayant été fait chevalier[1] par le roi d'Ecosse, son oncle, qui en fit la cérémonie dans une assemblée solemnelle des seigneurs de sa cour, étoit nouvellement arrivé d'Angleterre, & donnoit de grandes espérances de cette puissance à laquelle il fut élevé dans la suite.

III. Cependant le roi Etienne avoit jetté une armée dans la Normandie, où il étoit debarqué lui-même, & avoit mis le siege devant le château d'Arques. Le roi Louis joignit ses troupes à celles d'Etienne, dont le fils avoit épousé sa sœur, & lui avoit rendu hommage du duché. Mais le comte d'Anjou étant venu au secours de la place avec le jeune Henri qui faisoit sa premiere campagne, ils obligerent les deux rois à lever le siege[2]. Etienne repassa la mer, le roi Louis craignant que l'armée du comte d'Anjou

---

[1] Les cérémonies que l'on pratiquoit en faisant un chevalier, varioient selon les circonstances. Les plus usitées étoient le soufflet, l'application d'une épée sur l'épaule; ensuite on lui ceignoit le baudrier, l'épée, les éperons dorés, & les autres ornemens militaires; après quoi, étant armé chevalier, on le conduisoit en cérémonie à l'église. *Encyclop.* On sçait que François I, après la bataille de Marignan, voulut être fait chevalier de la main de Bayard. *Notes historiq. sur les Œuvres de Belloy, par M. Gaillard.*

[2] L'an 1150.

plus forte que la sienne n'entrât dans le Vexin [1], & ne s'en emparât, s'accommoda avec lui, & reçût du duc Henri l'hommage qu'il avoit reçu auparavant du comte de Boulogne. Ce fut la troisieme fois que ce roi changea de parti, sans en avoir d'autre raison que sa légéreté naturelle.

IV. Le Comte d'Anjou mourut peu de temps après cette accommodement, au retour d'une expédition qu'il avoit été contraint d'entreprendre contre un de ses vassaux qui s'étoit soulevé. Il le fit prisonnier, & rasa son château de Montreuil-Bellay dans la province d'Anjou. Mais comme il en revenoit ayant fort grand chaud, il lui prit envie de se baigner dans une fontaine qui étoit sur son chemin, & au sortir du bain il fut pris d'une fievre qui l'emporta après quelques jours de maladie, au château du Loir dans la province du Maine. Il laissa trois fils de sa femme Matilde, qui lui survécut encore quelques années, Henri, Geoffroy & Guillaume. Il ordonna par son testament, que Geoffroy, qui portoit comme lui le surnom de BEL, hériteroit de l'Anjou, de la Touraine & du Maine, dont il n'entreroit en possession que lorsque, par la mort de Matilde, Henri seroit héritier du

---

[1] Voyez les observations de M. de Bréquigny. *Mém. de l'Acad. des Inscrip.* p. 368 & *suiv.*

royaume d'Angleterre & du duché de Normandie, & qu'il jouiroit cependant proviſionnellement des villes de Loudun, Mirebeau & Chinon[1]. Il ne laiſſoit à Guillaume que le comté de Mortaing en Normandie.

V. Ainſi l'aîné ſe vit à l'âge de dix-huit ans héritier du royaume d'Angleterre, revêtu du duché de Normandie, dont Matilde lui laiſſa l'adminiſtration, & jouiſſant des comtés d'Anjou, du Maine & de Touraine, qu'il n'étoit obligé de remettre à ſon cadet qu'après la mort de Matilde : de ſorte qu'il y avoit peu de princes en Europe auſſi puiſſant que lui. Sa fortune n'en demeura pas là : il étoit encore deſtiné à la poſſeſſion de la Guyenne, en épouſant la reine Eléonor.

VI. La meſintelligence continuoit entre le roi Louis & elle, depuis ce qui s'étoit paſſé à Antioche, bien qu'ils ſe fuſſent réconciliés, & que le roi, ſe repentant de ſes ſoupçons, lui eût donné de nouvelles marques de ſon amour : de

---

[1] Ville très ancienne du Poitou. Elle étoit déja conſidérable dans le cinquieme ſiecle, lorſque les Goths faiſoient la guerre à Gilles, Romain, élu roi des François. C'eſt là qu'Henri II, roi d'Angleterre, termina ſes jours 1189, & que Charles VII, en 1428, y reçut Jeanne d'Arc, ſurnommée enſuite du Liz par ce monarque, en conſidération des grands & ſignalés ſervices qu'il avoit reçu d'elle & de ſes freres. *Remarques de Ducheſne ſur les œuvres d'Alain Chartier*, p. 830. Chinon eſt encore la patrie du célèbre Rabelais, mort à Paris en 1553, âgé de 70 ans.

sorte qu'elle étoit accouchée d'une fille à son retour en France. Mais sa jalousie avoit fait une si forte impression sur ses sens, qu'il y retomboit toujours ; & la reine se lassant de ses foiblesses, en conçût à la fin un mépris dont elle ne revint point.

VII. Les choses étoient en cet état, lorsque le duc Henri vint à la cour. Il y parut avec tant de mérite, que la reine en fut charmée, & qu'elle en trouva les manieres du roi encore plus insupportables. Depuis que le roi Louis avoit quitté le parti d'Etienne, pour se raccommoder avec la maison d'Anjou, Henri qui en étoit l'aîné se trouvoit souvent auprès du roi, où sa charge de grand sénéchal de France lui faisoit tenir le premier rang. Cette dignité, devenue héréditaire dans la maison d'Anjou, étoit si considérable, que Philippe-Auguste qui succéda à Louis VII, en prit de l'ombrage, & la supprima. Celle du connétable s'éleva depuis sur ses ruines, mais avec un pouvoir moins absolu. Les grands états que possédoit d'ailleurs ce jeune prince dans le royaume, & la couronne d'Angleterre qui lui appartenoit, le faisoient extrémement considérer de toute la cour. Mais il attiroit le respect de tout le monde par la grandeur qui paroissoit en sa personne, encore plus que par celle de son rang. Il étoit d'une taille médiocre, bien fait &

de bonne mine. Il avoit les cheveux blonds, tirant un peu fur le roux, les yeux bleus, le teint vif, & l'on voyoit briller fur fon vifage un air noble & hardi, peut-être un peu trop fier. Les foins que le comte de Glocefter avoit pris de fon éducation, l'avoient rendu accompli à l'égard des exercices du corps, & des qualités de l'efprit. Il avoit bonne grace à cheval, & dans toutes les actions de la guerre. Il n'étoit pas moins agréable dans la converfation, il avoit l'efprit fin, poli, & il étoit naturellement éloquent. Il avoit auffi déja donné des preuves de fa valeur, qu'il fignala encore dans la fuite par une infinité d'actions furprenantes. Il eft vrai qu'il étoit trop fenfible à ce qui flattoit ou choquoit fon inclination, & qu'il ne vouloit rien médiocrement, lorfqu'il s'agiffoit de fatisfaire fon amour ou fon ambition. Mais ce défaut ne parut que dans un âge plus avancé, & il ne penfoit alors qu'à plaire & qu'à fe faire aimer.

VIII. Il ne fut pas long-temps à chercher un objet capable de fixer fes defirs. Quoiqu'il y eût beaucoup de femmes bien faites à la cour, il n'y en avoit point qui appprochaffent de la beauté de la reine : & bien qu'elle eût paffé fa premiere jeuneffe, elle en avoit confervé la vivacité & les agrémens. D'ailleurs l'ambition du jeune prince fe trouvant extrêmement flattée par l'honneur

d'un engagement si illustre, il ne résista point à son penchant, & il s'apperçut qu'il devenoit amoureux de la reine, sans se mettre en peine de combattre son amour. Elle s'en apperçût bientôt elle-même, & les termes où elle en étoit avec le roi, firent qu'elle vit sans colere la passion d'un prince qu'elle croyoit digne d'elle. Ainsi, bien loin de travailler à se raccommoder avec son mari, toutes les fois qu'il retomboit dans ses soupçons, elle ne pensa plus qu'à s'en délivrer. Mais comme il y auroit eu du danger pour le prince Henri, si sa passion eut été découverte, & qu'elle songeoit à en faire son mari, elle voulut qu'il s'éloignât de la cour jusqu'à ce qu'étant libre & maîtresse de ses actions, elle pût le rappeller auprès d'elle. Ayant pris cette résolution, elle en fit part au jeune prince, qui n'ayant encore osé lui parler de son amour, ne croyoit pas être si heureux qu'il l'étoit. Un jour qu'il s'étoit rendu chez elle à l'heure du cercle, où il se trouvoit souvent, cette princesse, qui s'étoit retirée dans son cabinet sous prétexte de quelques affaires, l'appella. Aussi-tôt qu'il fut entré, elle lui dit : « Qu'elle avoit bien re-
» marqué les sentimens qu'il avoit pour elle ;
» qu'elle ne les condamnoit pas, mais qu'il de-
» voit les tenir secrets, jusqu'à ce qu'elle pût
» avec bienséance en recevoir la déclaration.

» Qu'elle alloit travailler à faire caller fon ma-
» riage pour des raifons qui étoient connues de
» tout le monde, & qu'il étoit à propos qu'il
» s'éloignât de la cour, de peur que le roi re-
» marquant leur intelligence, ne le fît arrêter.
» Qu'il fe retirât donc dans fes états, où il ne
» feroit pas long-temps fans recevoir de fes nou-
» velles ». Le prince fe jetta à fes pieds pour la
remercier, lui jura une fidélité inviolable, &
l'affura d'employer fa vie & celle de fes fujets
pour fon fervice, & pour la défenfe de fes états.
Il ajouta, que, puifqu'elle le lui ordonnoit, il
fe retireroit chez lui, & qu'au fortir de fon cabinet il iroit prendre congé du roi. Ce qu'il fit,
& dès le lendemain matin il monta à cheval.

IX. Auffi-tôt qu'il fut parti, la reine témoigna
plus hautement encore qu'elle n'avoit fait à Antioche, qu'elle defiroit la diffolution d'un mariage, que la parenté, qui étoit entr'elle & le
roi, rendoit criminel. C'étoit le prétexte. Le roi
de fon côté dévot jufqu'à la foibleffe, & tour-
menté par fa jaloufie, fe trouva dans la même
difpofition. Il convoqua donc, par la permiffion
du pape, l'affemblée des prélats du royaume,
à Baugenci fur Loire. Les archevêques de Reims,
de Sens, de Rouen & de Bourdeaux, en étoient
les chefs. Ils étoient affiftés d'un grand nombre
d'évêques & des principaux feigneurs du royaume.

Le

Retirez-vous vous ne ferez pas longtemps sans recevoir de mes nouvelles.

Le roi dit, « Que sa conscience l'obligeoit à » demander la dissolution d'un mariage que l'é- » glise condamnoit » : & finit par des paroles qui témoignoient sa jalousie. La reine fit de son côté la même instance, & pour se venger des soupçons du roi, elle ajouta, « Qu'elle n'avoit pas » eu intention d'épouser un moine, mais un » roi » : reprochant par-là à ce prince, qu'il eût été plus propre pour le cloître que pour le trône. Après les informations faites qui justifierent la parenté, les juges prononcerent la sentence de divorce [1].

X. Eléonor se retira sur le champ dans ses états [2] de Guyenne, dont le roi fit sortir ses garnisons, sans retenir aucune place : quoiqu'ayant deux filles de ce mariage qu'il garda auprès de lui, il semble qu'il eût pu, sous prétexte d'assurer leurs prétentions en la succession de leur mere, se saisir des forteresses du duché. Peut-être qu'il en usa ainsi par politique, pour ne point soulever la Guyenne, dont les peuples remuans & jaloux de leurs droits n'auroient pas souffert qu'il se fût rendu maître au préjudice de leur légitime souveraine : de sorte qu'il aimoit

---

[1] L'an 1152.

[2] Qui comprenoient le Limousin, le Périgord, l'Auvergne, le Rouergue, la Saintonge, le païs d'Aunis, outre la Guyenne & le Poitou, proprement dits. *Actes publics de Rymer.*

mieux attendre que la mort de cette princesse en mît ses filles en possession. Peut-être aussi que ce fut une délicatesse de conscience, ne croyant pas qu'il pût avec justice retenir les états d'une princesse qu'il avoit répudiée. D'ailleurs, il avoit perdu depuis peu les deux plus habiles hommes de son état, l'abbé Suger & le comte de Vermandois, qui moururent la même année : & comme ils avoient eu toute la direction du royaume, sans qu'il s'en mêlât, il se trouvoit par leur mort aussi étonné, qu'un homme que ses guides abandonnent au milieu d'une forêt. Tant il importe à un souverain de s'instruire de bonne heure des intérêts de son état, & de le gouverner par ses lumieres, & non par celles de ses ministres. Cependant la reine Eléonor fut alors bienheureuse que Louis VII, plus moine que roi, écoutât plutôt les scrupules de sa conscience, que les mouvemens de son ambition.

Elle ne fut pas plutôt arrivée à Bordeaux, qu'elle fit sçavoir au duc Henri ce qui s'étoit passé, se faisant tout l'honneur du divorce prononcé par l'assemblée de Baugenci. Elle lui écrivit, « Que l'estime qu'elle avoit pour lui, » avoit eu beaucoup de part à cette action ; & » que le croyant capable de venger l'affront que » le roi Louis avoit voulu lui faire, elle con- » sentoit qu'il en vînt remplir la place, s'il n'en

» appréhendoit pas la colere ». Il feroit difficile d'exprimer la joie de ce prince à la lecture de cette lettre. Son amour & fon ambition fe trouvant en même temps fatisfaites, il s'eftimoit le plus heureux de tous les hommes. Il ne balança donc pas un moment fur le reffentiment que le roi en pourroit avoir, & fe fit au contraire un fecret plaifir de lui enlever une femme avec tant de belles provinces, qui l'alloient rendre auffi puiffant que lui. Il trouvoit encore de nouveaux charmes dans le procédé de la reine, dont il admiroit le courage, d'avoir ofé contraindre un roi de France d'en venir à une féparation, & la bonté qu'elle avoit pour lui, en le faifant fuccéder à ce roi dans fon affection & dans fes états. Ainfi fe hâtant de la venir trouver, il partit avec les députés, & vint en pofte à Bordeaux, témoignant fon amour par fon impatience. Le mariage fut auffi-tôt célébré, & la cour de France ne fçut rien de cette intrigue, que la chofe n'eût été confommée.

XI. Ce fut alors que le roi Louis vit la faute qu'il avoit faite, & que regardant l'action du duc Henri comme un attentat fait fur fon honneur & fur fa couronne, il fut faifi d'une violente colere, à laquelle fuccéda bientôt après une extrême crainte. La hardieffe qu'avoit eu ce jeune prince d'époufer la femme qu'il avoit répudiée, l'animoit à la vengeance : mais il appréhendoit une guerre, dont la valeur & la puissance de son ennemi rendoient l'événement fort douteux. Il ne pouvoit sans jalousie voir entre les bras de ce rival une femme qu'il avoit passionnément aimée, ni penser sans honte qu'ils l'avoient trompé l'un & l'autre, & qu'il n'avoit point prévu par les suites de son divorce. Cependant sa principale inquiétude étoit la nouvelle puissance du duc Henri, par l'union qu'il venoit de faire du duché de Guyenne avec son comté d'Anjou ; & connoissant le courage d'Eléonor, il craignoit qu'elle ne portât son nouveau mari à secouer le joug de l'hommage & de la dépendance que la Guyenne, l'Anjou & la Normandie devoient à la couronne de France. Nous verrons dans la suite qu'il ne se trompa pas dans cette conjecture ; & que cette princesse vindicative pensant à se dédommager de la perte de cette couronne, inspira, tant qu'elle vécut, à son mari & à ses enfans le desir de la partager, s'il ne la pouvoient posséder toute entiere.

XII. Mais il falloit premierement songer à recouvrer celle d'Angleterre. Etienne en étoit toujours le maître, & le parti de Matilde se trouvoit fort affoibli, quoique la valeur du comte de Glocester le soutint encore. Henri résolut donc de passer la mer avec une armée tirée de ses états & de ceux d'Eléonor, qu'il fit embarquer sur trente-deux navires, sans les charger de provisions, parce qu'il y en avoit assez dans les places qui étoient demeurées fidelles à l'impératrice Matilde sa mere. Il arriva heureusement, & ayant débarqué ses troupes, il assiégea le château de Malmesbury, dans le comté d'Ouïlt, & le prit. Il marcha ensuite vers plusieurs petites places qui firent peu de résistance : & la comtesse de Warvick lui ouvrit les portes de son château, sur la riviere d'Avon, après en avoir chassé les garnisons qu'Etienne y avoit mises.

Il apprit en même temps la mort d'Eustache [1], comte de Boulogne, fils unique d'Etienne, & la naissance d'un fils dont la princesse Eléonor étoit accouchée. Il regarda ces deux nouvelles comme une suite de sa bonne fortune. La mort du comte de Boulogne lui sembloit un heureux acheminement à son rétablissement sur le trône d'Angleterre ; & il concevoit de grandes espérances de la naissance du jeune prince. C'est pour cela qu'il voulut qu'il portât le nom de Guillaume, nom consacré aux ducs de Guyenne, dont il croyoit que cet enfant feroit revivre la mémoire. Mais les présages qui ne sont fondés que

[1] L'an 1153.

sur nos desirs ne sont guere assurés. Ce petit prince mourut dans le berceau, nonobstant les souhaits de son pere; & le nom qu'il lui avoit donné ne put changer en sa faveur l'ordre de la providence.

Henri fut plus heureux dans le jugement qu'il fit de la mort du comte de Boulogne. Etienne se voyant sans enfans, ne se mit point en peine de chercher un successeur, & ne pensa qu'à se maintenir sur le trône le reste de ses jours. Les seigneurs du royaume las de la guerre, qui désoloit l'Angleterre depuis seize années, prirent cette occasion de travailler à la paix, & de faire un accommodement, qui, laissant la possession à Etienne, assurât la survivance à Henri. L'archevêque de Cantorbery fut le chef de cette médiation, qui se termina heureusement par un traité qui portoit : « Qu'Etienne reconnoissoit » Henri pour son successeur; & que Henri re- » nonçoit de sa part à ses prétentions tant qu'E- » tienne seroit vivant ». Henri le laissa régner suivant le traité, & repassa la mer, se contentant de l'assurance de régner après lui. On dit que le fameux Merlin [1], plus de six cent ans auparavant, avoit prédit cet événement, dont il y a peu d'exemples dans l'histoire. La bonne

---

[1] Il vivoit dans le sixieme siecle.

fortune d'Henri [1] continuant à le favoriser, il ne fut pas long-temps sans apprendre la mort d'Etienne, qui l'obligea de s'embarquer à Harfleur sur la fin du mois de novembre. Il arriva peu de jours après en Angleterre, où il fut reçu avec des acclamations extraordinaires. Il fut sacré à Westminster par l'archevêque de Cantorbery, assisté des prélats & des barons Anglois & Normands, qui, mêlant leur joie à celle du peuple, concevoient de grandes espérances du gouvernement d'un prince, qui dans un âge peu avancé joignoit une parfaite valeur à une prudence consommée.

XIII. La princesse Eléonor qui avoit préféré à une couronne le mérite de ce prince, lorsqu'il n'étoit encore que duc de Normandie, reprit alors la qualité de reine, & pensa même à régner sur la France aussi bien que sur l'Angleterre; comme si elle eut voulu accomplir la prophétie de Merlin, qui l'avoit, dit-on, représentée comme un aigle étendant ses deux aîles sur ces deux royaumes. D'autre côté Henri, répondant à l'attente des Anglois, commença son regne [2] par le rétablissement des loix & des finances: les unes faisant la sûreté de l'état, & les autres

---

[1] L'an 1154.
[2] L'an 1155.

en étant le foutien. La licence des guerres avoit interrompu le cours de la juftice, & une infinité de tyrans & de voleurs troubloient le royaume. Il établit par-tout des juges incorruptibles; & pour affurer leur autorité contre la violence des perturbateurs du repos public, il fit rafer plus de douze cens châteaux que des feigneurs avoient fait bâtir pendant les troubles & l'oppreffion du peuple. Il chaffa auffi tous les vagabonds, qui, étant venus des païs étrangers, ne vivoient que de leur brigandage; & fit publier contr'eux un édit, qui, mettant leur tête à prix, les épouventa tellement, qu'on les vit tous difparoître prefqu'en un feul jour. A l'égard des finances, il prit connoiffance des biens de la couronne, & nomma des commiffaires pour en examiner les titres, & pour faire rentrer dans le domaine les fonds qui avoient été ufurpés durant la confufion des regnes précédens. De forte qu'en peu de temps il rétablit par-tout l'ordre, la juftice & la paix, qui furent fuivies de la félicité & de l'abondance des provinces.

XIV. Après avoir ainfi travaillé au repos du royaume, il voulut encore lui rendre fes anciennes frontieres, en obligeant le roi d'Ecoffe à abandonner les provinces de Northumberland, de Weftmorland & de Cumberland, fituées au nord de l'Angleterre, dont Etienne avoit fouffert qu'il s'emparât. A l'exemple de ce roi, Guillaume, bâtard d'Etienne, lui remit volontairement toutes les places [1] qu'il tenoit dans le royaume & dans le duché de Normandie. Hugues Bigod, grand sénéchal d'Angleterre, lui livra aussi tous les châteaux dont le roi Etienne l'avoit mis en possession : réparant ainsi par une soumission prompte & de bonne grace l'infidélité qu'il avoit faite à l'impératrice Matilde, & acquérant par là l'amitié d'un prince dont il avoit lieu de craindre l'indignation.

La province de Galles étoit alors un païs ennemi, dont les habitans aussi sauvages que les bois où ils se retiroient, faisoient [2] continuellement des irruptions dans le royaume. Le roi entreprit la réduction de cette province, & marchant à la tête de l'armée, il fit couper les bois, & raser les forts, porta le fer & le feu par tout, tailla en pieces les troupes de ces barbares, dont les chefs prenoient la qualité de roi, & conquit en une seule campagne toute la province, qui est aujourd'hui l'appanage des fils aînés des rois d'Angleterre.

XV. La joie de cet heureux succès étoit augmentée par la prospérité de la maison royale. La reine étoit accouchée, deux ans avant cette

---

[1] L'an 1156.
[2] L'an 1157.

conquête, d'un second fils, à qui on donna le nom de son pere. Le roi fit reconnoître ce petit prince étant encore au berceau, & Guillaume son frere aîné, pour ses successeurs, suivant l'ordre de leur naissance, & voulut que les seigneurs du royaume leur prêtassent serment de fidélité. Mais la providence qui est au dessus de la volonté des rois, disposa autrement de la destinée de ces deux jeunes princes, dont l'aîné mourut peu de jours après, comme je l'ai déja dit, & laissa à son cadet le droit de succéder au royaume. Sa mort fut réparée par la naissance d'un troisieme fils, nommé Richard, dont la vie nous fournira de grands événemens, que nous verrons en leur ordre. La reine accoucha [1] encore l'année suivante d'un quatrieme fils, que l'on nomma Geoffroy du nom de son aïeul.

XVI. Pendant que le roi, après avoir affermi son autorité par sa sagesse, goûtoit dans l'affection de ses sujets, & dans l'amour de la reine, des plaisirs qui auroient pu être capables de l'endormir, la France lui suscita une guerre qui le tira de ce repos où il commençoit d'entrer, & le rappella delà la mer à de nouveaux combats & à de nouvelles victoires. Le roi Louis étoit, comme je l'ai déja remarqué, aussi inquiet de la puissance du roi Henri, qu'irrité de son ma-

[1] En 1158.

riage avec Eléonor, dont il le regardoit en quelque sorte comme le ravisseur. Afin de se venger d'un côté de l'injure qu'il croyoit avoir reçue, & pour empêcher de l'autre les entreprises de ce prince, il excita le comte Geoffroy à lui demander la restitution de l'Anjou, de la Touraine & du Maine, suivant le testament de leur pere. Ce n'étoit pas l'intention de Henri, soit parce qu'il ne crût pas que le temps de cette restitution fût échu, Matilde étant encore vivante; ou que l'ambition, qui rend presque toujours ces sortes de restitutions impossibles, l'emportât sur toutes les considérations de la piété & de la justice. Le pere qui avoit prévu cette difficulté, avoit cru y trouver un remede, en défendant de l'inhumer jusqu'à ce que son fils Henri, qui étoit absent, fût venu, & qu'il eût juré d'exécuter sa derniere volonté. Henri étant arrivé se plaignit amérement d'un testament, qu'il disoit qu'on avoit suggéré à son pere pendant son absence, & refusa long-temps de prêter le serment que les seigneurs du païs exigeoient de lui. Il le prêta pourtant enfin, s'y voyant contraint par l'horreur qu'il eut que le corps de son pere demeurât sans sépulture; mais ce ne fut pas sans verser des larmes, & sans protester contre la violence qu'on lui faisoit. Il envoya depuis des députés au pape pour avoir l'absolution de son serment, & il l'obtint. Ainsi croyant avoir dégagé sa conscience, il ne pensa qu'à défendre son droit ou son ambition, & rebuta les demandes de son frere. Geoffroy qui s'attendoit à ce refus, & qui étoit soutenu par le roi de France & par le comte de Champagne, avec lesquels il avoit déja partagé les dépouilles de son frere, entre dans la Normandie avec des troupes, que les armées du roi Louis & du Champenois vinrent joindre, ces princes s'y trouvant en personne.

XVII. Henri ayant eu avis de cette invasion, passe la mer avec une armée moins nombreuse que celle des ennemis, mais composée de soldats d'élite ; & s'avançant vers le Vexin, il assied son camp entre les rivieres d'Epte & d'Andelle. A son approche le roi & le Champenois se retirerent à Gisors pour défendre cette place, & pour couvrir le Vexin, sans oser donner bataille : & Geoffroy reprit le chemin de l'Anjou, pour assurer les places qu'il y possédoit. Henri se voyant maître de la campagne, ravage les terres du roi de France, & brûle tout jusqu'aux portes de Gisors, pour attirer les ennemis au combat. Mais voyant que personne ne paroissoit, il met de bonnes garnisons dans les places, & avec le reste de ses troupes il poursuit son frere en Anjou. Il y reprend les châteaux dont Geoffroy s'étoit emparé, & avec une rapidité qui ne trouve rien qui l'arrête, il lui enleve Loudun, Mirebeau & Chinon. Ainsi Geoffroy, pour avoir voulu dépouiller son frere, & partager ses provinces avec ses ennemis, avant que de les avoir conquises, en est dépouillé lui-même après en avoir été vaincu. Comme il se sauvoit, il fut reçu par ceux de Nantes, qui le choisirent pour leur comte en la place de Houël, qu'ils avoient abandonné : malheureux par sa faute, ou par l'injustice de son frere ; heureux par la faute ou par le malheur du comte de Nantes. L'accommodement se fit depuis entre les deux freres ; & Geoffroy, croyant avoir besoin du secours de Henri pour se maintenir dans son nouveau comté contre le duc de Bretagne avec qui les Nantois étoient en guerre, abandonna toutes ses prétentions.

XVIII. Henri, pour se venger du roi de France qui lui avoit suscité la guerre de son frere, redemanda le comté de Toulouse à Raymond qui avoit succédé à son pere Alphonse, à qui Louis, dans le temps de son mariage avec la reine Eléonor, avoit fait la même demande, prétendant que ce comté appartenoit à la reine. Ainsi Henri ne faisoit autre chose que renouveller la prétention que Louis avoit fait valoir le premier. Mais les choses n'étoient plus dans les mêmes termes à l'égard du roi de France, qui avoit alors un intérêt tout opposé à celui de ce temps-là. Cependant le roi Henri entra dans le Querci avec une belle armée, assiéga & prit Cahors, où il laissa une bonne garnison, & vint mettre le siege devant Toulouse, où le jeune Raymond s'étoit enfermé, résolu de la défendre au prix de sa vie. Le roi de France connut bien l'importance de cette guerre, dont le succès rendroit la puissance de Henri formidable, & lui ouvriroit le Languedoc : & d'ailleurs il se crut obligé par le devoir de l'alliance de secourir le comte Raymond, qui avoit épousé sa sœur, veuve du comte de Boulogne ; de sorte qu'il accourut en diligence au secours de son beau-frere. Il menoit avec lui les plus grands seigneurs du royaume avec une grande partie de sa noblesse ; & plus animé qu'il n'avoit paru dans aucune autre occasion, il étoit résolu à tout risquer, plutôt que de souffrir la prise de Toulouse, soit pour la conséquence de la place, ou parce que la guerre se faisant pour les intérêts de la reine Eléonor, il se sentît pour le roi Henri toute la jalousie d'un rival. Il n'y eut pourtant point de sang répandu ; & Henri doutant du succès du siege d'une ville où le roi Louis s'étoit jetté avec son armée, il abandonna son entreprise, & se retira lorsqu'on y pensoit le moins. La paix même se fit ; & pour former une union plus étroite entre les deux rois, Louis promit de donner sa fille[1], qu'il avoit eue de son second mariage avec l'infante de Castille, au fils de Henri, bien que ce fussent encore deux enfans, lui assignant pour dot Gisors & les autres places du Vexin, qui furent déposées entre les mains du grand-maître des Templiers, pour les délivrer après l'accomplissement du mariage[2]. Cependant Henri ne renonça pas alors à sa prétention; mais il s'en déporta depuis

---

[1] Marguerite.

[2] Cet endroit fait le sujet d'un Mémoire, intitulé : « Examen de » la conduite des Templiers au sujet des places du Vexin Normand, » en 1160, par M. Gaillard », inféré dans le tome XLIII des Mém. de l'Acad. des Inscrip. p. 402. « Le Vexin, dit-il, étoit depuis » long-temps un grand sujet de contestation entre la France & » l'Angleterre. Le traité de 1160 régla sur cet objet les prétentions » respectives des deux monarques. Ils convinrent qu'à la réserve » de quelques fiefs reclamés par le roi d'Angleterre, & qui lui » furent accordés, le reste du Vexin appartiendroit au roi de » France, mais qu'il le donneroit en dot à Marguerite sa fille, » qui épouseroit le jeune Henri, fils aîné du roi d'Angleterre ». Comme Marguerite & le jeune Henri n'avoient que quatre ans, & qu'ils ne pouvoient, selon les loix de l'église, être mariés qu'à sept ans, à moins d'une dispense; on stipula dans le traité « Que » les places du Vexin resteront à la garde des chevaliers du Temple » jusqu'au terme fixé ». Mais à peine le traité étoit-il conclu, que le mariage étoit célébré, & les places livrées à Henri II par les Templiers. Car, dit le même auteur, le traité est du mois de mai 1160, la ratification du mois d'octobre suivant, & le mariage du 2 novembre. D'où l'on pourroit conclure que les historiens qui attribuent au ressentiment de Louis-le-Jeune la guerre qui s'éleva entre les deux rois en 1161, semblent être fondés sur la précipitation des légats à accorder la dispense, & des Templiers à remettre les places.

en faveur du mariage de fa fille avec le comte de Touloufe.

XIX. Henri étant de retour en Angleterre, envoya Thomas Becquet, fon chancelier, en France pour quérir la princeffe. Car c'étoit la coutume d'alors, qu'auffi-tôt qu'une fille étoit promife, on l'envoyoit au pere du mari qu'elle devoit époufer, pour avoir foin de fon éducation, afin que prenant les manieres de la cour où elle entroit, elle femblât y être née. A peine Henri étoit-il de retour, qu'il apprit la mort de fon frere Geoffroy. Cette mort le rappella auffi-tôt en France [1]. Le comté de Nantes étoit trop à fa bienféance pour le laiffer échapper : il paffa la mer, vint à Nantes, & fçut fi bien en charmer les habitans par cette éloquence qui lui étoit naturelle, que malgré les brigues de la France, ils déclarerent que le comté lui étoit échu par la mort de Geoffroy : ce prince étant fi heureux, qu'il hérita d'une riche fucceffion de fon frere, qu'il avoit dépouillé de celle de leur pere.

XX. Le roi de France, diffimulant le chagrin qu'il avoit eu de l'affaire de Nantes, invita Henri de venir à Paris, où il le reçut avec des témoignages d'affection d'autant plus éclatans, qu'ils n'étoient pas finceres ; & pour lui faire plus

[1] L'an 1159.

d'honneur,

d'honneur, il lui quitta le Louvre, bâtiment superbe pour ce temps-là, que le roi Louis le Gros avoit fait clorre de murailles pour y recevoir les hommages des pairs du royaume, mais qui a été depuis beaucoup augmenté par ses successeurs, jusqu'à ce que Louis XIV ait élevé sur les ruines de ces ouvrages irréguliers un édifice aussi vaste qu'il est magnifique. Cette entrevue ne put pourtant unir deux princes dont les intérêts étoient si opposés ; Louis ne pouvant souffrir d'égal, ni Henri de supérieur. Ainsi la paix ne fut pas de longue durée ; & Louis prenant ombrage du marché que Henri avoit fait avec le comte d'Evreux de quelques places entre Paris & Orléans, où il avoit mis garnison, il se met en campagne, entre dans la Normandie avec une puissante armée, & surprend Chaumont [1], petite ville près de Gisors, Henri accourt au secours, bat les François qui vouloient lui disputer le passage, & reprend la ville. Il se contenta de ce succès. Car tout vaillant qu'étoit ce prince, il craignoit plusque personne l'inconstance de la fortune, & il étoit toujours prêt d'écouter des propositions de paix après la victoire. Elle fut donc conclue par l'entremise des légats du pape qui se trouverent auprès des deux rois. Le premier article fut, que la jeune princesse, qui

[1] L'an 1161.

avoit été menée en Angleterre, entrant dans sa troisiéme année, seroit fiancée au fils d'Henri qui entroit dans sa septieme. Les autres articles ne contenoient qu'un renouvellement des anciens traités.

XXI. Le roi Henri séjourna deux années en France [1], qu'il employa à réparer les désordres que la guerre avoit causés en Normandie, & à visiter son comté de Nantes, afin de gagner par sa présence l'affection de ses nouveaux sujets. Ce fut dans ce temps-là que le pape Alexandre III étant venu en France pour mettre le roi Louis & le roi Henri dans ses intérêts contre Victor son concurrent, que soutenoit l'empereur Frédéric, les deux rois le furent recevoir à Torcy sur la riviere de Loire. Ils mirent pied à terre en approchant du pape qui demeura à cheval; & prenant chacun une des rênes de la bride, ils le conduisirent au logis qu'on luy avoit préparé : honneur qui n'avoit encore été fait à aucun de ses prédécesseurs. Les deux rois convinrent avec l'empereur d'une entrevue à Avignon, pour tâcher d'y terminer le différend des deux papes. Il y fut résolu qu'on tiendroit un concile qui en décideroit. Mais Alexandre refusant cette médiation, dit qu'étant le souverain juge, il ne pouvoit être jugé de personne. Les Alle-

[1] L'an 1161 & 1162.

mands en furent si irrités, qu'ils l'eussent mis en pieces, si le roi d'Angleterre ne l'eût tiré de leurs mains. Ils étoient encore animés contre lui, à cause d'un discours que les légats de son précédesseur avoient un peu auparavant tenu dans une diéte de l'empire : reprochant à Frédéric qu'il tenoit sa couronne du bon plaisir du pape. Les princes d'Allemagne ne pouvoient souffrir cette ambition des papes, qu'ils prétendoient être eux-mêmes les vassaux de l'empire ; & Frédéric, dont la fierté étoit telle, qu'il se croyoit seigneur de l'univers, n'avoit garde d'endurer que l'évêque de Rome lui en disputât la souveraineté, en élevant, comme il faisoit, son tribunal au-dessus de celui des rois & des empereurs. Frédéric avoit été appellé à l'empire par l'empereur Conrad son oncle, qui l'avoit préféré à son propre fils. Il étoit duc d'Allemagne, & il communiqua le nom de son duché à tout l'empire, qui étoit auparavant connu par celui de Germanie. Il n'y a point eu de prince plus vaillant ni plus ambitieux que celui-là. Cependant, après de longues & de cruelles guerres, il fut obligé de plier sous l'orgueil du pontife Romain. Mais ces troubles ne sont point de mon sujet, dont il faut reprendre la suite.

XXII. Henri ayant repassé la mer, ne fut pas long-temps en repos dans son royaume. Les peuples de la province de Galles accoutumés à vivre fans loix, n'en pouvoient fouffrir le joug, & s'étant foulevés ils avoient tué ou chaffé les Anglois, à qui ils refufoient d'obéir. Le roi ne donna pas le temps à ces rebelles de fe fortifier. Il y courut avec une armée, les pourfuivit, tailla en pieces ceux qui oferent en venir aux mains, & diffipa tellement les autres, qu'il les obligea d'implorer fa clémence ; de forte que la province une feconde fois conquife rentra dans l'obéiffance.

XXIII. Peu de temps après le roi apprit la mort de Conan, duc de Bretagne. Cette province étoit pleine de divifions par l'ambition & la jaloufie des feigneurs du païs ; & ces divifions augmenterent encore par la mort du duc, qui ne laiffoit qu'une fille. Henri paffa à Nantes pour obferver ces mouvemens & pour en profiter. Il donna des troupes à ceux qui lui en demanderent; & lorfqu'il les vit las de la guerre, & ruinés les uns par les autres, il entra lui-même dans la province avec une armée capable de fe faire obéir. Ainfi il les obligea tous à le reconnoître pour leur fouverain. Mais pour rendre fa domination plus agréable, il maria la fille du duc défunt à fon fils Geoffroy, à qui il laiffa le duché, dont il retint néanmoins l'adminiftration à caufe de la jeuneffe de ce prince. Cette conquête fut suivie de celle de l'Irlande. Cette île qui est au couchant de l'Angleterre, dont elle n'est séparée que par un bras de mer à qui elle donne son nom, n'est guere moins grande ni moins fertile que l'Angleterre elle-même. Si nous en croyons les auteurs Anglois, l'Angleterre, l'Ecosse & l'Irlande ont été habitées en un même temps, & par un même peuple, qu'ils font venir d'Egypte, & qu'ils sauvent du naufrage de la mer Rouge. Car ils disent que tous les Egyptiens qui suivirent Pharaon ne furent pas submergés ; & que ceux qui se sauverent aborderent à Cadix en Espagne, d'où ils passerent mille ans après dans ces îles de l'Océan occidental ; & que se divisant en trois bandes, les uns s'habituerent en Angleterre, les autres en Ecosse, & les autres en Irlande. C'est sans doute une fable ; mais il est au moins certain que long-temps avant la conquête que le roi Henri fit de l'Irlande, les belles-lettres y avoient fleuri, & qu'on ne sçait point comment cette île étoit alors retombée dans la barbarie : n'étant plus habitée que par des peuples sauvages, & qui n'avoient d'autre société avec les Anglois, que celle que la nécessité du commerce les obligeoit d'avoir. Ils étoient divisés en plusieurs contrées, & chaque peuple avoit son roi, indépendans les uns des autres ; mais, selon la coutume de ces petits souverains, entreprenant les uns sur les autres, & se faisant continuellement la guerre. Il arriva donc qu'un de ces roitelets, que l'histoire nomme Dermott Mac-Morough, qui régnoit dans la province de Lemster, se voyant prêt d'être détrôné, eut recours à l'Angleterre, où il envoya son fils, qui en ramena une troupe d'aventuriers, par la valeur desquels ce roi Irlandois se maintint dans son état, & défit les ennemis en plusieurs rencontres. Il récompensa si bien les services des Anglois qui étoient venus à son secours, qu'oubliant leur patrie, ils s'établirent en Irlande, où ce prince leur donna de bonnes habitations. Les Irlandois en ayant pris de la jalousie, menacerent les Anglois, qui ne se croyant pas en sûreté parmi ces barbares, envoyerent chercher du secours dans leur ancienne patrie. Une nouvelle troupe d'Anglois attirés par l'espérance d'une fortune considérable, passerent dans cette île, où ils se trouverent assez forts, non-seulement pour s'y maintenir, mais encore pour faire des conquêtes, s'ils avoient eu un chef distingué par sa naissance & par sa capacité. Ils députerent pour cela une seconde fois en Angleterre; & Richard comte de Striguil[1] accepta cet emploi, & fit équiper des vaisseaux, sur lesquels il embarqua quelques troupes avec plusieurs gentils-

[1] Dans le comté de Montmouth.

hommes qui voulurent avoir part à cette aventure. Tout cela s'étant fait à l'infçu du roi, il le trouva mauvais, lorsqu'il en fut averti, & envoya faire des défenses au comte de partir. Mais il ne laissa pas de s'embarquer, & d'aborder en Irlande, où il fit en peu de temps d'heureux progrès, ayant assiégé & pris Dublin, capitale de l'île, & considérable par son port & par son commerce. Il prit ensuite quelques autres places de moindre importance, & voulant s'affermir dans sa nouvelle domination, il fit un traité d'alliance avec les rois voisins.

XXIV. Cependant Henri irrité de la désobéissance, & peut-être aussi jaloux de la gloire du comte, confisqua les terres [1] qu'il avoit en Angleterre; & le menaçant d'une plus grande punition, il le contraignit de se racheter par le prix de sa conquête. Ce comte l'abandonna, & remit Dublin entre les mains du gouverneur qui vint en prendre possession au nom du roi. Il y passa bientôt après lui-même, & non content de se voir maître d'une partie de l'île, il la conquit toute entiere. La reine accoucha la même année d'un cinquieme fils qui fut nommé Jean, & qu'on appella depuis JEAN SANS TERRE. Elle n'eut point d'enfans après lui, & il eut été à souhaiter que celui-là ne fût pas né, ou qu'il

[1] L'an 1166.

n'eût pas déshonoré sa naissance, comme il fit, par ses crimes. Cependant ce fut sa postérité qui régna, ayant vu périr tous ses freres avant lui.

XXV. Outre les cinq princes dont j'ai marqué la naissance, la reine étoit encore accouchée de trois princesses, dont les mariages acquirent au roi des alliances avantageuses. Une si belle famille augmentoit son amour pour la reine; & tant que cette union dura, il fut le plus heureux aussi bien que le plus puissant roi du monde. Il voyoit que tout lui réussissoit. Il avoit soumis des peuples rebelles aussi-tôt qu'il avoit paru dans la province de Galles, & il venoit de conquérir en une même année la Bretagne & l'Irlande, dont la derniere contenoit plusieurs royaumes. Aussi en conçut-il une si haute opinion de soi-même, qu'il avoit coutume de dire, que le monde entier ne lui suffisoit pas. Qu'il y a peu de certitude dans les choses humaines, & que la grandeur des souverains avec toute son élevation est peu capable d'assurer leur félicité! Un si grand nombre de provinces excita la jalousie de ses voisins, & cette florissante famille, qui devoit être l'appui de la maison royale, faillit à en causer la ruine. Ainsi après avoir vu jusqu'ici ce qu'il y a de beau & d'heureux dans la vie du roi Henri & de la reine Eléonor, nous allons entrer dans un récit de choses moins agréables, & voir par un étrange revers tout conspirer à leur ruine avec la même constance, avec laquelle tout contribuoit auparavant à leur bonheur. Nous verrons un sujet emporté par un faux zèle, qui se souleve contre les ordres de son roi sous prétexte de maintenir l'autorité de l'église; des enfans rebelles qui veulent régner avant la mort de leur pere; & un roi voisin qui profitant de ces divisions qu'il avoit fait naître, tâche de recouvrer par ses intrigues des provinces qu'il avoit perdues par sa foiblesse. Nous découvrirons enfin dans les galanteries du roi & dans la jalousie de la reine, la cause principale de tous leurs maux. Le roi beaucoup plus jeune que la reine, voyant que les années avoient détruit une beauté dont il avoit été idolâtre, chercha à se satisfaire dans un commerce que la corruption du monde autorise: & cette impérieuse princesse pour se venger des infidélités de son mari, lui débaucha ses enfans, qu'elle fit révolter contre lui. Mais au sortir de ces troubles, nous passerons au glorieux regne de Richard, qui fera la clôture de cette histoire: sa mort ayant été bientôt après suivie de celle de la reine Eléonor.

SOMMAIRE
DU QUATRIEME LIVRE.

Querelle d'Henri & de Becket. II. Origine & fortune de ce prélat. Se rend à l'assemblée d'Oxford. Y jure le premier l'observation des loix que le roi veut établir dans le royaume. S'en repent. III. Son séjour en France. Retourne en Angleterre, où il est assassiné. IV. Mort de Matilde. Comparaison de cette princesse avec Agrippine. V. Henri est soupçonné du meurtre de Becket. Il envoie des ambassadeurs pour s'en justifier auprès du pape. Condition de son absolution. VI. Guerre dans les provinces de Normandie & du Poitou. Henri vole au secours de la derniere, & fait la paix avec Louis. VII. Maniere dont il fait séparer ses terres de celle de France. Fait couronner son fils aîné. Raisons qui lui en font différer le mariage. VIII. Son déguisement pour s'emparer de Gisors. IX. Ses amours avec Rosemonde sont découverts par la reine. Vaine précaution qu'il prend pour sa maîtresse. Mort de cette favorite. X. Nouveaux sujets de jalousie pour Eléonor. Elle cherche à se venger. Attire son fils Henri dans son parti; lui conseille d'enlever Marguerite. XI. Ce prince se révolte contre son pere. Amene en France la jeune *princeſſe*, & *l'épouſe*. XII. *Ses freres viennent l'y joindre, & ſe révoltent contre leur pere*. XIII. *Le roi de France aſſiége & brûle Verneuil*. XIV. *Henri revient d'Irlande. Fait mettre la reine en priſon. Paſſe en Normandie; y reprend Verneuil; revient à Rouen, d'où il envoie demander la paix au roi & à ſes fils*. XV. *Cheſter s'empare de Dol. Henri vole au ſecours de cette place, & la reprend. Succès de ſes affaires en Angleterre*. XVI. *Se rend en Anjou, à Vendôme & en Saintonge; y reprend différentes places*. XVII. *Le roi d'Ecoſſe entre en Angleterre. Ranime ſes ſoldats effrayés à la vue de l'ennemi. Eſt fait priſonnier*. XVIII. *Henri retourne en Angleterre. Revient en Normandie, amenant avec lui le roi d'Ecoſſe priſonnier. Fait lever le ſiege de Rouen*. XIX. *Cherche envain à ſe reconcilier avec ſes enfans*. XX. *Repaſſe en Poitou; y défait l'armée de Richard. Celui-ci avec Geoffroy implorent ſa clémence*. XXI. *Places & revenus conſidérables qu'il céde à ſes trois fils*. XXII. *Mariage de Richard avec Alix, & condition de la paix qu'Henri conclut avec le roi d'Ecoſſe*.

LIVRE QUATRIEME.

Les chagrins du roi [1] commencerent par les brouilleries de l'archevêque [2] de Cantorbery, qui durerent plus de six années. Ce prélat poussé par un zèle indiscret, & par les sollicitations de la France, s'opiniâtra tellement à contester les droits du roi & de la couronne d'Angleterre sur les églises, qu'après avoir mis le royaume en interdit, il se retira auprès du roi Louis, d'où il entretenoit les troubles que son excommunication avoit excités. L'accommodement se fit enfin entre lui & le roi Henri. Ce prince fut obligé d'entrer en compromis avec son sujet, & l'archevêque revint en Angleterre. Mais il fut assassiné peu de temps après son retour ; & sa mort attirant sur le roi toute la colere de la cour de Rome, il alloit être exposé à la fureur des ecclesiastiques, s'il ne se fut promptement justifié d'en être l'auteur.

II. Comme cette affaire est une des plus fâcheuses qui soit arrivée à ce prince, & qu'elle fit plus d'éclat qu'aucune autre, il faut reprendre

---

[1] Henri II.

[2] La trop legere punition d'un meurtre commis en 1163, par un prêtre du diocese de Salisbury, dont la cause avoit été portée à la cour de ce prélat, fut la premiere occasion de cette malheureuse querelle, qui ne finit qu'à la mort de Becket, arrivée en 1171.

la chose d'un peu plus haut, & en rapporter les principales circonstances. Cet archevêque, originaire de Londres, & d'une famille médiocre, avoit été premierement élevé à la dignité de chancelier par l'affection que le roi lui portoit; mais ayant été depuis élu archevêque de Cantorbery, il renvoya les sceaux au roi ; soit par un esprit de dévotion, pour ne se point partager entre les soins de la cour, & ceux de son diocèse; ou dans une méchante intention, comme le crût le roi. Ce qui arriva bientôt après justifia ses soupçons. Le clergé depuis long-temps usurpoit en Angleterre, aussi bien que dans les autres royaumes, une autorité qui alloit au mépris de la royauté, & à l'anéantissement de la puissance séculiere. La cour de Rome appuyoit les usurpations du clergé, & en faisoit elle-même de très dangereuses. Pour remédier à cet abus, Henri convoqua un parlement à Oxford, où tous les prélats & tous les seigneurs se trouverent, & l'archevêque de Cantorbery le premier. L'assemblée ne trouva point de moyen plus propre pour arrêter ces entreprises, que de renouveller les loix de Guillaume le Conquérant & de ses prédécesseurs. Les principaux articles portoient : Que les juges royaux auroient la connoissance du droit de patronage des églises : Qu'ils connoîtroient aussi des crimes commis par les ecclesiastiques :

Que les prélats ne pourroient s'abfenter fans la permiffion du roi, & qu'après avoir prêté ferment de ne rien faire contre les droits du roi & du royaume : Que les officiers de la couronne ne pourroient être excommuniés, que le roi n'en eût confulté auparavant, & en fon abfence le juge royal : Que les excommunications qu'encourroient les autres fujets du roi, ne pourroient être mifes à exécution que par l'autorité du juge criminel, qui contraindroit le coupable de fatisfaire à l'églife : Que les archevêques, les évêques & les autres écclefiaftiques tenant des fiefs du roi, feroient fujets aux loix du royaume, & obligés de répondre devant les juges royaux, lorfqu'ils feroient accufés, ou de fe trouver à la cour, quand ils feroient mandés pour y affifter avec les feigneurs : Que les fruits des archevêchés, des évêchés, des abbayes & des prieurés, appartiendroient au roi pendant la vacance, comme les autres revenus de fon domaine : Que l'élection s'en feroit en la préfence des officiers du roi & par fon agrément ; & que celui qui feroit élu n'entreroit point en poffeffion, qu'il n'eût fait hommage & prêté ferment de fidélité au roi comme à fon fouverain feigneur, au deffus duquel il ne reconnoiffoit perfonne.

Il y avoit encore d'autres articles de moindre importance ; & tous tendoient à donner des bornes à l'ambition du clergé. Le parlement ordonna qu'ils feroient obfervés comme des loix fondamentales, qui étoient auffi inutiles, qu'elles étoient anciennes. Perfonne n'y trouva rien à redire, & l'archevêque de Cantorbery en jura le premier l'obfervation. Mais à peine fut-il de retour dans fon diocèfe, qu'il fe repentit de fon ferment, dont il envoya demander l'abfolution au pape, s'obligeant de réparer fa faute par une vigoureufe oppofition contre l'acte du parlement.

III. Il ne fut que trop exact à exécuter cette promeffe. Il feroit ennuyeux de rapporter tous les chagrins qu'il donna au roi, pour lequel il ne garda point de mefures, excommuniant les juges & les évêques qui en exécutoient les ordres, & menaçant d'excommunier le roi lui-même. Il fentit fi bien l'indignité de ce qu'il avoit fait, qu'avant que le roi eût rien ordonné contre lui, il fe retira en France, où étoit le pape, qui le reçut comme un martyr de fes intérêts. Le roi Louis qui l'avoit vu à fa cour, lorfqu'il y vint quérir la princeffe Marguerite, & qui l'avoit peut-être difpofé dès ce temps-là à entrer dans fon parti, lui fit auffi de grandes careffes, & lui donna l'abbaye de Pontigny, il y demeura près de fix ans, jufqu'à ce que par les négociations de ce roi fa paix fut faite avec fon maître. Ainfi il retourna en Angleterre, où il fut affaffiné. Le refus qu'il faifoit de lever l'excommunication qu'il avoit fulminée contre quelques évêques, en fut la caufe ou le prétexte. Quatre gentils-hommes[1] Normands, envoyés par ces évêques, entrerent dans l'églife l'épée nue, demandant à haute voix : « Où eft le traître de fon roi » ? & perfonne ne paroiffant, ils ajouterent, « Où eft » l'archevêque » ? Ce prélat qui ne faifoit que fortir de l'églife, entendant ces dernieres paroles, y rentra, & fe préfentant aux meurtiers : « Me » voici, leur dit-il, je vous tends la gorge fans » réfiftance, content de mourir pour une caufe » fi jufte : mais épargnez mes parens & mes » amis, qui n'ont point eu de part à ce que » j'ai fait ». Les quatre affaffins le percerent de plufieurs coups en achevant ces paroles, & le renverferent mort fur le pavé. Ce meurtre eft fans doute fort odieux ; mais après tout, la rebellion de l'archevêque contre fon fouverain ne l'eft guere moins. Auffi fe trouva-t-il des docteurs dans Paris, quelques années après, qui condamnant fa révolte, foutinrent que non feulement il en avoit été juftement puni par la perte de fa vie, mais qu'il l'étoit même encore dans les enfers après fa mort. D'autres au contraire eftimerent que fa mort étoit un martyre, & le

---

[1] Torci, Urci, Marville, le Breton.

jugerent

jugerent bienheureux. Le pape Alexandre fut de ce nombre ; & l'ayant canonifé, il confacra un autel à fon honneur.

IV. L'impératrice Matilde, veuve de fon fecond mari Geoffroy, comte d'Anjou, vit le commencement des défordres de fa famille. Mais fa mort qui arriva dans le milieu des troubles qu'excita l'archevêque de Cantorbery, l'empêcha d'en voir la fin [1]. De forte qu'elle eut la joie avant que de mourir, de voir plufieurs couronnes réunies fur la tête de fon fils, & les plus belles provinces de la France fous fa domination. On a comparé cette princeffe pour fon ambition, & pour la gloire de fa race, à Agrippine. On dit de cette derniere, qu'elle fut fille d'empereur, fœur d'empereur, & femme d'empereur. Ainfi l'on difoit de Matilde, qu'elle avoit été fille de roi [2], femme d'empereur [3], & mere de roi [4]; qu'elle fut illuftre par fa naiffance, plus illuftre

---

[1] Cette princeffe mourut à Rouen, en 1167, généralement regrettée des habitans qu'elle combloit de fes bienfaits, & fut enterrée dans l'abbaye de Sainte-Marie-des-Prés de la même ville. « Elle fit, dit Rapin de Thoyras, des legs très confidérables aux » pauvres & aux églifes ; & donna une grande fomme pour faire ». continuer le pont de Rouen, qu'elle avoit fait commencer ». Ce fameux pont, dont l'élévation prodigieufe du milieu faifoit un chef-d'œuvre, n'a fubfifté dans fon entier qu'environ trois fiecles ; & on n'a ceffé d'y paffer qu'en 1564.

[2] Henri I.

[3] Henri V.

[4] Henri II.

par son mariage, mais que son fils la rendit encore plus célèbre par ses grandes actions : differente en cela d'Agrippine, dont Néron dèshonora la famille, & à qui il ôta même la vie. Aussi fut-elle plus modérée que cette Romaine ; & toute avide qu'elle étoit de la royauté, elle en laissa jouir paisiblement Henri II, sans réclamer le droit qu'elle y avoit, son ambition étant satisfaite par la gloire de son fils.

V. Cependant le roi Henri qui étoit en Normandie, ayant reçu la nouvelle du meurtre de l'archevêque, protesta qu'il en étoit innocent, & témoigna sa douleur par des larmes qui sembloient d'autant plus sinceres, qu'il avouoit que la haine qu'il avoit portée à ce prélat, avoit pu donner la hardiesse à ses assassins de commettre cette horrible action. Il envoya aussi-tôt un ambassadeur au pape pour s'en justifier ; & le pape ordonna à son légat de s'informer de la vérité, lui donnant le pouvoir d'absoudre le roi, s'il se trouvoit innocent. Ainsi, après quelques procédures il fut absous ; mais pour avoir donné occasion à la mort de l'archevêque, le légat le condamna à envoyer deux cens gendarmes à la défense de la Terre-Sainte, en attendant qu'il y pût aller lui-même. Il y a des auteurs qui disent qu'il soumit son royaume au pape ; mais c'est une fable. Il avoit trop de fierté pour être capable d'une telle foiblesse ; & l'on ne voit point aussi que les papes ayent voulu se prévaloir de cet hommage imaginaire, dont les moines ont rempli leurs annales. Au reste on ne peut s'empêcher de remarquer dans cette histoire l'ingratitude du pape, aussi bien que celle de l'archevêque. Le dernier avoit été honoré de l'affection de son souverain, qui l'avoit élevé à la dignité de chancelier ; & le premier étoit redevable de sa vie au roi, lors qu'au péril de la sienne il l'arracha d'entre les mains des Allemands qui le vouloient mettre en pieces. Cependant ils se joignirent tous deux pour détrôner ce prince, comme s'il eût été l'ennemi de la chrétienté, parce qu'il maintenoit les droits de sa couronne contre les entreprises du siége Romain.

VI. La guerre avoit recommencé entre les deux rois, deux ans avant que l'archevêque retournât en Angleterre : & Louis appuyant la rebellion de ce prélat, & celle du comte d'Auvergne, vassal du duché de Guyenne, étoit entré en Normandie, brûlant & ravageant les villages qui étoient entre Mantes & Paris. Henri vint au secours de ses sujets, obligea l'armée de Louis à se retirer ; & ayant repris Chaumont dont les François s'étoient emparés, il fit à son tour le dégât dans cette partie du Vexin qui obéissoit à la France, & brûla Andeli.

Sur ces entrefaites le Poitou se souleva par

les intrigues du roi Louis. Les comtes de la Marche & d'Angoulême, les seigneurs de Lusignan & de Sillé prirent les armes, & la province fut prête de se ranger sous la domination de la France. Henri que le péril n'étonna jamais, & qui voloit plutôt qu'il ne marchoit, comme en parloit le roi Louis lui-même, accourut avec tant de diligence, qu'avant que les rébelles eussent joint leurs forces, il parut au milieu de la province, les étonnant tellement par sa présence & par sa célérité, qu'ils rentrerent tous dans l'obéissance. Ainsi les mouvemens du Poitou ne furent pas si dangereux que la France l'avoit pensé ; & voyant que le roi Henri en revenoit victorieux, elle ne songea qu'à se raccommoder avec lui. Le duc de Saxe qui avoit épousé depuis peu une fille d'Henri, travailla à cet accommodement. Il eut de la peine à vaincre la répugnance de son beau pere, dont l'esprit se trouvoit aigri par les menées de la France, qui faisoit incessamment soulever ses sujets & ses vassaux. Il le disposa pourtant enfin à la paix. Les articles en furent arrêtés ; & Henri qui étoit à Argentan vint à Saint-Germain-en-Laye, où elle fut jurée solemnellement. Cette conférence fut fort célébre. Henri y mena ses trois fils avec lui, dont l'aîné fit hommage au roi Louis des comtés d'Anjou & du Maine ; & son frere Richard, de la Guyenne.

Pour Geoffroy, duc de Bretagne, il faisoit hommage de son duché à son pere, duc de Normandie, dont la Bretagne dépendoit par le traité que le premier duc de Normandie[1] fit avec Charles-le-simple. Le prince Henri fit aussi hommage de la charge de grand sénéchal de France, attachée au comté d'Anjou, dont le roi Louis lui confirma la possession, qui avoit été interrompue par l'avénement du roi Henri à la couronne d'Angleterre. Cette solemnité fut accompagnée de toute la pompe & de tous les divertissemens que la cour de France pût imaginer, & se termina par des protestations d'amitié réciproques, mais qui ne furent pas plus sinceres que les précedentes.

VII. Cependant le roi Henri, qui s'appliquoit durant la paix à réparer les désordres de la guerre, fit faire une grande tranchée pour séparer ses terres de celles de la France, afin d'empêcher les entreprises qu'on faisoit les uns sur les autres par malice ou par ignorance. Le mémoire de cet ouvrage s'est conservée par le nom qui en est demeuré à cette étendue de terre qu'on

---

[1] On raconte de ce duc, que l'on nomme Rollon, Raoul ou Haroul, que, conformément à ce traité conclu en 912, étant obligé de rendre hommage au roi, de la Normandie, il chargea un de ses officiers de s'en acquitter; comme une des formalités étoit de lui baiser le pied, cet officier le lui leva si haut, qu'il fit tomber ce monarque en arriere.

appelle encore aujourd'hui, LA TRANCHÉE, & par des veſtiges qui en reſte en quelques endroits.

Après ce travail il repaſſa la mer, & ayant fait aſſembler ſon parlement, il fit [1] couronner ſon fils aîné; mais il ne fit pas couronner, avec lui la princeſſe Marguerite, dont il différoit toujours le mariage ſous divers prétextes. La véritable raiſon étoit la crainte qu'il avoit que ſon fils ſe voyant gendre du roi de France, ne ſe tournât du côté de ſon beau-pere ; & que ſéduit par ſes conſeils, il ne voulût faire le maître, & lui arracher la couronne. Ce qui ſe paſſa le jour du couronnement augmenta encore ſes ſoupçons. Pour rendre cette ſolemnité plus auguſte, il avoit voulu ſervir ſon fils à table, & deſcendre un moment du trône pour l'y faire monter. Mais que cette cérémonie étoit dangereuſe, & que l'orgueil de la puiſſance ſouveraine tarde peu à corrompre le cœur ! Un milord s'étant approché du jeune roi, lui dit à l'oreille, en lui faiſant remarquer ſon pere, qu'il étoit bien glorieux d'avoir un ſi grand roi pour officier. « Il n'y a rien là » d'extraordinaire, répondit le jeune Henri, » puiſque je ſuis roi & fils de roi, & que mon » pere n'eſt que le fils d'un comte ». Ces paroles qui furent entendues par le pere, pénétre-

[1] L'an 1171.

rent bien avant dans son cœur. Il se repentit d'en avoir tant fait, résolu d'en demeurer là, & de ne faire aucune part du royaume à un fils qui se mettoit déja au-dessus de lui, quoiqu'il n'eût encore qu'un titre sans autorité. Ce fut aussi pour cela qu'il ne voulut pas que la solemnité de son mariage avec la fille de france suivit celle de son couronnement, de peur d'être contraint de le mettre en possession de la souveraineté, qu'il avoit promis de partager avec lui, aussi-ôt que son mariage seroit acompli.

VIII. Comme il se doutoit bien que la France ne seroit pas contente, & qu'elle voudroit hâter ce mariage pour mettre le jeune prince en possession de Gisors, qui étoit gardé par les templiers, suivant l'accord des deux rois [1], il passa en Normandie, & s'étant coulé dans la place en habit de templier, il s'en rendit maître. Il y mit une bonne garnison [2], & se retira en Normandie, d'où il repassa la mer. A peine étoit-il arrivé en Angleterre, qu'on lui donna avis que l'Irlande s'étoit soulevée. Il y passa en diligence, appaisa les troubles, & reçût les hommages des rois de cette île. Le séjour qu'il y fit lui fut funeste. Le prince Henri étoit moins

[1] Voyez l'examen de la conduite des Templiers, par M. Gaillard, & les observations sur le Traité de paix de 1160, par M. de Bréquigny, T. XLIII des Mém. de l'Acad. des Inscrip.
[2] L'an 1174.

satisfait de l'appareil d'une vaine cérémonie, qu'irrité des délais que son pere apportoit à un mariage qui le devoit mettre en possession de la royauté. De sorte que prêtant l'oreille aux pensionnaires que la France avoit en Angleterre, il forma le dessein d'enlever la princesse Marguerite de l'appartement où on la gardoit, sous prétexte de lui faire honneur, & de l'aller épouser en France.

IX. C'étoit dans le temps que la reine Eléonor s'étoit apperçue des galanteries du roi, qui ne trouvant plus en elle les charmes que l'âge avoit effacé, avoit cessé presque tout d'un coup de l'aimer. Et comme il avoit le cœur aussi sensible à la volupté qu'à l'ambition, il n'avoit pas été long-temps sans avoir un commerce criminel avec plusieurs dames de sa cour. Il tint quelque temps ses intrigues secrettes, & tâcha tant qu'il pût d'en dérober la connoissance à la reine; soit parce que le mystere fait le plaisir de la galanterie, ou parce que tout infidele qu'il lui étoit, il gardoit toujours du respect pour elle. D'ailleurs il appréhendoit qu'étant extrêmement vindicative, elle ne se portât aux dernieres extrémités contre ses rivales. Il craignoit principalement pour la vie d'une jeune demoiselle, nommée Rosemonde, la plus belle de ses maîtresses, & celle aussi qu'il aimoit le plus. De sorte que pour la garantir des attentats de la reine, il lui fit bâtir un appartement dans un de ses châteaux ¹ avec tant d'artifice, que la chambre de Rosemonde se trouvoit placée au milieu d'un labyrinthe, d'où il étoit impossible de se demêler sans guide. Pour rendre cette maison solitaire encore plus agréable, il voulut que l'architecture en fût exquise, & que la sculpture & la peinture y excellassent : si bien qu'il en fit un palais enchanté, qui n'étoit accessible qu'à lui & à ses confidens. Mais qui peut tromper les yeux d'une femme jalouse & vindicative ? La reine ne fut pas long-temps à découvrir le mystere ; & elle auroit fait périr cette rivale, si la mort ne l'en eût délivrée.

X. Elle trouva pourtant de nouveaux sujets de jalousie dans la mort de Rosemonde, & dans les soins que prit le roi d'en éterniser la mémoire. Il la fit enterrer dans l'église des religieuses d'Oxford avec une pompe royale, & lui fit

___

¹ Woodstock, ville d'Angleterre, en Oxfordshire, où l'on fait avec de l'acier des chaînes de montres, & d'autres ouvrages d'une délicatesse & d'un poli achevés, est le nom de ce lieu de délices d'Henri II & de la belle Rosemonde, où la jalousie ou plutôt la vengeance fit, pour ainsi dire, jouer à Eléonor les rôles d'Ariadne & de Médée. Son antique château n'existe plus aujourd'hui ; celui que les Anglois y ont fait bâtir au commencement de ce siecle, pour le fameux duc de Malborough, en mémoire de la victoire qu'il remporta sur les François à Blenheim, en 1704, est un témoignage bien grand de reconnoissance & de l'amour national qui les caractérise.

dresser un riche tombeau, sur lequel il fit graver cette épitaphe :

> Ci gît dans un triste tombeau
> L'incomparable Rosemonde,
> Ou plutôt la Rose du monde,
> Dont le regne fut court, mais beau.

Le roi chercha à se consoler de la mort de cette maîtresse dans les charmes des autres dames de son royaume, entre lesquelles on compte la princesse Marguerite elle-même ; & l'on dit qu'Henri ayant oublié qu'il devoit être son beaupere, étoit devenu son amant. Peut-être que ce fut un faux bruit, & que le peuple prit pour un effet de son amour, le retardement qu'il apportoit au mariage de cette princesse, avec son fils, au lieu de l'imputer à sa politique. Quoi qu'il en soit, la reine offensée des amours du roi, ne songea qu'à s'en venger, sans se soucier à quel prix, ni par quels moyens. Elle pensoit avec indignation, qu'elle avoit abandonné un roi de France pour l'épouser, lorsqu'il n'étoit encore que comte d'Anjou, elle qui étoit souveraine de plusieurs grandes provinces ; & s'abandonnant à son ressentiment, elle croyoit qu'elle ne pouvoit jamais trop punir les infidélités d'un mari à qui elle avoit fait de si grands sacrifices. Elle se trouva dans cette disposition, lorsque le roi passa en

Irlande ; & croyant la conjoncture favorable pour se venger, elle communiqua son dessein à Desentemore & à la Faye, dont le dernier étoit son parent. Ils approuverent sa résolution, & lui conseillerent de profiter du mécontentement du prince Henri pour l'attirer dans son parti. Ils se chargerent de lui en parler, & le trouvant disposé à les écouter, ils n'eurent pas de peine à lui persuader d'enlever la princesse Marguerite pendant que son pere étoit absent.

XI. La France avoit aussi part à l'intrigue, & faisoit assurer le fils qu'elle l'assisteroit de toutes ses forces contre son pere. On dit même que ce prince ayant fait un voyage à Paris un peu après son couronnement, le roi Louis & toute sa cour s'étoient mocqués d'une cérémonie qui ne lui avoit pas donné plus d'autorité qu'il en avoit auparavant. De sorte qu'ils l'avoient excité par-là à demander à son pere la jouissance effective du royaume, dont il lui avoit mis la couronne sur la tête. Le roi lui promit aussi de le soutenir, & de venger l'injure qu'il croyoit avoir reçue lui-même en la personne de la princesse Marguerite sa fille, qui avoit été méprisée dans la solemnité du couronnement. Ainsi ce jeune prince étant de retour de son voyage, avant que son pere partit pour l'expédition d'Irlande, lui parla selon les mouvemens qu'on lui avoit inspirés : mais il en reçut une réponse peu favorable, & son pere chaffa d'auprès de lui de jeunes gentilshommes, dont il croyoit que la France se servoit pour le séduire. Étant donc aigri par le traitement fait à ses favoris, & prévenu par son ambition, il ne fut pas difficile à Desentemore & à la Faye de le porter à faire une action d'éclat. Il entra dans le palais où étoit la princesse Marguerite, les gardes, ou par respect pour sa personne, ou gagnés par ses promesses, n'ayant osé lui en refuser l'entrée, l'enleva, & s'embarquant avec elle au premier port où il faisoit tenir un vaisseau tout prêt, il se sauva en France. Le roi qui l'attendoit, le reçut avec une joie extraordinaire. La qualité de gendre n'étoit pas celle qu'il considéroit le plus en lui. Celle de fils rébelle lui étoit infiniment plus agréable; & il croyoit que pour abaisser une maison dont la grandeur le tenoit dans de continuelles inquiétudes, il le falloit diviser. Aussi-tôt que le jeune prince fut arrivé, il fit hommage au roi du duché de Normandie. Il épousa ensuite la princesse Marguerite, belle & sage princesse, & qui fut à l'épreuve des sollicitations de son beau-pere, s'il est vrai qu'il en fut devenu amoureux.

XII. Peu de temps après la retraite de ce prince, ses freres Richard & Geoffroy le vinrent joindre. Ils avoient été gagnés par les discours de la reine, qui leur avoit perſuadé que leur pere n'ayant plus d'affection que pour ſes maîtreſſes, il étoit à craindre qu'après l'avoir chaſſée de ſon lit pour les y faire entrer, il ne voulut encore mettre ſes bâtards ſur le trône. Etrange effet de la jalouſie, qui fait bien voir la corruption du cœur humain, qui n'aime les autres que par les motifs de ſon orgueil & de ſon amour-propre, puiſqu'auſſi-tôt qu'il croit en être mépriſé, il court à la vengeance avec tant de fureur. Ces jeunes princes aveuglés par leur ambition, & ſéduits par de méchans conſeils, tâcherent de faire ſoulever tous les états de leur pere; ſans penſer que la France qui les animoit, n'avoit d'autre deſſein que de profiter de leurs diviſions. Ils parcoururent la Normandie, le Maine, l'Anjou & le Poitou, & ils attirerent la meilleure partie des places dans leur parti. Le roi de France de ſon côté[1] appuya fortement cette rebellion; & croyant que le temps étoit venu de chaſſer l'Anglois de la Normandie, il y appliqua tous ſes ſoins ſous prétexte d'aſſiſter ſon gendre. Il mis ſur pied un plus grand nombre de troupes qu'il n'y avoit eu depuis longtemps en France, avec un attirail prodigieux de chariots & de voitures pour les machines & les proviſions de l'armée; & pour fournir à cette

[1] L'an 1173.

dépense, il leva des impôts extraordinaires, dont personne ne fut exempt. Ayant ainsi tout disposé pour la guerre, il convoqua les grands du royaume à Paris dans une assemblée, où il invita le prince Henri. Il n'y parla que des intérêts de ce prince, & demanda pour lui l'assistance de tous les seigneurs qui étoient présens, s'obligeant le premier à ne point mettre les armes bas, qu'il ne l'eut établi sur le trône d'Angleterre. Afin de rendre cet engagement plus inviolable, il le confirma par un serment solemnel; & les seigneurs à son exemple prêterent le même serment. Le jeune Henri de son côté fit de grandes libéralités à son armée, qu'il revint trouver après l'assemblée de Paris, distribuant aux soldats & aux officiers de l'argent, des terres & des châteaux, dont il leur fit expédier des lettres signées de sa main, & scellées de son sceau.

XIII. Le roi de France ne tarda pas à entrer dans la Normandie à la tête d'une puissante armée; & après avoir emporté quelques places qui tenoient pour le roi Henri, il vint mettre le siege devant Verneuil, où il trouva une vigoureuse résistance. Mais comme la place manquoit de vivres, elle fut obligée de faire sa composition. On ne lui tint pas parole. L'armée y étant entrée, elle y mit le feu. Plus de la moitié de la ville fut brulée, un grand nombre de ses habitans périt dans les flammes, & la plupart de ceux qui échapperent furent mis en prifon : traitement peu digne de leur fidélité. Mais Louis vouloit faire un exemple qui intimidât les autres.

XIV. Cependant le roi Henri étoit en Irlande occupé à établir un bon gouvernement dans cette île, dont les peuples fauvages vivoient dans une étrange confufion. Leurs rois voyoient bien ce défordre; mais n'étant pas capables d'y remédier, ils le prierent d'y employer fon autorité. Pendant que ces affaires l'occupoient, fa femme & fes enfans eurent le loifir d'exécuter leurs defseins, dont il ne fut averti qu'après que ces jeunes princes furent paffés en France. Une fi fâcheufe nouvelle le rappella en diligence en Angleterre, où il fçut bientôt la part que la reine avoit à tous ces mouvemens. La premiere chofe qu'il fit, ce fut de la faire mettre dans une prifon fort étroite, où elle demeura tout le temps [1] que fon mari vécut depuis, & paya bien cherement la fatisfaction qu'elle avoit cherchée dans une vengeance qui n'avoit refpecté ni les droits du trône, ni ceux du lien conjugal. Il paffa enfuite en Normandie, où il arriva dans le temps que la ville

---

[1] Son emprifonnement eut lieu en 1173, & dura jufqu'à l'avénement de fon fils Richard au trône d'Angleterre, en 1189. Pendant tout le refte de fa vie cette princeffe ne perdit aucune occafion d'exercer fa charité envers ceux qui fe trouvoient privés du doux bien de la liberté, dont elle avoit fi bien connu le prix.

de Verneuil venoit de se rendre. Il se présenta avec son armée devant la place; mais les François n'osant l'y attendre, ni accepter la bataille qu'il leur présenta, se retirerent, lui abandonnant leur conquête. Henri entra dans la ville, dont il fit relever les murailles, & réparer le dommage que le feu avoit causé. De là il vint à Rouen, d'où il envoya des députés au roi Louis & à ses enfans, pour représenter au premier le tort qu'il avoit de soutenir la rebellion de sa famille, & pour remontrer aux autres, que la faute qu'ils commettoient étoit aussi préjudiciable à leur intérêt, que contraire à leur devoir; les exhortant les uns & les autres à la paix qu'il leur demandoit. Mais cette députation fut inutile. Le roi Louis ne voulut pas même écouter les députés, & leur dit en les renvoyant, qu'il ne connoissoit point d'autre roi d'Angleterre que son gendre; & que leur maître ne devoit espérer de paix qu'en lui quittant le royaume. Le roi Henri vit donc bien qu'il se falloit résoudre à la guerre. Il s'y prépara pourtant d'une maniere qui faisoit croire qu'il ne désespéroit pas de la paix, ou du moins qu'il la souhaitoit.

XV. Sur ces entrefaites il apprit que le comte de Chester étoit entré en Bretagne avec une armée qui faisoit de grands ravages, & qu'il avoit pris la forteresse de Dol. Il courut donc de ce côté là là avec ses meilleures troupes, & vint mettre le siege devant Dol, où le comte s'étoit enfermé dans la résolution de se bien défendre. Mais il ne soutint les attaques que pendant les trois premiers jours, au bout desquels il rendit la place, & demeura prisonnier de guerre avec toute la garnison. Si les affaires du roi Henri alloient bien en France, elles n'avoient pas un succès moins favorable au delà de la mer. Le roi d'Ecosse croyant profiter de la division des Anglois, avoit pris les armes, attiré par le comte de Leycestre qui tenoit le parti des jeunes princes, & flatté de l'espérance qu'on lui donnoit de le rétablir dans la province de Northumberland, que son pere avoit été obligé de rendre au roi Henri. Mais en voulant s'aggrandir par une guerre injuste, il tomba bientôt après dans une honteuse dépendance. Le connétable d'Angleterre [1] ayant marché contre lui, défit son armée, prit & brûla Berwick, & fit ensuite une treve de deux mois. Cela se passa dans le temps que le comte de Leycestre, qui étoit allé en France pour lever des troupes, en revenoit avec une armée de quatorze mille Flamands, ayant débarqué en un endroit, où il fut joint par Hugues Bigod, qui avoit une seconde fois abandonné le parti de Henri. Le connétable en ayant eu avis s'avança

[1] Onfroy Boon.

pour le combatre, & fit tant de diligence, qu'il se trouva près d'eux dans le temps qu'ils y pensoient le moins, le croyant bien embarrassé du côté de l'Ecosse. Nonobstant cette surprise, le comte de Leycestre qui étoit grand capitaine rangea promptement son armée en bataille, & donna le premier à la tête de la cavalerie, ayant auprès de lui un vaillant officier François, nommé Hugues des Châteaux. Le choc fut rude ; mais le comte de Leycestre ayant été porté par terre, il fut fait prisonnier avec cet officier qui tâchoit de le remettre à cheval & de le tirer hors de la mêlée. La prise de ces deux chefs causa la perte de la bataille ; elle fut sanglante. Les Anglois animés contre les Flamands ne leur donnoient point de quartier, & dix mille demeurerent sur la place. Le reste fut fait prisonnier. La comtesse de Leycestre qui revenoit de France en Angleterre avoit accompagné son mari ; appréhendant l'issue d'un combat qui étoit inévitable, elle avoit tiré de son doigt un diamant de grand prix, qu'elle avoit jetté dans la riviere le long de laquelle ils marchoient : ne voulant pas, disoit-elle, que les ennemis profitassent d'un si riche butin. Mais ils en firent un plus considérable par la prise du comte de Leycestre. Le connétable envoya les prisonniers en Normandie par ordre du roi, qui les fit conduire au château de Falaise.

XVI. Cette victoire n'étonna pas seulement les Anglois rebelles, mais encore le roi Louis, & les jeunes princes dont il soutenoit la rebellion. Henri profitant de cette consternation passa en Anjou, & fit rentrer dans son obéissance les places qui s'en étoient détachées. Il marcha de là à Vendome, où le comte de Lavardin s'étoit jetté, résolu de bien défendre la place, d'où il avoit même fait sortir son pere, parce qu'il étoit attaché au service du roi Henri. Mais la ville fut battue si vigoureusement, que Lavardin fut contraint de se rendre au bout de huit jours. De là Henri passa en Poitou, reprit les villes qui avoient abandonné son parti; & descendant dans la Saintonge, il fut contraint d'en assiéger la capitale [1] dans les formes. Elle ne se rendit qu'après, que ses tours eurent été abbattues par les machines. Henri pardonna néanmoins aux habitans, & revint en Normandie, glorieux de tant de victoires, s'il ne les avoit pas remportées [2] contre ses propres sujets & contre ses enfans.

XVII. Peu s'en fallut que la joie n'en fût troublée par les armes du roi d'Ecosse, qui étoit entré dans l'Angleterre après la treve finie, conduisant des troupes qui mettoient tout à feu

[1] Saintes.
[2] L'an 1174.

& à fang, fans diftinction d'âge, de fexe & de condition. Ceux de la province d'Yorck, voyant venir ce torrent, prirent la réfolution d'aller au devant & de l'arrêter. Ils leverent promptement des troupes, dont quatre feigneurs [1] eurent le commandement, & marcherent en bon ordre contre les ennemis. Ils n'en étoient pas loin, lorfqu'il s'éleva un brouillard fi épais, qu'on pouvoit à peine fe reconnoître les uns les autres. Cela étonna l'armée, & les chefs eux-mêmes, qui, appréhendant de tomber dans quelque embufcade, étoient d'avis de retourner fur leurs pas. Il n'y en eut qu'un [2], qui ne fçachant, difoit-il, ce que c'étoit que de reculer, réfolut de continuer fa marche. Cette hardieffe ayant fait reprendre cœur aux autres, ils n'eurent pas encore marché une heure, que le brouillard fe diffipa. Ils apperçurent alors le camp des Ecoffois, qui ne les attendoient pas. De forte qu'ils les trouverent en défordre & manquant de cavalerie, parce que le roi avoit envoyé ce jour-là au fourage, n'ayant eu aucun avis de la marche des Anglois. Il tâcha de réparer cette faute, & de raffurer les foldats effrayés de la vue d'un ennemi qu'ils ne croyoient pas fi près d'eux. Il rangea promptement fon armée, à laquelle il fit

---

[1] Soreville, Glanville, de Vefty & Bailleul.
[2] Bailleul.

cette courte harangue. « Vous voyez, mes amis, » le péril qui vous environne. Il ne faut que » du courage pour en fortir. C'est dans cette » occasion que je connoîtrai ceux qui sont sol- » dats, & que vous me verrez aussi combattre » en soldat & en roi ». Il fit aussi-tôt sonner la charge, donna le premier tête baissée avec un escadron de ses plus braves gendarmes; mais ne se trouvant pas soutenu, il fut enveloppé, & fait prisonnier avec trois officiers [1] François qui ne le quittoient point. La défaite de son armée ne tarda guere après sa prise, & les Anglois retournerent chez eux chargés de gloire & de butin, menant en triomphe le roi prisonnier.

XVIII. La nouvelle de l'irruption des Ecossois étoit venue au roi Henri, qui, craignant plus pour l'Angleterre que pour ses provinces d'outre-mer, s'embarqua, & vint au secours de ses sujets, plein d'indignation contre les ennemis qui les massacroient avec tant d'inhumanité. Il apprit en arrivant l'heureux succès que venoient de remporter ceux de la province d'Yorck; &, n'ayant tardé qu'un mois dans le royaume, il repassa la mer, amenant avec lui le roi d'Ecosse. Il débarqua en Normandie [2], dont il apprit que

[1] Comyn, de Mortemer, de l'Isle.
[2] L'an 1174 & 1175.

la capitale [1] étoit assiégée par le roi Louis, qui étoit en personne au camp. Quoique Henri n'eût avec lui que des troupes composées d'étrangers, qu'on nommoit Brabançons, d'un nom de faction dont on ignore l'origine, & Allemands pour la plupart, il ne laissa pas de marcher au secours de la place. Il s'avança même avec tant de confiance, qu'il envoya dire au roi de France, que s'il ne levoit le siege, il le feroit périr avec toute son armée. Le roi Louis, qui le croyoit au fond de l'Angleterre, n'avoit entrepris le siege de Rouen, que dans l'opinion qu'il avoit eue qu'Henri seroit trop occupé delà la mer pour venir au secours de cette place. De sorte que le voyant de retour, & prêt à le combattre, il en fut si étonné, qu'il crut qu'il y avoit de l'enchantement, & qu'il leva le siege en désordre, faisant mettre le feu aux machines, qui n'auroient pu suivre l'armée dans sa retraite précipitée. Ce fut dans cette occasion qu'on lui entendit dire que le roi Henri ne se servoit ni de navires ni de chevaux, parce qu'il n'en auroit pu trouver d'assez vîtes pour exécuter ses desseins; mais qu'il voloit d'un bout du monde à l'autre.

XIX. Après cette expédition Henri demeura

[1] Rouen.

paisible dans Rouen, en attendant toujours le repentir de ses fils rebelles : s'estimant plus heureux, s'il pouvoit les ramener par la douceur & par les motifs de leur devoir, que s'il les contraignoit de plier sous ses armes. Ainsi, non seulement il ne voulut point employer la violence, mais il refusa encore de recevoir des officiers, qui, condamnant leur révolte, passerent de leur camp dans le sien. Il les renvoya auprès de leurs maîtres, & les exhorta de leur être fideles. Il les chargea même de riches présens pour ces jeunes princes, les faisant suivre par des députés, qui alloient de sa part leur offrir la paix à des conditions avantageuses. De peur que cette négociation ne fût traversée par le roi de France, il lui envoya aussi des ambassadeurs, pour le prier d'être le médiateur de la paix qu'il demandoit à ses enfans. Mais il ne fut écouté ni des uns ni des autres. Les Anglois rebelles, craignant que cette réconciliation ne leur fût funeste, tâcherent de la rendre impossible ; & le roi Louis fut bien aise que les divisions continuassent dans une famille, dont l'abaissement faisoit toute sa sûreté.

XX. Il fallut donc qu'Henri se préparât tout de nouveau à la guerre. Il vit en même temps fondre trois armées en Normandie, en Bretagne & en Guyenne. Il laissa à ses lieutenans le soin de s'opposer aux deux premieres, & courut avec ses vaillans Brabançons en Poitou, où Richard, le plus fier des trois freres, l'appelloit par ses hostilités. Il dompta ce fils rebelle, & défit son armée; mais il cherchoit à le regagner, & non à le vaincre; & il fut plus aisé de sa réconciliation avec lui que de sa victoire. Richard le vint trouver au Mans, amenant avec lui son frere Geoffroy; & tous deux demanderent pardon de leur crime, qu'ils promirent de réparer par une obéissance inviolable. Cette action toucha leur frere aîné, qui se disposa à les imiter; & le roi Louis n'osa s'y opposer, étant rebuté par le méchant succès des deux armées qu'il avoit jettées en Normandie & en Bretagne, qui avoient manqué toutes les entreprises qu'elles avoient tentées. Le prince Henri vint trouver son pere en Normandie, se jetta à ses pieds, & témoigna son repentir par ses paroles & par ses larmes. Le pere plus touché que le fils, le releva, l'embrassa & l'assura qu'il avoit tout oublié. Le roi Louis qui n'avoit pu empêcher cette paix, souhaita d'y être compris, & voulut même en être le garant.

XXI. Après cette réconciliation, le roi Henri donna à son fils aîné deux places considérables en Normandie avec leurs dépendances, & quinze mille livres de pension sur les autres revenus de la province, somme considérable en ce temps-là, où l'argent étoit plus rare qu'il n'est aujourd'hui. Il donna aussi des places dans le Poitou à son fils Richard, avec la moitié du revenu de ce comté ; & à Geoffroy la moitié des terres de Conan, dernier duc de Bretagne. Il reçût ensuite les hommages que lui firent Richard & Geoffroy ; mais il n'en voulut point recevoit de Henri, parce qu'il l'avoit associé à la royauté, incompatible avec cette dépendance. Il fut aussi arrêté par l'accommodement fait entre le pere & les enfans, que tous les prisonniers faits de part & d'autre, tant en Angleterre que dans les provinces d'outre-mer, seroient relâchés. Ainsi le comte de Leycestre & tous les autres furent mis en liberté.

XXII. Il se fit encore une nouvelle alliance entre les deux couronnes par le mariage du prince Richard avec la princesse Alix, fille de Louis, sortie de son troisieme mariage avec la sœur du comte de Champagne ; &, parce qu'elle étoit encore trop jeune pour accomplir le mariage, on en usa comme on avoit fait à l'égard de la princesse Marguerite, sa sœur aînée, en la mettant entre les mains de son beau-pere.

Telle fut la fin d'une rebellion que l'ambition avoit excitée dans le cœur de trois jeunes princes impatiens de régner, & que le roi Louis avoit eu soin d'entretenir par une politique moins habile que criminelle. Mais après tout, la jalousie de la reine avoit été le principal ressort de tous ces mouvemens.

La paix fut aussi conclue avec le roi d'Ecosse, qui remit à Henri les châteaux de Rokesbourg & de Berwick, & rendit son royaume tributaire de celui d'Angleterre, s'il en faut croire les historiens Anglois, qui veulent même que cette dépendance soit beaucoup plus ancienne, comme on le peut recueillir de la harangue de l'évêque de Durham[1], que j'ai rapportée dans le premier livre de cette histoire. Ainsi le roi Henri n'ayant plus de troubles ni dans sa famille ni dans son royaume, il sembloit qu'il alloit jouir d'un parfait repos le reste de ses jours.

[1] Voyez la page 37.

SOMMAIRE
DU CINQUIEME LIVRE.

CE qui se passe en France & en Angleterre pendant la détention d'Eléonor, & réunion d'Henri avec ses enfans. II. Passe avec eux en Angleterre, où il se fait de grandes réjouissances. Reçoit l'hommage du roi & des seigneurs d'Ecosse. III. Joie que cause à Londres l'arrivée de ses deux fils, & par qui troublée. IV. Richard le plus jeune passe en Poitou pour y dompter les rebelles. V. Phénomene singulier d'une pluie de sang; de quel présage pour le peuple. VI. Maniere ignominieuse dont Richard fait punir son chancelier. VII. Henri est pris pour arbitre des rois de Castille & de Navarre. Sagesse de son jugement. Sa libéralité. VIII. Hommage que les principaux Gallois lui font à Oxford; & don qu'il fait à Jean son fils du royaume d'Irlande. Il passe en Normandie. Tient à Rouen les états de la province, où le légat du pape le somme de passer à la Terre-Sainte. Sa conférence avec le roi de France, & origine de la pairie. IX. Envoie Geoffroy dans le Berry. Loix qu'il établit à Verneuil. Se rend à Alençon. Pardonne à Richard l'action du chancelier. L'envoie contre les rebelles du Poitou. X. Sa prétention sur le comté d'Auvergne,

& son traité avec le comte de la Marche. XI. *Arme son fils Geoffroy chevalier. Ce jeune prince cherche en France l'occasion de se signaler. Commence par faire rentrer les Bretons dans l'obéissance.* XII. *Etrange événement arrivé dans l'évêché de Durham.* XIII. *Motifs qui engage Louis le Jeune à visiter le tombeau de l'archevêque de Cantorbery. Honorable réception que le roi d'Angleterre lui fait.* XIV. *Sa maladie peu de temps après son retour en France. Magnificence du sacre & du couronnement de son fils.* XV. *Henri assiste la reine de France contre le comte de Flandre.* XVI. *Mort de Louis le Jeune, & traité de Gisors conclu entre la reine & son fils, par la médiation d'Henri.* XVII. *Guerre entre Henri & Richard. Le premier s'empare de Limoges. Sa mort. Honneurs funéraires qu'on lui fait, comparés avec ceux que les Romains firent à Drusus. Son portrait, & le lieu de sa sépulture.*

LIVRE CINQUIEME.

Bien que j'écrive l'histoire d'Eléonor de Guyenne, & non celle d'Henri II, je n'ai pas cru que je dusse passer de la prison de cette reine, qui dura seize années, à sa liberté, qu'elle ne recouvra qu'après la mort de son mari, sans faire mention de ce qui arriva en France & en Angleterre pendant un espace de temps si considérable. Je continuerai donc ma narration en achevant le regne d'Henri II ; d'où je passerai à celui de Richard qui mit Eléonor en liberté, & je poursuivrai jusqu'à la mort de cette reine, qui n'arriva qu'au commencement du regne de Jean qui succéda à Richard.

Le roi Henri content de sa réconciliation avec ses enfans, & du nouveau traité qu'il avoit fait avec la France [1], passa en Angleterre. Il menoit avec lui son fils aîné, afin de faire voir aux Anglois l'union qui étoit entr'eux : n'y ayant rien de plus propre à tenir les peuples dans le respect, que la bonne intelligence qu'ils voient dans la famille royale. Peut-être aussi que ce roi instruit par une longue expérience des pratiques de la France, craignoit que, si son fils demeuroit en Normandie, on ne jettât dans son

[1] L'an 1176.

esprit trop vif & trop léger, de nouvelles semences de division. Et ses soupçons n'étoient pas mal fondés, comme nous le dirons bientôt. Il menoit encore la jeune princesse, que son fils Richard devoit épouser, lorsqu'elle seroit en âge d'être mariée : gage, comme il le croyoit, de l'union qui venoit d'être conclue avec lui, ses enfans, & le roi Louis; mais qui fut cependant une nouvelle source de haines & de guerres entr'eux. Comme s'il y avoit eu quelque chose de fatal au bonheur de l'Angleterre dans le mariage de ses princes avec les filles de France.

II. Les réjouissances furent extraordinaires en Angleterre à l'arrivée de ces deux rois, le fils ayant été aussi honoré de ce titre depuis le jour de son couronnement. Les grands du royaume, les prélats & le peuple s'empresserent à l'envi à leur témoigner la joie qu'ils avoient de leur réunion & de leur retour, par les marques les plus éclatantes qu'ils en purent donner. Ce ne furent pendant plusieurs jours que festins & que divertissemens à la cour, dans les villes, & à la campagne; & le roi, qui, tout belliqueux qu'il étoit, aimoit aussi le repos & le plaisir, se délassoit agréablement des fatigues de la guerre dans ces régals, qui se succédoient incessamment l'un à l'autre. Si quelque chose eût été capable de troubler sa gaieté, c'eût été sa mésintelligence avec la reine; mais il l'avoit tellement oubliée, soit par le chagrin qu'il avoit eu des brouilleries qu'elle avoit causées dans sa famille, ou par l'attachement qu'il avoit pour ses maîtresses, qu'à peine pensoit-il qu'elle fût au monde. Quelques jours après il visita les provinces de son royaume, & reçut dans celles d'Yorck les hommages que l'Ecosse lui vint faire, suivant le traité que son roi avoit conclu pour obtenir sa liberté. Ce roi, accompagné de son frere, amenoit avec lui les prélats, les comtes, les barons & toute la noblesse de son royaume qui possédoit des fiefs, afin de prêter serment de fidélité au roi d'Angleterre comme à leur souverain seigneur. Le roi d'Ecosse fit ce serment le premier, & son frere ensuite, puis les prélats, les seigneurs & les gentilshommes. Cette grande cérémonie donna lieu à de nouvelles magnificences & à de nouveaux divertissemens; & le roi Henri qui étoit libéral jusqu'à la prodigalité dans les actions d'éclat, bien qu'il fût fort économe dans son domestique, n'épargna rien pour rendre l'hommage du roi d'Ecosse plus solemnel, & pour donner aux Ecossois une grande idée de la cour d'Angleterre.

III. Au retour de ce voyage, les princes Richard & Geoffroy arriverent à Londres, où les regals recommencerent. Mais la joie en fut un peu troublée par l'empreſſement que témoigna tout d'un coup le jeune roi pour un pélerinage, qu'il diſoit avoir voué à Saint-Jacques en Eſpagne. Le pere craignit que ce voyage ne fût le prétexte d'un autre, & une nouvelle ruſe de la France pour attirer ſon fils en Normandie. En effet le roi Louis avoit toujours ſes penſionnaires auprès du jeune roi, qui tâchoient de lui perſuader que ſon pere ne l'avoit amené avec lui, que pour l'empêcher d'établir ſon autorité dans la Normandie ; & qu'il n'avoit refuſé l'hommage qu'il lui en vouloit rendre, ſous prétexte de faire honneur à ſa royauté, que pour éluder le traité fait entr'eux. De ſorte qu'étant ébranlé par les pernicieux conſeils de ſes gens-là, il avoit réſolu de paſſer la mer, & de s'aboucher avec ſon beau-pere. Le roi Henri eut bien de la peine à lui faire différer ſon départ encore de quelques ſemaines, & ce ne fut qu'à force de prieres qu'il obtint ce délai. Il étoit bien aiſe de voir tous ſes enfans en bonne intelligence auprès de lui, & faiſoit durer le plus long-temps qu'il lui étoit poſſible une entrevue qui contribuoit à les unir plus étroitement.

IV. Il fallut pourtant enfin qu'il accordât au jeune roi le congé qu'il lui demandoit[1]. Il ſe trouva même une néceſſité de le hâter. Car on

[1] L'an 1177.

reçut des nouvelles que le Poitou s'étoit révolté, & que les vicomtes de Limoges & d'Angoulême, vassaux du duché de Guyenne, appuyant ces mouvemens, avoient pris les armes, soit que la prison de la reine Eléonor leur souveraine les eut irrités, ou que les intrigues de la France les eussent engagés dans cette rebellion. Le roi trouva à propos que son fils Richard, désigné duc de Guyenne, marchât contre les rebelles, & que son fils aîné partît avec lui, afin de l'assister non-seulement de ses conseils, mais aussi de ses troupes. Ainsi le jeune roi s'embarquant avec son frere, descendit en Normandie. Il fut quelque temps après voir le roi son beau-pere, menant avec lui la reine Marguerite, qui accoucha à Paris d'un fils. On le nomma Guillaume, & l'on en conçut de grandes espérances. Mais elles s'évanouirent bientôt, ce jeune prince n'ayant vécu que trois jours. Cependant le prince Richard étant passé dans le Poitou, il dompta ceux qu'il trouva en armes, & appaisa tous les troubles en peu de temps. Il passa ensuite dans le Limousin, emporta de vive force quelques places qu'il trouva sur son passage, & vint mettre le siege devant Limoges, qui se rendit, après s'être fait battre quelques jours. Mais le vicomte s'étoit retiré dans l'Angoumois. Richard, profitant de sa bonne for-

L

tune, y court avec son armée victorieuse, & paroît aux portes d'Angoulême, où les deux vicomtes s'étoient enfermés, dans la résolution de se défendre jusqu'à l'extrémité. Mais ils avoient à faire à un ennemi dont rien ne pouvoit arrêter la valeur. Richard fit battre la place avec tant de furie, que les deux chefs demanderent à capituler le dixieme jour. Ils demeurerent prisonniers de guerre, & s'obligerent de donner pour leur rançon Angoulême & quatre autres places dans le Limousin & dans l'Angoumois, que Richard pourroit faire fortifier, afin de tenir le païs en bride. Ces articles ne furent accordés que provisionnellement & sous le bon plaisir du roi d'Angleterre, à qui Richard envoya la relation de ce qu'il avoit fait, lui mandant qu'il lui enverroit aussi les prisonniers, aussi-tôt qu'il auroit sçu sa volonté. Le roi lui fit réponse, qu'il iroit bientôt en Normandie, où il termineroit avec lui cette affaire : voulant que les prisonniers restassent dans la province jusqu'à son arrivée.

V. On dit qu'il plut cette année du sang [1] dans

---

[1] « La prétendue pluie de sang, dit M. de Bomare, n'arrive que dans des temps de tempête, & sur-tout en été : il n'est pas étonnant que la plupart des insectes qui cherchent leur pâture sur les branches des arbres, soient emportés par de gros vents, & déchirés en pieces ; ce qui fait qu'en tombant ils sont comme ensanglantés, & qu'il pleut du sang, des insectes, &c ».

l'île de Wight pendant deux heures. Le peuple en fut épouvanté, craignant que ce ne fût un préſage de nouvelles guerres, & qu'il n'y eût encore bien du ſang répandu. Il n'arriva pourtant rien de ſemblable, du moins en Angleterre, où l'on jouît long-temps d'une profonde paix. Cela nous apprend qu'il ne faut pas s'effrayer des ſignes du ciel, comme font les ſuperſtitieux, ſelon la leçon que Dieu nous en donne lui-même.

VI. Il eſt vrai que dans ce temps-là le prince Richard faillit à exciter de nouvelles diviſions entre ſon pere & lui, par une action moins juſte que cruelle; mais ce fut une action particuliere, & qui n'eut point de ſuites, ayant été étouffée par la prudence du roi. Richard avoit pris à ſon ſervice des gentilshommes François & Normands, qu'il ſçavoit bien que ſon pere haïſſoit mortellement, parce qu'ils avoient été les principaux auteurs de leurs diviſions. Son chancelier [1] prit la liberté de lui en faire des remontrances. Mais ce prince, qui ne vouloit point être contredit, lui impoſa ſilence. Le chancelier crut qu'il étoit de ſon devoir d'en donner avis au roi. Mais ſa lettre fut interceptée, & tomba entre les mains de Richard, qui ne put retenir ſa colere. Il fit aſſembler ſur le champ les prélats & les ſeigneurs qui compoſoient ſon conſeil dans la ville de Poitiers où il étoit;

[1] Adam de Chervere.

& leur ayant exposé le fait en des termes qui marquoient son indignation, il leur ordonna d'opiner sur la peine que méritoit la trahison d'un sujet contre son souverain, & d'un domestique contre son maître. Tous opinerent à la mort, à la réserve de l'évêque de Poitiers, qui s'excusa sur son caractere de porter un jugement de mort contre le coupable, & qui employa toute son éloquence à modérer la colere du prince. Mais il ne gagna rien ; & Richard craignant qu'il n'attendrît les autres par sa harangue, fit appeller les bourreaux, & leur commanda de se saisir du criminel, & de le fouetter par tous les carrefours de la ville, en criant qu'on punissoit ainsi le traître de l'état & du prince. Cette violente action fâcha extrêmement le roi ; mais dissimulant son ressentiment, il dit aux députés que son fils lui envoya pour s'en justifier, qu'il en prendroit connoissance lorsqu'il seroit en Normandie.

VII. Avant que d'y passer, il termina une contestation qui étoit entre deux rois, celui de Castille & celui de Navarre, l'oncle & le neveu, qui le prirent pour leur arbitre, bien qu'il fût beau-pere du premier. Cela fait voir l'opinion qu'on avoit de son équité, qu'il confirma par le jugement qui se rendit sur le différend de ces deux princes. Sanches, roi de Navarre, avoit usurpé pendant la minorité d'Alphonse son neveu plusieurs places sur les frontieres de Castille, dont Alphonse demandoit la restitution. Sanches s'en défendoit, prétendant que ces places étoient de l'ancien domaine de Navarre, & demandoit de sa part la restitution de quelques places que son neveu avoit prises sur lui pendant la guerre que cette querelle avoit excitée entr'eux. Ils avoient envoyé l'un & l'autre leurs ambassadeurs chargés de leurs instructions, & du plein pouvoir qu'ils donnoient au roi Henri ; & ces ambassadeurs menoient avec eux deux des plus braves hommes de leurs royaumes. C'étoit pour décider ce différend par la voie des armes dans la cour d'Angleterre, suivant la coutume de ces temps-là, s'il s'y trouvoit de trop grandes difficultés à le terminer par la voie de la justice. Le roi ne voulut pas juger seul cette illustre question, soit par modération, ou par politique ; croyant que les parties déféreroient plus volontiers à un jugement, qu'il ne rendroit qu'après en avoir consulté son parlement, que s'il n'étoit fondé que sur son seul avis. Ainsi les ambassadeurs ayant été ouis pendant trois jours en présence des prélats & des milords convoqués à Londres, le roi, par un jugement équitable & qui satisfit les deux parties, les condamna à se restituer réciproquement les places qu'ils avoient usurpées l'un sur l'autre.

Mais les ambaſſadeurs n'admirerent pas ſeulement la juſtice du roi, ils eurent encore ſujet de ſe louer de ſa libéralité. Ce prince les chargea de riches préſens, de meubles précieux, & de vaſes d'or & d'argent, comme s'il eût voulu en imitant la ſageſſe de Salomon, en imiter auſſi la magnificence.

VIII. Quelque temps après il fut à Oxford, où les principaux ſeigneurs de la province de Galles vinrent lui faire hommage, entre leſquels il y en avoit cinq qui prenoient la qualité de roi. C'étoient ſans doute des rois ſemblables à ces cinq qu'Abraham défit dans les plaines de la Paleſtine. Le roi Henri donna dans la même aſſemblée le royaume d'Irlande à ſon fils Jean, qui fut depuis plus connu par le ſurnom de JEAN SANS-TERRE, que celui de roi d'Irlande.

Il ſe prépara enſuite à paſſer la mer. Mais avant que de ſortir du royaume, il pourvut à ſa ſûreté. Il établit des gouverneurs & des magiſtrats fideles, & ſe ſaiſit des places fortes que les Grands avoient occupées pendant la guerre; ôtant l'envie aux mécontens de remuer, en leur en ôtant le pouvoir. Etant arrivé en Normandie, il y fit la même choſe, & demeura à Rouen pour tenir les états de la province. Le cardinal de Saint-Chryſogon, légat du pape en France, l'y vint trouver, & le menaça fierement de mettre son royaume en interdit, s'il n'exécutoit la parole qu'il avoit donnée de passer à la Terre-Sainte, pour expier le meurtre de l'archevêque de Cantorbery : le sommant aussi de faire accomplir le mariage de son fils Richard avec la princesse Alix, suivant le dernier traité de paix fait avec la France. On disoit de cette princesse, comme on avoit dit de son aînée, que son beau-pere la voulant garder pour lui, en différoit le mariage avec son fils. Mais il y a peu d'apparence qu'il eût cette pensée pour une princesse qui entroit à peine dans sa douzieme année. Quoi qu'il en soit, le roi instruit par les brouilleries que l'archevêque de Cantorbery avoit excitées, des entreprises de la cour de Rome, & voulant s'en épargner le chagrin, dissimula le ressentiment qu'il eut de la hardiesse du légat. Il lui fit réponse, qu'il étoit tout prêt de passer en Asie, & d'exécuter le traité fait avec la France ; mais qu'il étoit nécessaire de régler auparavant quelques articles préliminaires. On convint donc d'une entrevue entre les deux rois, dans laquelle il fut premierement résolu que le mariage de la princesse Alix s'accompliroit sans retardement : & tous deux ensuite s'engagerent à faire le voyage de la Terre-Sainte, quoiqu'il semblât qu'ils n'en fussent plus guere capables l'un & l'autre. Aussi cette résolution demeura-t-elle sans effet. Cependant ils agirent comme s'ils eussent véritablement eu dessein de l'accomplir, & prirent leurs sûretés pour empêcher que pendant leur absence il n'arrivât point quelque révolution dans leurs états. Ils ne trouverent point de meilleur moyen pour cela, que d'établir un conseil suprême de douze personnes, six d'un côté, & six de l'autre, moitié ecclesiastiques, & moitié laïques, qui connoîtroient de tous différends concernant l'intérêt des deux rois & de leurs vassaux, & qui en jugeroient sans appel. Les seigneurs laïques sont nommés barons par les patentes qui en furent expédiées : titre d'honneur, qui, dans sa signification générale, avoit un sens plus éminent que dans sa signification particuliere & qui désignoit les pairs du royaume. Thibaud, comte de Champagne, beaufrere du roi, étoit un des trois barons François, & le comte de Dreux & le seigneur de Courtenay, ses freres, les deux autres.

IX. Le roi Henri étant de retour à Rouen ensuite de la conférence tenue entre lui & le roi Louis, il envoya son fils aîné dans le Berri, contre quelques seigneurs des la province qui avoient pris les armes. Pour lui il fut à Verneuil, où, à la priere des évêques & des barons Normands, il fit des constitutions pour leur servir de loix dans les questions que la société & le commerce des hommes font naître par le droit des uns, & par la contestation des autres. Il vint de là à Alençon, où son fils Richard l'étant venu trouver, il ratifia le traité d'Angoulême, & dissimula ou pardonna l'action de Poitiers commise en la personne du chancelier. Il apprit là qu'il y avoit de nouveaux remuemens en Poitou, & que les rebelles de Berri se rendoient les plus forts. Il envoya Richard en Poitou défendre son appanage, & marcha lui-même contre les rebelles de Berri. Il les battit en diverses rencontres, prit leurs principales forteresses, & contraignit leur chef [1] d'implorer sa clemence, & de lui rendre la fille d'un seigneur [2] du pays qu'il avoit enlevée. Le Berri pacifié, il passa dans le Limousin, qui avoit aussi eu part à la rebellion, & imposa diverses peines aux coupables à proportion de leurs fautes.

X. Il revint dans le Berri, où il eut une conférence avec le roi Louis [3] qui s'étoit avancé sur les frontieres, au sujet du comté d'Auvergne, que ce dernier prétendoit relever immédiatement de sa couronne, & qu'Henri soutenoit être un fief dépendant du duché de Guyenne. Pour terminer cette question, il fit assembler les barons & les évêques du pays, dont il prit les avis en

---

[1] Le Seigneur de Castres.
[2] Rodolphe de Dolis.
[3] L'an 1178.

préfence du roi Louis. Tous unanimement déclarerent que l'Auvergne étoit de l'ancien domaine des ducs d'Aquitaine, & que les rois de France n'y avoient confervé d'autre droit que la nomination à l'évêché de Clermont. C'étoit décider la chofe en faveur du roi d'Angleterre. Cependant comme il vit que le roi Louis n'étoit pas content de cette déclaration, il convint avec lui d'arbitres, qui devoient être trois évêques & trois barons, d'une part, & autant de l'autre. Mais les brouilleries qui furvinrent depuis entr'eux furent caufe que cette affaire demeura indécife. La conférence finie, comme Henri s'en retournoit étant à Grammont, abbaye célèbre dans la province de Limoges, Andebert, comte de la Marche, qui venoit de perdre fon fils, le vint trouver, & lui paffa un contrat de vente de fon comté pour quinze livres en argent, vingt mulets & vingt chevaux ; prix peu proportionné à la valeur d'un fi beau domaine, & qui fait bien voir que ce n'étoit qu'une vente feinte, & une donation effective. Étant arrivé en Anjou, il y tint les états de la province aux fêtes de Noël & de Pâques, & traita magnifiquement les députés. Il paffa enfuite en Normandie ; & comme s'il eût penfé férieufement à faire le voyage de la Terre-Sainte, il mit toutes fes provinces d'outremer en la fauve-garde du roi de France. C'étoit lui ôter le prétexte de rien attenter pendant son absence, & lui lier les mains, en feignant de lui faire honneur.

XI. Cela fait, il retourna en Angleterre, où il fit la cérémonie de ceindre l'épée à son fils Geoffroy âgé de vingt ans. Ce jeune chevalier partit aussi-tôt pour aller chercher les avantures, & faire preuve de sa valeur dans les cours étrangeres, suivant la coutume de l'ancienne chevalerie, qui a donné lieu aux fictions dont les faiseurs de romans ont rempli leurs livres. Il ne pouvoit mieux commencer ses faits d'armes que contre les Bretons rebelles, qu'il fit en peu de temps rentrer dans l'obéissance. Il passa ensuite en Normandie & en Guyenne dans les cours de ses freres, & dans celle du roi de France, & fit paroître autant d'adresse dans les tournois, qu'il témoignoit de valeur dans les batailles.

XII. Cependant le roi Henri tint son parlement en Angleterre [1], où assista le jeune roi, qui repassa la mer peu de temps après. Il arriva cette année un étrange prodige, s'il en faut croire les historiens Anglois. Ils disent que dans l'évêché de Durham une masse de terre se détacha comme feroit une montagne de sa place; qu'elle s'éleva en l'air, où elle demeura suspendue au dessus

[1] L'an 1179.

des plus hauts clochers, depuis neuf heures du matin jufqu'au foir ; & que retombant avec un bruit épouvantable, elle s'enfonça dans un gouffre, dont ces auteurs difent qu'on voyoit encore des veftiges du temps qu'ils écrivoient. C'eft aux naturaliftes à chercher les caufes de ce prodige, & comment une fi lourde maffe a pu demeurer fi long-temps en l'air contre la nature des chofes pefantes qui tendent toujours en bas.

XIII. Le tombeau de l'archevêque de Cantorbéry, qui fe rendoit célèbre par les pélerinages qu'on y faifoit de tous côtés, & par les miracles qu'on en puplioit, attira cette année en Angleterre le roi Louis, dont l'efprit foible & crédule avoit beaucoup de penchant pour la fuperftition, & fe laiffoit aifément prévenir par les contes des moines. La maladie de fon fils fut le fujet de fon voyage, qu'il entreprit pour en demander la guérifon, à ce nouveau faint ; croyant peut-être que la retraite qu'il lui avoit accordée durant fa vie dans fes états, lorfqu'il fut banni d'Angleterre, lui feroit tout obtenir de fon interceffion. La fanté du jeune prince étoit d'autant plus précieufe, que Louis n'avoit que ce fils, forti de fon troifieme mariage avec Alix de Champagne. On lui avoit donné le nom de Philippe, & le furnom de Dieu-donné, parce que le roi, qui jufqu'alors n'avoit eu que des filles, commençant à défefpérer d'avoir un héritier, regarda la naiſſance de ce fils comme un miracle, & la reçut comme un don de Dieu. Il avoit réſolu de le faire couronner, & de l'aſſocier à la royauté. Le jour de la cérémonie étoit pris, & la cour ſe diſpoſoit à cette grande fête, quand un étrange accident la jetta dans le deuil, & faillit à faire perdre la vie à ce jeune prince, qui entroit dans ſa quinzieme année. Un jour qu'il étoit à la chaſſe, il s'égara en courant après la bête, & ſe trouva ſeul au milieu du bois ſans ſçavoir le chemin. La ſolitude du lieu, l'ombre & le ſilence de la forêt, & la rêverie que le ſilence & la ſolitude entretiennent, occupoient ſon eſprit, lorſqu'un grand homme noir, qui n'étoit peut-être autre choſe qu'un charbonnier de la forêt, ſe préſentant à lui dans cette diſtraction, il crut voir un démon; & piquant à toute bride, ſans ſçavoir où il alloit, il rencontra ſes gens qui le cherchoient; mais ils le virent ſi effrayé, qu'ils reconnurent bien qu'il lui étoit arrivé quelque choſe d'extraordinaire. Ils le remenerent donc promptement chez lui, où il fut pris de fievre auſſi-tôt qu'il fut arrivé, avec un délire qui fit appréhender pour ſa vie. Le roi ſon pere croyant qu'un pélerinage au tombeau de l'archevêque de Cantorbery, lui rendroit la ſanté, paſſa en Angleterre, où nul de ſes prédéceſſeurs n'avoit été avant lui ni comme ami, ni comme ennemi.

Le roi Henri le reçut à Douvres, où il l'attendoit avec les prélats & les barons de son royaume, & le conduisit dans la grande église de Cantorbery au milieu des hymnes du clergé & des acclamations du peuple. Le roi Louis donna trois jours à ses dévotions, après avoir fait de riches présens à l'église, il reprit le chemin de Douvres, le roi Henri l'accompagnant & le défrayant par-tout jusqu'à ce qu'il fut entré dans son navire.

XIV. Cependant le prince Philippe étant peu à peu revenu de sa frayeur, sa fiévre, qui n'en étoit qu'une suite, le quitta tout d'un coup, & le roi son pere le trouva guéri à son retour. Mais il tomba malade lui-même d'une paralysie dont il mourut peu de temps après. Avant que de mourir, il voulut faire sacrer son fils, & la cérémonie s'en fit à Reims le premier jour de novembre [1]. Il ne manqua rien pour la rendre magnifique que la présence du roi, à qui sa maladie ne permit pas d'y assister. Tous les princes & barons du royaume s'y trouverent,

---

[1] L'an 1179. « Pour mettre plus d'ordre dans cette éclatante cérémonie, Louis le Jeune, dit du Tillet, choisit, parmi les pairs du royaume, ceux qui formerent depuis ce corps si célèbre, sous le nom des douze pairs de France ; corps auguste, qui composoit comme le conseil souverain de la nation, & qui eut par la suite seul le droit d'assister aux audiences du parlement, aux lits de justice, au sacre & aux autres cérémonies d'éclat ».

& l'on n'avoit point encore vu d'assemblée si belle ni si nombreuse. Le cardinal de Sainte-Sabine, de la maison de Champagne, & frere de la reine, sacra le jeune roi en qualité d'archevêque de Reims, & fit donner une déclaration solemnelle au conseil du roi, qui attacha ce droit à l'avenir à l'église de Reims & à son archevêque; ce que le pape confirma par une bulle, au lieu qu'auparavant l'onction des rois se faisoit indifféremment dans une église, ou dans une autre. On remarque même que les rois de la premiere race se faisoient rarement sacrer, & que toute la cérémonie consistoit à les porter sur le PAVOIS, qui étoit un grand bouclier à la gauloise, en présence de l'armée & des seigneurs, qui proclamoient le roi. Mais rien ne donna plus d'éclat à cette cérémonie, que la présence du jeune roi d'Angleterre soutenant la couronne sur la tête de Philippe; non pas, à ce que disent les auteurs Anglois, comme vassal, mais alié, & comme ami. Ils ajoutent, qu'il signifioit par là qu'il étoit l'appui de la couronne, & qu'il seroit toujours prêt de passer la mer pour la venir défendre, & pour empêcher qu'elle ne tombât. Il y a pourtant bien de l'apparence qu'il rendit cet office au nouveau roi, en qualité de pair du royaume, à cause du duché de Normandie.

XV. Quoi qu'il en soit, peu de temps après

cette cérémonie il arriva des brouilleries en France excitées par l'ambition du comte de Flandre, qui auroient peut-être renversé la couronne, si l'Anglois ne l'avoit affermie en appaisant ces troubles. La maladie du roi Louis le rendant incapable des affaires de l'état, & la jeunesse du nouveau roi demandant une régence, la reine prétendoit qu'elle lui appartenoit par le droit de la nature, & qu'on ne pouvoit sans injustice lui ôter la conduite de son fils. Elle fortifioit sa prétention du crédit de ses quatre freres, dont les trois premiers étoient considérables par le pouvoir de leur maison, qui avoit souvent fait trembler la France, & par une valeur qui sembloit être héréditaire dans cette famille. L'autre tout écclesiastique qu'il étoit, n'avoit pas moins d'autorité, & attiroit le respect du peuple par les deux premieres dignités de l'église dont il étoit revêtu, celle d'archevêque & celle de cardinal. Mais d'un autre côté Philippe d'Alsace, comte de Flandre, prétendoit au gouvernement, & ne manquoit pas de raisons pour appuyer sa prétention. Il étoit oncle & parrain du roi Philippe; il en avoit eu la conduite avant qu'il fût roi; il produisoit des lettres du roi Louis qui le traitoit de régent, & il s'étoit rendu maître de l'esprit du nouveau roi, qu'il travailloit encore à s'attacher plus fortement par le mariage de sa niece,

héritiere

héritiere du comté de Hainaut. D'ailleurs, il n'étoit pas moins puissant que les comtes de Champagne, & s'il n'étoit pas plus vaillant, il étoit au moins plus cruel. Il en avoit donné des marques cinq ans auparavant, ayant fait tuer à coups de massue Gautier de Fontaines, qu'il soupçonna d'un commerce criminel avec la comtesse sa femme. Il le fit ensuite attacher à un gibet la tête en bas, afin de lui ôter l'honneur, après lui avoir ôté la vie. Mais il se déshonoroit lui-même, & le supplice de cet adultere publioit sa honte, au lieu de la réparer. On ne pouvoit donc rien attendre que de violent d'un tel esprit. Il persuada d'abord au nouveau roi de chasser tous les officiers qui lui étoient suspects, & d'éloigner la reine & tous ceux de son parti de la connoissance des affaires. Il lui fit ensuite épouser sa niece, & l'obligea à la faire couronner dans la ville de Sens par l'archevêque du lieu, au préjudice du droit qui venoit d'être attribué à l'archevêque de Reims. Il hâta même cette solemnité, & en changea le jour, de peur que les grands du royaume, à qui ce mariage ne plaisoit pas, ne la traversassent. Enfin il poussa les choses si loin, que la reine mere & les seigneurs de son parti se retirerent de la cour, vinrent trouver le jeune Henri, & lui demanderent sa protection. Ce prince voyant la conféquence de cette affaire, paſſa en Angleterre pour en conférer avec le roi ſon pere, qui revint auſſi-tôt en Normandie, où, après avoir pris des ôtages des mécontens, & reçu quelques places, qu'ils lui livrerent, il ſe déclara pour eux, & donna les ordres pour lever des troupes.

XVI. Sur ces entrefaites le roi Louis mourut à Paris. Prince qui manquoit de conduite plutôt que de valeur, & à qui ſes ſoupçons firent plus de tort que les armes de ſes ennemis. Les auteurs qui louent ſa dévotion, condamnent la diviſion qu'il entretint entre le roi d'Angleterre & ſes enfans; & ce fut peut-être pour l'en punir, qu'il vit avant ſa mort ſon propre fils armé contre la reine ſa mere. Sa mort n'appaiſa pas les troubles; & le roi Henri avoit un beau prétexte de ſe venger ſous ombre de défendre les droits de la reine, s'il n'avoit pas trouvé plus de gloire à pardonner ſes injures, & à réconcilier la mere avec le fils. Cela ſe fit à Giſors, malgré les oppoſitions du Flamand, où d'un côté les deux rois d'Angleterre ſe trouverent avec le roi d'Ecoſſe, & de l'autre le roi Philippe avec les ſeigneurs de ſa cour. Ces quatre princes renouvellerent auſſi les traités faits entr'eux & leurs prédéceſſeurs. Ainſi l'on vit ce que peut-être on n'avoit jamais vu, quatre rois aſſemblés pour travailler à la paix, & ne s'étant séparés qu'après l'avoir conclue. Spectacle plus agréable que de les voir les armes à la main veangeant leurs injures, ou satisfaisant à leur ambition aux dépens de leur vie & de celles de leurs peuples.

Cependant le roi d'Angleterre qui venoit de mettre la paix dans trois royaumes, ne la pût conserver long-temps dans sa famille[1] : Henri qui étoit l'ainé, & sans doute le plus modéré de ses enfans, n'ayant pu souffrir l'ambition de Richard qui vouloit faire le maître. Ce dernier étoit en Guyenne, où il usoit d'une autorité trop absolue sur ces peuples remuans, & qui aiment leur liberté. Ils en porterent leurs plaintes au jeune roi, lui représentant l'intérêt qu'il avoit de réprimer les violences de son frere, & de ne pas souffrir qu'il mît sous le joug des peuples libres, dont l'avantage de sa naissance lui destinoit le gouvernement, nonobstant la disposition que le pere en avoit faite à son préjudice. Henri qui avoit conçu de la jalousie de l'élévation de son frere, & qui ne pouvoit consentir à la perte d'un aussi beau païs qu'étoit la Guyenne, reçût favorablement les députés, & les remena chez eux avec une puissante armée, qui entrant dans le Limousin, assiégea & prit la ville de Limoges. Le pere ayant reçu la nou-

[1] L'an 1181 jusqu'à l'an 1184.

velle, passa aussi-tôt la mer, & accourut pour éteindre un feu dont il craignoit l'embrâsement. Il se présenta aux portes de Limoges dans le temps que son fils venoit de s'en rendre maître. Il crut avoir assez d'autorité pour se les faire ouvrir. Mais il faillit à être tué par la sentinelle, & fut contraint de se retirer.

XVII. Cependant les seigneurs du païs ne pouvant s'accommoder de la fierté de Richard, ils se rangerent auprès du roi Henri son frere, dont l'humeur étoit plus douce; de sorte que tout se préparoit à une guerre sanglante, lorsque le jeune Henri tomba malade, & mourut peu de jours après dans un château de Gascogne. Son corps fut porté en grande pompe dans la ville du Mans. Le peuple sortoit au devant du convoi de toutes les villes qui étoient sur le passage, & le cercueil étoit porté sur les épaules des officiers de l'armée : honneur que les Romains avoient fait à Drusus, moins pour complaire à la douleur d'Auguste, que pour contenter la leur. Les magistrats de la ville l'enterrerent eux-mêmes auprès de son aïeul Geoffroy, comte d'Anjou. Mais sur la remontrance que fit le doyen des chanoines de Rouen, que le roi avoit choisi sa sépulture dans leur eglise, on y fit porter le corps, qui fut enterré avec une pompe royale. L'épitaphe qu'on grava sur son tombeau fait le portrait de ce prince dans ces quatre vers :

> Ci gît Hector, Achille, Auguste & Jule ensemble,
> Et ces quatre héros dans un seul sont compris :
> Henri seul gît ici, mais lui seul les ressemble,
> Et joint à leurs vertus la beauté de Paris.

En effet ce fut un des plus aimables princes de son temps, beau, bienfait, doux, libéral, vaillant ; & s'il ne s'étoit point laissé séduire par les conseils de ceux qui lui firent prendre les armes contre son pere, il auroit été un prince accompli. Mais sa mort précipitée qui le surprit à la fleur de son âge, n'ayant que vingt-huit ans, & celle de son fils qui précéda la sienne, sont les justes fruits de sa révolte.

Au reste le repentir qu'il témoigna de sa faute, en ôte toute l'horreur. Il envoya prier son pere de le venir voir, voulant lui demander pardon avant que de mourir, & le fléchir par sa douleur & par ses larmes, qu'il ne cessoit de verser. Il les accompagnoit des paroles du monde les plus touchantes, & voulut même qu'on lui mît la corde au cou, & qu'on le couchât sur un lit de cendres, pour faire réparation de son crime. Le pere attendri par le récit que lui en firent les députés, étoit près de le venir trouver ; mais il en fut détourné par ses principaux conseillers, qui lui firent appréhender une trahison. Cependant il chargea les députés d'assurer son fils qu'il lui pardonnoit; & tirant son anneau de son doigt, il le mit entre leurs mains pour le porter à ce prince, comme un gage de réconciliation & de paix qui ne lui étoit pas inconnu. Le fils le reçût des députés à leur retour, avec des transports de joie qu'on ne peut exprimer. Il le baisa mille fois, & dit qu'il mouroit content, puisqu'il mouroit assuré du pardon de son pere.

Telle fut la fin de ce prince, qui fait connoître la bonté de son naturel, & qui mérite qu'on rejette toute la haine de sa rebellion sur ceux qui l'y engagerent par leurs artifices. Quoiqu'il eût été associé à la royauté par son pere, les Anglois ne le mettent pourtant point au nombre de leurs rois, parce que son regne est confondu dans celui de son pere qui lui survécut. Il ne laissa point d'enfans de la princesse Marguerite sa femme, qui fut quelque temps après remariée à Bela, troisieme du nom, roi de Hongrie.

SOMMAIRE
DU SIXIEME LIVRE.

MOTIF qui engage Philippe-Auguste à déclarer la guerre à Henri. II. Sa familiarité avec Richard. III. Portrait de Richard. Portrait de Philippe. Conformité de mœurs & d'inclination de ces deux princes. IV. Mort de Geoffroy. Vénération que les Bretons conservent pour la mémoire de ce prince. Loix qu'il leur prescrivit. V. Guerre entre Philippe & Richard. Valeureuse action de Desbarres, & générosité de Richard. VI. Henri refuse d'en venir à un combat avec Philippe. Leur accommodement. VII. Etats des affaires de la Palestine. VIII. Saladin fait la conquête de l'Egypte, s'empare de Jérusalem, y entre en triomphe, sa modération & sa douceur; prodiges qui précédèrent la ruine de cette ville. IX. Le marquis de Montferrat sauve celle de Tyr, assiégée par Saladin. X. Description de cette ville, son ancienne splendeur, sa ruine. XI. Voyage infructueux qu'Héraclius fait en Angleterre, pour obliger Henri à passer au secours de la Terre-Sainte. Son manque d'égard pour la personne du roi. XII. Moyens opposés que l'archevêque de Tyr avoit employé peu auparavant. XIII. Philippe entre dans le Vexin; convient avec

Henri d'une entrevue. XIV. Résultat de leur conférence. XV. Henri s'y brouille avec son fils Richard. XVI. Ses mauvais succès, & sa mort. XVII. Ingratitude de ses serviteurs. Action louable d'un de ses pages. XVIII. Douleur que Richard témoigne de la mort de son pere. XIX. Vertus & vices d'Henri. Son épitaphe. Nombre de ses enfans.

LIVRE SIXIEME.

Après la mort d'Henri, Philippe [1] redemanda le Vexin, que son pere avoit donné pour la dot de la princesse Marguerite; & ne recevant point de réponse positive du roi d'Angleterre, il rompit la paix. Mais au lieu de se jetter dans la Normandie, dont il sçavoit bien que les places étoient pourvûes de bonnes garnisons, il entra dans la Guyenne, où il crût trouver plus de facilité. Il mit le siege devant Issoudun, l'une des principales villes du Berry, mais qui n'étant ni fortifiée, ni pourvûe de troupes, ne fit pas une longue résistance. il en trouva davantage devant Châteauroux, où il mena son armée après la prise d'Issoudun; & l'arrivée du roi Henri, qui accourut au secours, l'obligea de lever le siege, & de présenter la bataille à son ennemi. Henri en qui l'âge n'avoit rien diminué de sa vigueur, & qui méprisoit la jeunesse de Philippe, n'avoit garde de refuser le combat. Ainsi les deux armées étoient prêtes d'en venir aux mains, lorsque le légat du pape, qui les suivoit pour les porter à la paix, se jetta entre-deux, & les fit convenir d'une treve

[1] Philippe II, surnommé Auguste, parvient à la couronne l'an 1180, âgé de quinze ans.

pendant laquelle on travailleroit à regler leurs différends. Henri témoigna encore en cette rencontre qu'il n'avoit pris les armes que pour en obtenir une qui fût de durée : car il foumit au jugement de la cour des pairs de France, quelque partialité qu'il en dût appréhender. Le prince Richard, fon fils, qui l'accompagnoit, fe laiffa gagner par les careffes de Philippe, qu'il alla voir dans fon camp, & s'en retourna avec lui à Paris, quoique fon pere lui pût dire pour l'en empêcher. Ce prince fçavoit combien le féjour de Paris avoit été fatal à fon fils aîné, & il craignoit encore plus pour Richard, parce qu'étant plus ambitieux que fon frere, il étoit plus capable de fe laiffer féduire par les promeffes de la France. On ne peut voir plus d'union qu'il y en eut entre Philippe & Richard pendant deux ans que ce dernier fut à la cour de l'autre. Non feulement il étoit de tous les plaifirs du roi, mais ils n'avoient qu'une table & qu'un lit, & ils ne pouvoient vivre l'un fans l'autre.

II. La reffemblance qui fe trouvoit entr'eux, contribuoit à entretenir cette affection. Ils étoient tous deux jeunes, quoique Richard eût quelques années plus que le roi. Tous deux étoient bien faits, & tous deux aimoient le plaifir & la gloire. Richard étoit d'une taille avantageufe & bien proportionnée, n'étant pas alors fi gros qu'il devint depuis. Il avoit le tour du visage agréable, les traits réguliers, les yeux bleus, grands & pleins de feu. Ses cheveux étoient d'un blond un peu fort, son teint vif & délicat, n'ayant pas encore été gâté, comme il fut depuis, par les fatigues & par une fievre quarte qui ruina sa santé. Il avoit dans son air cette noble fierté qu'on dépeint dans les héros. Il étoit magnifique, somptueux dans ses festins, prodigue dans ses amours, & s'abandonnant trop facilement à l'excès du vin & des femmes. Sa valeur qui tenoit du prodige lui acquit le surnom de Cœur-de-Lion, & devint si redoutable aux Sarasins, lorsqu'il passa en Asie, qu'ils en firent un proverbe pour signifier la chose du monde la plus terrible [1]. Il est vrai que cette prodigieuse valeur étoit quelquefois si turbulente & précipitée, qu'il s'abandonnoit trop à ses passions, & que son ambition lui fit oublier le respect qu'il devoit à son pere.

III. Philippe fort semblable à Richard en bien des choses, étoit comme lui d'une taille au dessus de la médiocre. Il avoit le port majestueux, le visage beau, le teint vermeil, les cheveux blonds, le nez grand, les yeux brillans, quoiqu'il eût deux petites taches dans l'œil gauche

---

[1] Les cavaliers qui montoient un cheval ombrageux lui disoient en lui appuyant l'éperon : « Crois-tu voir le roi Richard ».

qui l'offufquoient à demi. Il étoit magnifique dans fa maifon & dans fes armées, fplendide en meubles & en ornemens, & fur-tout en édifices publics. Il aimoit les femmes; & fes amours avec la fille du duc de Meranie [1], qu'il époufa, quoiqu'il fut marié avec la princeffe de Dannemarck, lui attirerent l'excommunication du pape, qui mit fon royaume en interdit. Vaillant au refte, & fi belliqueux, qu'il en acquit le nom de CONQUERANT : mais colere, & plus porté à la févérité qu'à la clemence. Les hiftoriens difent que cela fût fignifié par le fonge qu'avoit eu le roi Louis fon pere un peu avant fa naiffance. Car il crût voir la reine accouchant d'un prince, qui tenoit en fa main une coupe pleine de fang, qu'il préfentoit à ceux qui étoient dans la chambre. Et, afin qu'il ne manquât rien à la reffemblance qui fe trouvoit entre ces deux princes, la fortune voulut que comme Richard fe fouleva contre fon pere, Philippe de fon côté prit les armes contre fa mere.

Ces deux princes étant ainfi faits, & ayant à peu près les mêmes inclinations, paffoient agréablement le temps enfemble. Mais la Cour de France avoit d'autres deffeins que de divertir le prince Anglois. Elle connut bientôt fon foible, qui étoit de ne pouvoir fouffrir de fupérieur. De

[1] C'eft le comte de Tirol.

forte que lui faifant voir un rival dans la perfonne de fon pere, qui ne lui faifoit point part de la puiffance fouveraine, & qui lui retenoit la princeffe, dont la poffeffion lui étoit deftinée, elle difpofa ce jeune prince jaloux de fes droits à prendre des réfolutions contraires à fon devoir, que nous verrons éclater avant qu'il foit peu de temps[1]. Le roi Henri d'autre côté étant bien averti de toutes ces intrigues, s'affermit dans le deffein de ne point rendre le Vexin, de peur de donner un moyen au François ligué avec fon fils d'entrer en Normandie, lorfqu'il n'auroit plus cette barriere pour l'en empêcher.

IV. Pendant que Richard donnoit ces inquiétudes à fon pere, la mort de fon fils Geoffroy lui fut un nouveau fujet de douleur. Ce jeune prince mourut à Paris, où il avoit été voir le roi qui l'aimoit tendrement, & fut enterré au lieu où l'on a depuis bâti le cimetiere de Saint-Innocent. C'eftoit de tous les enfans d'Henri celui qui avoit le plus de douceur, bien qu'il ne manquât pas de courage. Son pere l'avoit marié fort jeune à l'heritiere de Bretagne, dont il laiffa un fils & une fille ; mais ils ne lui furvecurent pas long-temps, & le duché retourna à fa veuve, qui le tranfporta à un fecond mari. Les Bretons eurent tant d'amour pour lui, que

[1] L'an 1185.

sa mémoire leur est encore en vénération. Ils admirent sa valeur jointe à une extrême bonté ; & ils se louent de sa justice, dont ils tiennent encore aujourd'hui cette loi célébre qu'ils appellent l'Assise du comte Geoffroy, parce qu'il la fit dans les états-généraux de la province. Elle ordonnoit que dans les familles des barons & des chevaliers, l'aîné auroit toute la succession, sans être obligé d'en faire part à ses cadets, dont la condition dépendoit du bon plaisir de leur frere aîné. Les autres gentilshommes voulurent depuis être compris dans la même loi, pour ne pas céder aux barons : & l'on y apporta ce tempéramment, que l'aîné donneroit aux puinés le tiers du bien, mais pour en jouïr leur vie durant seulement ; la possession en retournant à leur frere aîné après leur mort, sans que leurs enfans y pussent succeder.

V. Cependant Richard étoit parti de la cour [1] de France, & s'étoit retiré en Guyenne, où quelques-uns qui étoient ennemis du comte de Saint-Gilles, & qui agissoient selon les instructions du roi Henri, lui firent naître l'envie de renouveller la querelle du comté de Toulouse. Il ne pensa point alors à l'intérêt que Philippe y pourroit prendre ; & ne songeant qu'à la gloire de cette conquête, il se jetta tout d'un coup avec

[1] L'an 1186.

une armée dans le Querci, & prit Cahors & Moiſſac. Le roi Philippe accourut au ſecours du comte de Saint-Gilles ; & pour faire diverſion, il entra dans le Berri, prit Chateauroux & quelques autres places, dont il mit le comte de Blois ſon oncle en poſſeſſion, afin de l'obliger plus fortement à la conſervation de ces places. De-là il paſſa dans la Touraine, & s'étant ſaiſi de quelques chateaux, il fit le dégât dans ce beau pays. Henri qui ne demandoit pas mieux que de voir une guerre allumée entre ſon fils & le roi Philippe, paſſa la mer en diligence, & vint en Touraine à la tête d'une armée compoſée de Gallois & de Normands, tous ſoldats d'élite. Richard le vint joindre, & tous deux ſe mirent à la pourſuite des François, qui furent contraints d'abandonner leurs conquêtes, & de ſe retirer plus promptement qu'ils n'étoient venus. Les Anglois les pourſuivirent ſi chaudement, qu'ils euſſent enfermé le roi Philippe dans Mantes, ſi la valeur de Guillaume Desbarres, le plus renommé capitaine de ſon temps, ne l'eût dégagé. Ce vaillant homme avec un ſeul eſcadron s'étant avantageuſement poſté ſur le paſſage des ennemis, il les arrêta quelque temps tout court, pendant que Philippe ſe retiroit : & nonobſtant l'expérience d'Henri, & l'ardeur de Richard, il leur fit tête aſſez long-temps pour donner lieu aux

François de sauver leur armée en s'approchant de Paris. Cette hardiesse coûta la liberté à Desbarres, & la lui rendit aussitôt. Car ayant été fait prisonnier par Richard, qui étoit venu fondre sur lui à la tête de la noblesse de Normandie, ce prince, quoiqu'il eût été irrité de sa résistance, fut si charmé de son action, qu'il le délivra sur le champ : laissant douter par un si généreux procédé, qui des deux est le plus digne d'admiration, ou celui qui donna de si belles preuves de sa valeur, ou celui qui sçut si bien honorer la vertu de son ennemi. Desbarres témoigna à son tour le ressentiment qu'il en avoit. Il ne crût point qu'il lui fut permis de revenir au combat contre son bienfaiteur, & au lieu d'aller trouver l'armée du roi Philippe, il se jetta dans Mantes [1], aimant mieux qu'on doutât de son courage, que de sa reconnoissance.

VI. Cependant Philippe ayant reçu le secours qu'on lui amenoit de tous côtés, se remit en campagne, & vint présenter la bataille à Henri. Le prince Richard étoit d'avis de l'accepter ; mais Henri qui avoit toujours évité le combat, lorsqu'il l'avoit pu faire avec honneur, & que sans le hasarder il avoit à peu près obtenu ce qu'il souhaitoit, ne fut pas de son sentiment. Il crût qu'il avoit assez fait d'avoir chassé les François

[1] L'an 1178 & 88.

de fes états, & de les avoir menés battant jufqu'aux portes de Paris, & fe retira à Rouen. Ce ne fut pourtant pas fans laiffer des marques de fa vengeance fur les frontieres, qu'il ravagea avant que d'en partir. Il mit le feu à la petite ville de Saint-Clair, fituée fur la riviere d'Epte, & rafa le boccage que Louis VII, avoit fait planter aux portes de la ville.

Philippe de fon côté ne trouva point à propos de pourfuivre un ennemi qui fe retiroit ; & dans ce temps-là l'archevêque de Tyr, qui venoit de la part des chrétiens d'Orient pour implorer le fecours de ceux d'Occident, étant arrivé en France, il negocia un accommodement entre les deux rois. Mais avant que de parler de cette négociation, il faut voir en peu de mots, & autant que cela eft néceffaire à notre fujet, en quel état fe trouvoient alors les affaires de la Paleftine.

VII. Depuis le fatal voyage de Louis VII & de la reine Eléonor, le défordre avoit augmenté tous les jours entre les chrétiens par la mort de Baudouin, roi de Jérufalem, prince doué de grandes qualités, qui mourut à la fleur de fon âge, ayant été empoifonné par fon médecin. Cette mort fut fuivie peu de temps après de celle de fon frere nommé Amaury, qui lui avoit fuccédé, & qui ne manquoit pas de courage,

N

quoiqu'au reste il lui fût fort inférieur. Amaury n'ayant laissé qu'un enfant de treize ans, qui fut Baudouin IV, foible de corps & d'esprit, la régence tomba entre les mains de Raymond, comte de Tripoli, qui dès ce temps-là pensoit à se saisir du royaume. Baudouin mourut à l'âge de vingt-cinq ans, & laissa pour héritier son neveu, de même nom que lui, qui n'en ayant que huit, fut mis en tutelle de la comtesse Sibille sa mere, & du comte de Tripoli. Il fut empoisonné sept mois après, ou par le comte de Tripoli, qui ayant une fois eu l'administration du royaume, ne songeoit qu'à s'y établir ; ou par sa propre mere, femme ambitieuse qui fut accusée de l'avoir sacrifié à la passion qu'elle avoit de régner. Car elle étoit sœur de Baudouin IV, & par conséquent héritiere du royaume de Jerusalem, si son fils ne l'en eût pas éloignée par le privilege des mâles qui excluoient les femmes. Elle étoit veuve de Guillaume Longue-Epée, fils du Marquis de Montferrat, & avoit épousé en secondes nôces Guy de Lusignan. La division s'augmenta par la mort de cet enfant ; les uns tenant pour la comtesse Sibille, & pour Guy de Lusignan son second mari, qui prirent alors le titre de roi & de reine, & les autres se déclarant pour le comte de Tripoli.

VIII. Ce comte aveuglé du desir de se voir

roi de Jérusalem à quelque prix que ce fut, s'entendit avec Saladin ; & pour l'engager à lui mettre cette couronne sur la tête, il embrassa sa religion, & lui livra le passage par la Galilée, dont il tenoit la principauté, en ayant épousé l'héritiere [1]. Mais Saladin ne croyant pas être obligé de garder sa parole à un traître, se moqua de lui après avoir conquis Jérusalem ; & bien loin de lui en quitter la souveraineté, il le menaça de lui ôter même celle de Tripoli, dont Raymond entra dans un tel désespoir, qu'il en perdit l'esprit, & peu de tems après la vie.

Saladin le plus heureux capitaine de son temps, & qui d'ailleurs avoit de grandes qualités que j'ai remarquées, avoit succedé à son oncle Siracon, qui de commandant qu'il étoit de l'armée du soudan d'Egypte, s'étoit mis en sa place, après l'avoir fait assassiner. Le neveu plus brave encore & plus ambitieux que l'oncle, se rendit maître absolu de l'Egypte, après avoir massacré le calife qui résidoit dans le grand Caire, dont le soudan, que Siracon avoit fait mourir, n'étoit que le lieutenant. Il se joignit ensuite à Noradin qui possédoit la Syrie & la Mésopotamie ; & pendant que ce dernier ravageoit la Palestine, Saladin s'empara de la ville de Gaze sur les frontieres de l'Egypte. Il se saisit aussi de la Syrie, dont

---

[1] Eschine princesse de Galilée, fille d'Hugues de Saint-Omer.

la mort de Noradin lui facilita la conquête. Se voyant alors le plus puissant prince de sa secte, il ne pût souffrir que les chrétiens, qui en sont les ennemis, occupassent plus long-temps la ville de Jérusalem, & les principautés qu'ils avoient fondées dans la Syrie. Ainsi profitant de leurs divisions, & de la trahison du comte de Tripoli, il leur enleva la Galilée, & toutes les places qui étoient au-delà du Jourdain, après avoir défait l'armée des chrétiens dans une bataille qui fut donnée près de Tibériade. Le roi Guy de Lusignan y fut fait prisonnier avec le marquis de Monferrat, le grand-maître des Templiers, & les grands seigneurs qui échapperent à l'épée des ennemis. Le reste fut taillé en pieces. Ce fut après cette victoire que Saladin vint mettre le siége devant Jérusalem, où la reine Sibille s'étoit enfermée. Les assiégés ayant été sommés de se rendre, répondirent avec assez de fermeté, qu'ils étoient résolus de périr pour la défense de la place. Mais les machines ayant fait brêche le quatorzieme jour, ils demanderent à capituler, & accepterent les conditions que Saladin leur accorda. Les chrétiens qui faisoient profession de la religion Grecque eurent la liberté de se retirer, ou de demeurer à Jérusalem avec l'exercice de leur religion ; mais les Latins furent contraints d'en sortir, ayant seulement la permission de prendre avec eux autant de leurs meubles qu'ils en pouvoient porter. Saladin tint religieusement sa parole, & usa de la victoire avec beaucoup de modération. Il entra en triomphe dans la ville au milieu de son armée victorieuse, menant le roi captif & plus de vingt mille prisonniers. Mais il défendit les désordres & les violences, & il fit publier qu'il prenoit les chrétiens en sa protection, ne voulant point qu'on les inquiétât dans leur religion. Cet exemple doit faire la leçon aux princes chrétiens, qui prétendent être en droit de regner sur les consciences : prétention non-seulement contraire à la douceur de l'évangile, mais qu'un prince mahométan jugea lui-même indigne de l'alcoran. Le sultan laissa aux chrétiens l'église du Saint-Sépulchre, ayant converti en mosquée le temple de Jérusalem, qu'il fit laver avec de l'eau-rose. Peu de temps après la reine Sibille qui s'étoit retirée dans la ville d'Ascalon, livra encore cette place à Saladin pour avoir la liberté de son mari, & celle du grand-maître des Templiers.

On dit que ces malheurs avoient été précédés par d'horribles signes qui en avoient été les avant-couriers ; qu'on avoit senti des tremblemens de terre en plusieurs lieux, accompagnés de vents terribles, d'une grêle prodigieuse, de tempêtes qui avoient causé une infinité de naufrages & d'inondations ; qu'il y eut plusieurs éclipses de soleil ; & qu'un des gentilshommes de la chambre du roi de Jérusalem vit en songe une grande aigle volant autour de l'armée des chrétiens, tenant dans ses serres sept javelots, & proférant ces paroles d'une voix intelligible, MALHEUR A JÉRUSALEM. Ce sont apparemment des contes forgés sur les événemens dont parle l'histoire du siege que les Romains firent de cette fameuse ville. Peut-être aussi qu'il arriva aux chrétiens qui en étoient alors en possession, quelque chose de semblable à ce qui étoit arrivé aux Juifs plusieurs siécles auparavant : leurs crimes ayant égalé, & peut-être surpassé ceux des Juifs.

IX. Quoi qu'il en soit, les affaires des chrétiens étoient en ce triste état, lorsque l'archevêque de Tyr entreprit le voyage d'Occident. Cette célèbre ville de Phenicie étoit échappée à la valeur de Saladin par le courage de Conrad, marquis de Montferrat, fils de celui qui avoit été fait prisonnier avec le roi de Jérusalem, & frere de ce Guillaume Longue-Epée, que la reine Sibille avoit épousé en premieres nôces. Saladin qui avoit attaqué la ville par mer & par terre, avoit fait donner plusieurs assauts avec beaucoup de furie ; mais étant repoussé avec la même vigueur, il fit venir le vieux marquis, pere de Conrad, sur le bord du fossé, offrant de le délivrer, si le fils vouloit lui rendre la place ; & menaçant de le faire mourir, s'il s'opiniâtroit à la défendre. Conrad méprisa ses offres & ses menaces, & fut assez heureux pour faire dans une sortie un prisonnier d'importance qui fut échangé avec son pere, à qui Saladin aima mieux rendre la liberté, que de lui ôter la vie. Comme s'il eût voulu par cette généreuse pitié acquérir plus de gloire, que Conrad n'en méritoit par une fermeté qui avoit exposé la vie de son pere.

X. C'est ainsi que la ville de Tyr fut garantie du joug des Turcs, & qu'elle se maintint encore quelques années dans son ancienne splendeur. Elle est située entre la ville de Sidon, qu'elle a au septentrion, & celle de Ptolemaïs qu'elle a au midi, sur la mer de Syrie qui l'environne presque de tous côtés, & qui en faisoit autrefois une île, avant qu'Alexandre le Grand, qui ne la conquit qu'après un siege de sept mois, l'eût jointe à la terre ferme par le moyen d'une digue, qu'il fit faire pour combler le bras de mer qui l'en séparoit. Elle avoit été bâtie par Agenor, roi des Phéniciens, & elle fut long-temps une des plus grandes & des plus riches villes de l'Asie. Sa magnificence est renommée dès le temps de Salomon dans l'histoire sainte ; & la profane nous apprend que c'est d'elle que sortirent les colonies qui fonderent Carthage, & qui porterent des richesses immenses dans l'Afrique. Elle avoit un fort beau port, défendu par une citadelle bâtie sur un rocher escarpé & d'un accès très difficile. Mais les Turcs qui la reprirent sur les chrétiens après la mort du marquis de Montferrat, l'ont réduite dans un si triste état, qu'il n'y reste que quelques maisons & un méchant château.

XI. Ce fut de cette ville fameuse, que Guillaume, qui en étoit archevêque étant parti, vint en France dans le temps que j'ai marqué, & qu'il s'employa à faire la paix entre les deux rois qui étoient le plus en état de lui donner le secours qu'il venoit chercher. Il y avoit quatre ans qu'Héraclius, patriarche de Jérusalem, avoit fait le même voyage, & qu'il avoit passé en Angleterre, pour sommer le roi Henri d'aller au secours de la Terre-Sainte, suivant la promesse qu'il en avoit faite au pape. Mais le roi ayant fait assembler son parlement, où le patriarche fit ses propositions, qu'il appuya de lettres fort pressantes de la part du pape, l'assemblée des barons & des prélats ne trouva pas à propos que le roi quittât son royaume dans la conjoncture d'une guerre domestique que la France lui avoit suscitée, & des mauvaises dispositions qu'on découvroit tous les jours dans les provinces d'outre-mer. Ainsi le patriarche n'avoit rien gagné ni par fes follicitations, ni par fes menaces, qu'il fit avec tant d'emportement, qu'oubliant le refpect dû à la majefté des fouverains, il traita le roi d'infidele & de Sarrafin. Ce monarque eut befoin de toute fa modération pour fouffrir un difcours fi infolent. Il n'en témoigna pourtant point d'émotion, & rentra même en converfation avec Héraclius, lorfqu'il le vit plus traitable. Quelques jours enfuite il le conduifit à bord de fon navire; & s'embarquant avec lui, il le fit defcendre en Normandie, le menant à Rouen, où il lui fit encore beaucoup d'honneur. Mais il ne changea rien en la réfolution de fon parlement.

XII. L'archevêque de Tyr plus moderé & plus éloquent que le patriarche, n'employa que des paroles douces & touchantes pour perfuader les deux rois, entre lefquels il moyenna un entrevue entre Trie & Gifors, fur les frontieres de l'un & de l'autre royaume. Il leur repréfenta, que de toutes les conquêtes que les chrétiens d'Occident avoient faites dans le Levant, qui s'étoient étendues d'un côté jufqu'à l'Égypte, & de l'autre jufqu'au Tygre, il ne leur reftoit plus que les villes d'Antioche, de Tyr & de Tripoli, qui ne pouvoient même faire une longue réfiftance, fi elles n'étoient promptement fecourues. Il finit fon difcours par de vives exhortations de marcher promptement au fecours de ces places,

& à la délivrance de la sainte cité, qui gémissoit sous le joug des infideles. Enfin il parla avec tant de véhémence, que les deux rois, le prince Richard, & tous les seigneurs qui s'étoient trouvés à la conférence, jurerent de prendre les armes & de partir sans delai. Et, comme les différends qui étoient entre Philippe & Henri pour la restitution du Vexin n'étoient point réglés, on convint d'une seconde conférence pour terminer cette contestation par les voyes de la douceur. Henri retourna en Angleterre pour se préparer au voyage de la Terre-Sainte; &, afin d'avoir de l'argent pour les frais de cette expédition, il défendit par un édit les dépenses superflues des habits & des festins. Il leva aussi la dixieme partie des meubles de ses sujets, comme fit de son côté le roi Philippe dans son royaume; & cet impôt fut nommé la dixme SALADINE, parce que c'étoit pour faire la guerre à Saladin.

XIII. Dans le temps qu'Henri étoit occupé de ces soins, & qu'il ne pensoit qu'à son embarquement [1], il eut avis que Philippe, impatient de se voir en possession du Vexin, avoit repris les armes, se fondant sur ce que le temps porté pour cela étoit passé. Henri lui envoya demander un nouveau delai, promettant de se rendre au lieu qu'il voudroit choisir dans le jour dont il

[1] L'an 1188.

conviendroit avec fes députés ; mais Philippe les renvoya fans les vouloir écouter. De forte qu'Henri fe vit obligé de changer le deffein qu'il avoit pris d'aller au fecours des chrétiens d'Orient, en celui de venir défendre fes propres états, où le roi de France étoit déja entré avec une armée. Il paffa donc en Normandie, où étant arrivé, il follicita encore une fois Philippe à un accommodement : craignant de rallumer la guerre dans fes provinces, & ayant plus d'inclination pour la paix, qu'il n'avoit jamais eu. On convint d'une entrevue. Henri & Philippe fe trouverent au rendez-vous, & le prince Richard auffi, foit que ce fût fans autre deffein que d'affifter fon pere, ou que ce fut de concert avec Philippe.

XIV. Ces princes ayant pris leurs places, Philippe ouvrit la conférence par une propofition qui déconcerta Henri, & qui le mit aux prifes avec fon fils. Il ne demanda plus la reftitution du Vexin ; il confentit au contraire qu'il demeurât à l'Anglois, pourvu qu'il fît le mariage de fon fils Richard avec la princeffe Alix fous les mêmes conditions que s'étoit fait auparavant celui de Henri, frere aîné de Richard, avec la princeffe Marguerite ; c'eft-à-dire, en reconnoiffant ce prince pour fon fucceffeur, & l'affociant à la royauté. Henri s'apperçu bien de l'artifice, & il ne douta point que fon fils, ayant renouvellé l'affection qu'il avoit eue pour Philippe, n'eût pris des mesures avec lui pour se mettre sur le trône d'Angleterre. Ce soupçon entra dans son esprit avec toutes les présomptions qui le pouvoient rendre vraisemblable, il ne pût cacher sa surprise. Il se représenta son fils dont il connoissoit le naturel ardent, ambitieux, hardi, & craignit qu'étant gagné par les promesses de Philippe, il ne fut plus capable d'écouter la nature, lorsqu'on lui proposeroit une couronne pour le prix de sa rebellion. Toutes ces pensées se présentant en foule dans son imagination, elles y firent une impression si vive, qu'il prit une ferme résolution de ne consentir jamais au mariage dont le François pressoit l'accomplissement, quoiqu'il en pût arriver. Ainsi il rebuta premierement la proposition de Philippe, & s'avisa ensuite d'un expédient qui acheva de tout perdre. Le légat du pape qui se trouva à la conférence, lui ayant représenté le double engagement dans lequel il étoit de satisfaire la cour de Rome en faisant le voyage de la Terre-Sainte, & le roi de France en lui restituant le Vexin, ou en le retenant aux conditions que Philippe lui offroit, il accepta l'alternative, pourvû qu'on mît son fils Jean en la place de Richard. Peut-être qu'il crût à son tour donner le change à Philippe, & qu'il voulut éluder par là le dessein qu'avoit le François de rejetter sur lui la haine de la guerre ; fe montrant difpofé à la paix, pourvu qu'il la pût faire avec sûreté. Il repréfenta même au légat en particulier le danger qu'il couroit, en faifant le mariage de Richard avec la princeffe Alix, & lui fit fi bien voir l'intelligence de fon fils avec Philippe, que le légat en étant perfuadé tomba dans fon fens, & dit au roi de France qu'il devoit accepter l'expédient d'Henri. Il ajouta qu'il avoit ordre du pape de mettre fon royaume en interdit, s'il apportoit des obftacles au voyage de la Terre-Sainte, par la guerre qu'il feroit au roi d'Angleterre. Philippe n'avoit garde de prendre le change. Sa partie étoit faite avec Richard, & il ne doutoit point qu'il ne le fecondât. Il repartit donc au légat, que la propofition d'Henri n'étoit qu'une défaite, & que l'approbation qu'il y donnoit fentoit les fterlins d'Angleterre ; mais qu'il n'avoit point de peur de fes menaces, ne tenant fa couronne que de Dieu, laquelle il fçauroit bien défendre contre les violences de la cour de Rome, fi le pape entreprenoit fur les droits de fa fouveraineté.

XV. Cependant Henri ne tira pas un grand avantage de l'adreffe qu'il avoit eue de mettre le légat dans fes intérêts ; & pour ne fe point brouiller avec le pape, il fe brouilla irréconciliablement avec fon fils. Il y en a qui croient que la crainte qu'avoit Henri de l'humeur de Richard & de ses intrigues avec le roi Philippe, n'étoit pas le véritable motif de l'aversion qu'il témoignoit pour son mariage avec la princesse Alix, & qui assurent qu'il la vouloit épouser lui-même, après avoir fait casser son mariage avec la reine Eléonor. Quoi qu'il en soit, Richard ne pût souffrir qu'on reculât toujours ses espérances, ni voir sans indignation la préférence qu'on vouloit donner à son cadet. Ce prince ambitieux, qui souffroit à peine son pere sur le trône qu'il brûloit d'envie d'occuper, n'avoit garde d'y souffrir son frere. Il frémit de colere à la proposition que son pere en fit ; & bien qu'en proposant le mariage d'Alix avec son fils Jean, il n'eût pas déclaré qu'il lui feroit part de sa couronne, Richard crût que l'un étoit une suite nécessaire de l'autre. De sorte qu'après s'être contraint quelque temps pour voir à quoi aboutiroit la conférence, il se leva enfin tout furieux, & tenant son épée nue : « Puis que » vous ne voulez pas, dit-il à son pere, me » reconnoître pour votre successeur, & que non » content de me ravir un droit que ma naissance » me donne, voulez encore m'enlever une prin-» cesse qui m'a été promise ; je me tourne du côté » du roi de France, à qui je demande justice, & » lui fais hommage des états qui relevent de sa » couronne ».

XVI. Henri bien étonné vit alors la faute qu'il avoit faite ; mais il n'y avoit plus de remede, & l'assemblée étant rompue, on courut de toutes parts aux armes avec une égale fureur. Mais la partie du François étoit mieux faite ; car ayant prevû ce qui devoit arriver, il tenoit ses troupes toutes prêtes pour fondre de tous côtés dans les états d'Henri. Ce prince plus affligé de la révolte de son fils, qu'étonné de la puissance de Philippe, envoya son chancelier en Anjou pour tenir cette province dans l'obéïssance. Il le suivit de près avec le peu de troupes qu'il avoit levées à la hâte, couvrant le Maine & la Touraine, où il se doutoit bien que le François marchoit pour appuyer Richard, qui avoit fait soulever une partie du Poitou. Mais il ne pût empêcher que Philippe à la tête d'une puissante armée ne s'approchât du Mans, après avoir emporté toutes les places qu'il trouva sur son passage. Il battit aussi le corps d'armée qu'Henri avoit envoyé de ce côté-là, entrant pêle-mêle avec les fuyards dans la ville, dont cette défaite le rendit maître. De-là il s'avança dans la Touraine, où Henri s'étoit retiré avec sept cens chevaux seulement, & jetté dans Chinon, après avoir fait rompre les ponts de la Loire. Mais Philippe ayant trouvé un gué, il fit passer ses troupes, & vint mettre le siege devant Tours, dont la bourgeoisie ne fit point de résistance. Il prit Amboise avec la même facilité ; & Richard l'étant venu trouver, ils résolurent de terminer cette guerre par la prise de Chinon, & celle du roi Henri qui s'étoit enfermé dans le chateau. Afin que rien ne manquât au malheur de ce roi, son fils Jean qu'il aimoit tendrement, à qui il avoit donné le royaume d'Irlande, & qu'il vouloit peut-être encore faire roi d'Angleterre, l'abandonna & se joignit à son frere Richard, qui n'avoit pris les armes que pour le renverser du trône où son pere le vouloit élever. Cette ingratitude fut si sensible à ce pere infortuné, qu'il en tomba malade, & qu'après quelques jours de fievre il mourut dans le chateau de Chinon, accablé de douleur par la rebellion de ses enfans, s'il ne mourut pas par leurs mains, comme quelques-uns l'assurent. Exemple terrible de ce que la jalousie de la souveraineté est capable de faire entreprendre à un pere contre ses propres enfans, & de ce que l'envie de regner peut inspirer aux enfans contre leur pere.

XVII. Ses domestiques n'ayant pas plus de respect pour lui que ses enfans, emporterent tous les meubles de sa chambre, & laisserent son corps tout nud sur le carreau, où il fut long-temps exposé ; jusques à ce qu'un jeune page ému de l'horreur de cette action, le couvrit de son man-

reau

teau depuis la ceinture feulement jufques aux pieds. Ainfi ce roi fut dans fa vie & dans fa mort un prodige de la bonne & de la mauvaife fortune ; & l'on doute s'il eft plus admirable par la gloire de fa vie, ou plus à plaindre par l'indignité de fa mort.

XVIII. La nouvelle, qui en fut auffitôt portée au camp de Philippe, où étoit Richard, leur arracha des foupirs à tous deux, & mit fin à la guerre. Philippe s'en retourna à Paris, & Richard fe rendit à Chinon. Il ne put voir le corps de fon pere dans le trifte état où il le trouva, fans en être fenfiblement touché. Il pleura, il maudit fa rebellion, & donna toutes les marques d'une véritable douleur, foit que le repentir de fa révolte causât fon affliction, ou que la nature réveillée par la vue d'un objet fi touchant, fît couler fes larmes. Tant il y a de malignité dans le cœur de l'homme, qu'il faille être malheureux pour exciter fa tendreffe. Richard prenant foin de l'inhumation de fon pere, le fit revêtir de fes habits royaux, & dans cet appareil, ayant la couronne fur la tête & le fceptre à la main, on le porta à Fontevrault dans la province d'Anjou, où il avoit choifi fa fépulture. Richard accompagnant le corps, ne ceffa de pleurer pendant tout le chemin, & lui fit faire de magnifiques funérailles. Mais le fang qui fortit de la bouche & du nez de ce malheureux pere, aussitôt que Richard s'en approcha, sembloit lui reprocher son ingratitude, & crier vengeance, si son repentir & ses larmes n'avoient obtenu sa grace.

XIX. Ainsi mourut Henri, sage & vaillant prince, infidele mari, mauvais frere, & pere trop jaloux de son pouvoir. Son regne fut extrêmement glorieux, & l'Angleterre n'a point eu de roi qui en ait tant illustré la couronne. Il joignit au domaine de ses prédécesseurs tout le duché d'Aquitaine, qui avoit fait lui seul autrefois un beau royaume, l'Anjou, le Maine & la Touraine, avec la Bretagne. Il conquit au delà de la mer le païs de Galles, qui avoit avant cela ses rois particuliers, indépendans des Anglois. Il soumit toute l'Irlande, dont il fit un royaume tributaire; & il obligea l'Ecosse à reconnoître la souveraineté de l'Angleterre, dont il étendit l'empire depuis la mer Occidentale jusqu'à celle du Nord. Au reste, il fut juste & modéré envers ses sujets, qu'il ne chargea point d'impôts; severe aux scélérats, qu'il fit punir avec tant d'exactitude, qu'il n'y eut de son temps ni voleur, ni ravisseur, ni meurtrier qui osât paroître; humain aux étrangers, défendant de piller ceux qui faisoient naufrage sur ses côtes, & ordonnant au contraire de leur prêter toute l'assistance dont ils auroient besoin ; accessible aux plus pauvres, favorable aux orphelins & aux veuves, dont il fut nommé le pere & le protecteur; pacifique & belliqueux tout ensemble ; heureux dans la guerre, où la gloire l'entraînoit ; mais revenant aussitôt à la paix, où son inclination le portoit. Enfin, s'il n'eût point souillé sa maison d'adulteres, & peut-être d'incestes ; s'il n'eut point puni si sévérement la jalousie de la reine dont il étoit la cause ; & s'il eût été plus équitable à l'égard de ses freres & de ses enfans, il auroit été un prince incomparable. L'amour & l'ambition furent la source de tous ses maux. Il sçut encore moins donner des bornes à la premiere qu'à l'autre, quoique son ambition paroisse dans toute sa vie, & dans cette épitaphe qu'on mit après sa mort sur son tombeau.

> Ma vaste ambition dans cette urne est enclose,
> Et moi qui n'étoit point content de l'univers,
> Je suis content & je repose
> Dans six pieds de terrain dont mes os sont couverts.

Il eut de son mariage, avec Eléonor de Guyenne, cinq fils, & trois filles. Les fils furent Guillaume, qui mourut au berceau ; Henri dont nous avons vu la vie, qui mourut sans laisser d'enfans ; Richard, qui lui survécut, & qui lui succéda ; Geoffroy, qui avoit épousé l'héritiere de Bretagne,

& qui étoit mort auparavant, ayant laissé un fils, que son oncle fit mourir; & Jean surnommé Sans terre, le meurtrier de son neveu, & qui par ce meurtre succéda à Richard, qui ne laissa point d'enfans. Les filles furent Matilde, qui épousa le duc de Saxe; Eléonor, mariée avec Alphonse, roi de Castille; & Jeanne, qui fut femme de Guillaume II du nom, roi de Sicile; & en secondes noces, de Raymond comte de Toulouse. Il eut aussi deux fils naturels de ses maîtresses; Guillaume surnommé Longue épée, qui fut comte de Salisbury; & Geoffroy, qui fut archevêque d'Yorc. Mais ni le nombre de ses enfans, ni la grandeur de ses états, ne purent rendre son bonheur constant : & pour n'avoir sçu régner sur lui-même, il perdit l'empire qu'il avoit sur les autres.

SOMMAIRE
DU SEPTIEME LIVRE.

RICHARD fait emprisonner Turnham. Reconnoit sa bonne foi. Reçoit l'épée de duc de Normandie. II. Passe en Angleterre. Vers qu'on chante à son arrivée. III. Liberté d'Eléonor. Honneurs que son fils Richard lui fait. Usage qu'elle fait de son changement de fortune. IV. Richard prend connoissance des trésors de son pere. V. Cérémonie de son couronnement. VI. Un grand nombre de Juifs sont victimes de leur curiosité. VII. Richard reçoit l'hommage du roi d'Ecosse ; & l'ambassadeur de celui de France. VIII. Préfere la vente de ses domaines à l'appauvrissement de ses peuples. IX. Laisse la régence à la reine, aux évêques d'Ely & de Durham. X. Vient en Normandie. Sa réponse ingénieuse à l'insulte que lui fait le curé de Neuilli, & dénombrement de sa flotte. XI. S'abouche avec Philippe pour régler les conditions de leur voyage. Apprend l'horrible cruauté que les Anglois avoient exercée contre les Juifs. XII. Les deux rois se rendent à Lyon. Malheur que la cavalerie qui les suivoit y éprouve. Leur séparation. XIII. Richard se rend à Marseille, à Gênes ; & va delà à Salerne pour y attendre sa flotte. XIV. Service important qu'elle *rendit, dans son passage, au roi de Portugal.* XV. *Richard passe avec elle en Sicile. Son entrée pompeuse dans le port de Messine.* XVI. *Son entrevue avec Philippe. Union apparente des deux rois. Son peu de durée.* XVII. *La Sicile, par qui conquise; où située & quels ont été ses premiers rois ?* XVIII. *Prétention de Richard sur la succession de Guillaume II.* XIX. *Il fait la guerre à Tancrede. S'empare des forteresses au-deçà & au-delà du Phar.* XX. *Ne peut rallier les fuyards.* XXI. *S'empare de Messine, fait arborer sa banniere sur les murailles. Philippe en conçoit de la jalousie.* XXII. *Tancrede fait alliance avec Richard, & se brouille avec Philippe.* XXIII. *Combat de Cannes entre Richard & Desbarres.* XXIV. *Dangers de jouer avec son maître.* XXV. *Eléonor engage Richard à épouser Berengere au préjudice d'Alix.* XXVI. *La mésintelligence des deux souverains s'accroît par la trahison de Tancrede.* XXVII. *Vive altercation entre Richard & Philippe. Leur apparente réconciliation.* XXVIII. *Richard épouse la princesse de Navarre.* XXIX. *Philippe s'embarque, & arrive à Ptolomaïs, & Richard à Candie.* XXX. *Inhumanité du prince de Cypre, punie par la perte de ses états.* XXXI. *Nom, origine & mauvaises qualités de ce prince.* XXXII. *De quelle manière Richard se rend maître de Cypre. Sa générosité envers la fille de ce Barbare.* XXXIII. *Description*

SOMMAIRE.

de cette île. XXXIV. *Richard fait couronner sa femme reine d'Angleterre & de Cypre. S'embarque, &, sur son passage, fait couler à fond un vaisseau d'une grandeur prodigieuse.* XXXV. *Durée du siége d'Acre, & de quelle utilité cette place peut être par sa situation.* XXXVI. *Les divisions qui se mêlent parmi les chefs des croisés en retardent la prise.* XXXVII. *Nouveaux sujets de contestation entre Philippe & Richard, & réflexion de l'auteur sur l'objet des croisades.* XXXVIII. *Politique de Saladin apperçue des assiégeans.* XXXIX. *Léopold outragé par Richard, & contes qu'on débite sur ce siége.* XL. *Condition de la capitulation. Injustice des deux rois dans le partage du butin.* XLI. *Départ des deux armées. Action hardie de Richard.* XLII. *Son entrée dans Ptolomaïs, est un nouveau sujet de jalousie pour Philippe.* XLIII. *Dessein du dernier de revenir en Europe, & réponse de Richard à ses députés.* XLIV. *Conférence de Philippe avec l'émir Caracos.* XLV. *Ce prince laisse le commandement d'une partie de son armée au duc de Bourgogne, & retourne en France.*

LIVRE SEPTIEME.

APRÈS que Richard eut rendu les derniers devoirs à son pere, il pensa à s'assurer des tresors & des états qu'il lui laissoit. Etienne Turnham sénéchal d'Anjou étoit le dépositaire des richesses qu'Henri avoit amassées dans ses provinces d'outre-mer, qui étoient gardées dans des citadelles dont ce sénéchal avoit le gouvernement. Le roi lui en demanda compte, & pour l'obliger à lui en rendre un fidele, il le fit mettre en prison, d'où il ne sortit qu'après avoir rendu l'argent & les places. Il reconnut la bonne foi du sénéchal dans la restitution qu'il lui fit des trésors que son pere lui avoit remis entre les mains, & deux ans après il lui confia lui-même un dépôt encore plus important, & lui donna le gouvernement de l'île de Chypre, après l'avoir conquise. D'Anjou le roi vint à Rouen, où il prit l'épée de duc de Normandie, qu'il reçut dans la grande église avec les cérémonies accoutumées. Son frere Jean assista à cette solemnité, où se trouverent les prélats & les seigneurs de la province. Quelques jours après il s'aboucha avec le roi Philippe. Ils convinrent de ratifier les traités faits entre les deux couronnes, & notamment le dernier au sujet du voyage de la Terre-Sainte.

II. Il s'embarqua enfuite au port de Harfleur à l'embouchure de la Seine, & paſſa en Angleterre. Il y fut reçu au milieu des acclamations du clergé & du peuple, qui s'empreſſoient à l'envi de lui témoigner leur allégreſſe. Et pour marquer l'opinion qu'ils avoient de ſa vertu, telle qu'ils eſpéroient qu'elle les dédommageroit de la perte qu'ils venoient de faire du plus grand roi qu'ils euſſent jamais eu, ils chantoient devant lui ces vers :

>Le ſoleil s'eſt couché ſans que la nuit arrive,
>Un autre aſtre retient la clarté fugitive :
>Et lorſqu'Henri quitte & le trône & le jour,
>Richard vient éclairer l'univers à ſon tour.

III. La premiere choſe que fit Richard, ce fut de délivrer la reine Eléonor ſa mere [1], qui étoit priſonniere depuis ſeize ans. C'étoit celui de ſes enfans qu'elle aimoit le plus ; ſoit par la force de cette puiſſance ſecrette de la nature, qui donne la prédilection aux uns plutôt qu'aux autres ; ou parce que connoiſſant ſa fierté, elle le crût plus propre que ſes freres à la venger des injures de la France. Elle l'avoit toujours haïe depuis ſon divorce avec Louis VII, & ſa haine s'étoit augmentée depuis que les princeſſes Marguerite & Alix étoient paſſées en Angleterre : comme

[1] L'an 1189.

si elles eussent été coupables de l'amour qu'elle croyoit que le roi son mari avoit eu pour elles. Richard lui fit des honneurs & des caresses extraordinaires; ordonna à tous les gouverneurs & à tous les magistrats de lui obéir comme à lui-même, & sembla partager la royauté avec elle. Il ne se contenta pas de la rétablir dans la possession de ses états, il y ajouta encore de grandes terres & de belles maisons avec des ameublemens magnifiques, pour la dédommager par là des ennuis de sa prison, & réparer les indignités qu'elle avoit reçues de son pere. D'autre côté la reine usa généreusement du changement de sa fortune. Au lieu d'employer le crédit que son fils lui donnoit de faire des misérables, en se vengeant de ceux qui avoient été les ministres des débauches de son mari, & peut-être les auteurs de sa captivité, elle ne pensa qu'à soulager les malheureux, & fit mettre en liberté tous les prisonniers du royaume, hormis ceux que leurs crimes rendoient indignes de cette grace. C'est ainsi que le sentiment de notre misere nous apprend à avoir pitié de celle des autres ; & qu'il n'y a point de meilleure école pour nous former à la vertu, que celle de l'adversité.

IV. Cependant Richard étant venu à Winchester, où étoit l'or, & l'argent, & les joyaux du roi son pere, il en voulut sçavoir le nombre

& le poids. Il y trouva neuf cens mille livres pefant en or & en argent, fans les vafes & les pierreries qui étoient encore d'un plus grand prix. De forte qu'on peut dire que le roi Henri avoit été un des plus riches princes du monde. Et ce qu'il y a d'admirable, c'eft qu'il n'avoit point chargé fes fujets d'impôts, quoiqu'il eût prefque toujours eu les armes à la main pendant un regne de trente-fix années.

V. Richard vint enfin à Londres, où il fut reçeu avec une magnificence qui furpaffoit celle des autres villes, autant que Londres les furpaffe elle-même. Il fut facré & couronné à Weftmunfter avec une pompe royale, ayant été conduit à l'églife en grande cérémonie. Le clergé marchoit à la tête. Quatre barons étoient au milieu portant des cierges allumés. Deux comtes venoient enfuite, dont le premier portoit le fceptre, au haut duquel étoit une croix d'or; & l'autre portoit la verge royale, ayant au haut une colombe auffi d'or. Trois comtes les fuivoient, portant des épées qu'on avoit tirées du tréfor-royal, qui étoient dans leurs foureaux d'or. Six comtes & autant de barons marchoient après eux portant un échiquier, fur lequel étoient les ornemens royaux. Ils étoient fuivis par le comte de Chefter portant la couronne, qui étoit d'or enrichie de perles & de pierreries. Le roi paroiffoit enfuite au milieu de deux évêques fous un magnifique dais porté par quatre barons : & l'on voyoit dans les rues, aux fenêtres, & aux balcons une foule incroyable de gens de toutes conditions attirés par la pompe de ce spectacle. Le roi étant venu à l'églife, fut facré par l'archevêque de Cantorbery, qui le revêtit après l'onction des habits royaux, & qui lui mit dans la main l'ÉPÉE BENITE. Enfuite deux comtes lui attacherent les éperons, & lui mirent le manteau royal fur les épaules. En cet état l'archevêque l'exhorta de penfer férieufement à la promeffe qu'il avoit faite en entrant dans le royaume, d'en garder inviolablement les loix : & Richard jura de les obferver. Ce ferment prêté, il prit la couronne qui étoit fur l'autel, & la donna à l'archevêque, qui la lui mit fur la tête. En cet appareil on le conduifit au trône qui étoit dreffé dans l'églife, fur lequel il s'affit. La cérémonie étant achevée, il prit d'autres habits, & une couronne plus legere, & vint dans la falle de Weftmunfter, où l'on avoit préparé un magnifique feftin.

VI. La beauté de cette cérémonie fut fouillée par le maffacre d'un grand nombre de Juifs qui étoient entrés dans l'églife, nonobftant les défenfes qu'on leur en avoit faites. La haine qu'on portoit à cette nation, & la fuperftition du peuple, les faifoit paffer pour forciers : & la crainte qu'on avoit de leurs fortiléges avoit donné lieu à une ordonnance, qui leur défendoit de fortir ce jour-là de leurs maifons. Mais la curiofité l'emportant fur le danger auquel ils s'expofoient, plufieurs fe jetterent dans la foule, & fe coulerent pefle-mefle avec les Anglois. Ils y furent en fureté, tant qu'on fut occupé de l'appareil de la cérémonie. Mais lors que cette application étant paffée, on commença à fe remarquer les uns les autres, & à les reconnoître à leurs manieres & à leurs habits, le peuple fe jetta fur eux, & les fit fortir de l'églife avec violence. Sa fureur n'en demeura pas là : il pourfuivit ces miférables dans leurs maifons, où il mit le feu ; & cette cruauté fe communiqua aux autres villes, qui leur firent le même traitement, jufqu'à ce que le roi eût fait ceffer la tuerie, en faifant publier un édit par lequel il prenoit les Juifs fous fa protection.

VII. Il reçut, après fon couronnement, l'hommage du roi d'Ecoffe, à qui il rendit les fortereffes de Rokesbourg & de Berwick, acceptant pour reconnoiffance ou pour équivalent dix mille marcs d'argent. Et comme s'il eût voulu donner une idée agréable & magnifique tout enfemble de fon regne, il prit foin de payer les dettes de fon pere, & d'en récompenfer les officiers & les ferviteurs : gagnant par cette action de justice & de libéralité le cœur des Anglois, qui aiment l'éclat, & qui veulent être traités avec douceur. Il donna aussi à son frere Jean les comtés de Sommerset & de Dorchester. Enfin il y eut peu de seigneurs qui ne se ressentissent de sa bénéficence. Il n'y avoit pas six mois qu'il avoit été couronné, lorsque le comte du Perche vint de la part du roi de France lui représenter, que les affaires des chrétiens en Orient ne souffroient plus de délai, & le sommer d'accomplir la parole qu'ils s'étoient réciproquement donnée de passer à leur secours, comme le roi de France étoit prêt de faire de son côté. Cet ambassadeur avoit aussi ordre de demander la ratification des traités de paix conclus entre les deux couronnes, & d'en jurer l'observation au nom du roi son maître, si Richard la vouloit jurer de sa part. Il fut fort bien reçu; & pour lui faire plus d'honneur, le roi assembla son parlement à Londres, où le comte du Perche ayant été introduit, il exposa sa commission. Ayant cessé de parler, le roi demanda qu'il jurât l'observation des traités suivant le pouvoir qu'il en avoit : & ce serment ayant été prêté, il en fit prêter un semblable en son nom par Guillaume de Mandeville, comte d'Essex.

VIII. Avant que de sortir du royaume, il amassa l'argent dont il avoit besoin pour l'entretien de sa flotte & de ses troupes. Il ne crut pas que le trésor de son pere fût suffisant, & il exposa en vente les plus belles terres & les principales dignités de la couronne. Afin d'attirer les acheteurs, il les mit à un prix fort bas : aimant mieux diminuer son domaine, que d'appauvrir son peuple. Ce moyen lui réussit. Mais il se dédommagea du bon marché par une ruse qui semble indigne de lui, & qu'on ne peut excuser, qu'en disant qu'il punit par là l'ambition de ceux qui avoient voulu acquérir des dignités au-dessus de leur mérite, ou de leur naissance, & principalement celle des ecclésiastiques, qui en avoient été les plus avides. Il feignit d'avoir perdu son sceau; & pour éviter qu'on n'en abusât, il en fit fabriquer un autre, dont il ordonna qu'on scelleroit de nouveau toutes les chartres qui avoient été expédiées depuis son avénement à la couronne, & celles qu'on expédieroit à l'avenir sous son regne. Tous ces acheteurs rapporterent donc leurs titres; mais ils furent obligés de payer un droit pour le sceau, qui servit de supplément à la juste valeur des biens qu'ils avoient achetés.

IX. Après cette levée de deniers, Richard pourvut à la sûreté du gouvernement, qu'il laissa entre les mains de la reine sous la direction des évêques d'Ely & de Durham. Ce dernier étoit un de ses engagistes dont je viens de parler, & son ambition avoit donné lieu à la raillerie du roi. Car cet évêque ayant acheté le comté de Northumberland, sans penser ni à son caractere qui le devoit éloigner de cette vanité, ni à son âge qui ne lui permettroit pas d'en jouir long-temps : le roi dit fort plaisamment « Qu'il venoit de faire » d'un vieux évêque un jeune comte ». Toute la puissance demeura pourtant à l'évêque d'Ely, que le roi revêtit de la dignité de chancelier, & à qui il confia la garde de la Tour de Londres : de sorte que l'évêque de Durham & la reine elle-même n'avoient que des titres d'honneur.

X. Richard s'embarqua ensuite au port de Douvres, & passa en Flandre, où il fut magnifiquement reçu du comte Philippe. Il l'amena avec lui en Normandie, & fit tenir les états aussitôt qu'il y fut arrivé. Il y avoit alors dans la province un prédicateur zèlé qui prêchoit la croisade. On l'appelloit Foulques. Il étoit curé de Neuilli près de Paris, & il avoit acquis par ses déclamations une grande reputation. Un jour que Richard se trouva dans l'église où il prêchoit, Foulques eut la hardiesse de lui dire en se tournant vers lui, « Qu'il devoit se défaire de trois » pernicieuses passions, qu'il nommoit ses trois » filles, l'orgueil, l'avarice & la luxure ». Le roi se vengea de l'indiscrete plaisanterie du prédicateur par une raillerie plus fine, en lui répondant

répondant sur le champ, « Qu'il donnoit son
» orgueil aux chevaliers du Temple, son avarice
» aux moines de Cîteaux, & sa luxure aux
» prélats de son royaume ». C'est ainsi qu'il
rejeta sur les écclesiastiques les vices que ces gens
ont accoutumé d'imputer aux princes, quoique
souvent ils régnent plus dans les cloîtres qu'à la
cour. Cependant Richard dépêcha des exprès à
tous les ports de Normandie, de Bretagne, de
Poitou, & de Guyenne, pour hâter l'équipage
de sa flotte, consistant en treize galeaces, cinquante galeres, & cent navires du premier rang,
avec les barques & les tartanes dont le nombre
étoit presqu'infini. De sorte que le roi avoit
besoin d'un aussi grand fond que celui qu'il
avoit amassé, pour équiper tant de vaisseaux,
& pour une aussi longue expédition que celle
qu'il entreprenoit.

XI. Les deux rois s'assemblerent ensuite pour
regler les conditions de leur voyage. Ils fixerent
dans cette conférence le jour de leur départ,
jurerent réciproquement de se garder la foi l'un
à l'autre, & s'engagerent à une défense mutuelle
de leurs provinces : dequoi ils firent expédier
des patentes à tous les gouverneurs des places.
Comme Richard étoit prêt de partir, il reçut
une nouvelle qui lui donna du chagrin. On lui
manda que les Anglois s'étant soulevés contre

les Juifs, en avoient fait un horrible massacre dans la province d'York. Le gouverneur avoit permis aux Juifs de se retirer dans la forteresse de la ville, pendant qu'il iroit par les rues pour appaiser le peuple : mais il fut impossible d'en venir à bout ni par menaces, ni par prieres, ni par promesses. Les Juifs offrirent même de grandes sommes pour se racheter. Tout cela fut inutile : & ce peuple furieux préoccupé du zèle inconsidéré qui le transportoit, ne pensa qu'à faire périr ces misérables qu'il tenoit assiégés. Cette opiniâtre cruauté fit prendre aux Juifs une résolution qui toute furieuse qu'elle est, a quelque chose de magnanime. Un d'entr'eux leur représenta, qu'il étoit glorieux de mourir pour leur loi ; mais qu'ils devoient mourir en hommes libres & par leurs propres mains, & non en esclaves par les mains de leurs ennemis. Cette résolution prise, les femmes & les enfans voulurent être les premieres victimes, & se mettant à genoux, tendirent la gorge à leurs maris, & les enfans à leurs peres, qui en furent les meurtriers, ou les libérateurs. Après cette terrible exécution, les hommes mirent le feu au chateau, & furent consumés par les flammes avec toutes leurs richesses & tous leurs titres, qu'ils jetterent dans le bucher en s'y jettant eux-mêmes. Ainsi les Anglois demeurent chargés de l'horreur de cette tragique action, fans avoir eu le plaifir de fatisfaire leur cruauté, dont les Juifs fe délivrerent par leur courage, ou par leur défefpoir. L'évêque d'Ely à qui le roi avoit laiffé l'adminiftration du fuprême pouvoir, vint dans la province, & ayant fait faire les informations de ce furieux tumulte, il fit châtier les plus coupables, & arrêta les défordres dans les autres places du royaume.

XII. Cette nouvelle ne retarda pas le voyage de Richard, qui vint trouver Philippe à Vezelay en Champagne fur les frontieres de Bourgogne, d'où après y avoir pris le BOURDON & la MALETTE, qui étoient les marques de pelerin que Philippe avoit déja reçues à Saint-Denis, ils prirent enfemble le chemin de Lyon à la tête de leur cavalerie. L'infanterie s'embarqua fur les flottes, qui avoient ordre de les venir joindre dans les ports de Marfeille & de Genes, pour delà faire voile tous enfemble en Sicile, où étoit le rendez-vous des deux armées. Les Hiftoriens ne nous difent point le nombre de ces troupes ; mais ils nous apprennent que Richard fçachant que la multitude caufe fouvent plus de confufion, qu'elle n'apporte d'utilité, licencia tous les croifés qu'il ne trouva point propres à la guerre, & qu'il ne retint que ceux qui avoient déja donné des marques de leur courage, ou dont

P 2

il crut pouvoir faire de bons soldats. C'est ainsi qu'il remédioit d'un côté au désordre qui est presque toujours inévitable dans des armées nombreuses & composées de gens ramassés, sans exercice & sans discipline ; & que de l'autre il empêchoit la disette, que le trop grand nombre met tôt ou tard dans une armée qui traverse des pays ennemis ou étrangers. Les deux rois marchant en cet ordre arriverent à Lyon, où ils passerent le Rhône sur le pont, toute la cavalerie les suivant. Mais la moitié n'étoit pas passée, que le pont tomba, emportant avec lui hommes, armes & chevaux, qui se précipitoient dans les eaux de ce fleuve rapide avec un bruit effroyable, augmenté par les cris de ces malheureux, & par ceux de leurs compagnons qui regardoient du bord du Rhône cet étrange spectacle. La plupart furent noyés : & ceux qui se sauverent furent fort incommodés de leur chûte. Les deux rois affligés de ce malheur, & voulant éviter de semblables désordres, que pouvoit encore causer dans sa marche la multitude de leurs troupes, ils les diviserent en deux corps, qu'ils firent marcher par divers chemins. Philippe prit la route de Gênes, & Richard celle de Marseille. Cet événement fut de mauvais augure pour le voyage, dont il sembla prédire le malheureux succès, & la division des deux chefs qui en fut la cause.

XIII. Richard étant arrivé à Marseille, n'y trouva point sa flotte ; & après l'avoir attendue quelque temps, l'impatience le prit : de sorte qu'il loua des vaisseaux marchands, sur lesquels il s'embarqua & vint à Gênes, soit pour y apprendre des nouvelles de ses vaisseaux, ou pour y voir Philippe. Il l'y trouva malade ; mais il ne put rien sçavoir des deux flottes, ni l'une ni l'autre n'étant encore arrivée. Cela fut cause qu'il y fit peu de séjour, & que se rembarquant sur ses navires, il vint côtoyant la riviere de Gênes, la Toscane, & la Campanie, descendre à Salerne, où il résolut d'attendre des nouvelles de sa flotte.

XIV. Il n'en apprit pas si-tôt. La tempête, dont elle avoit été battue, avant que d'entrer dans la mer Mediterranée, l'avoit jettée sur les côtes de Portugal, & dispersée en divers havres où elle avoit jetté l'ancre. Elle vint à propos pour le roi de Portugal, à qui le Miramolin [1] d'Afrique, faisoit la guerre, le tenant investi dans Santaren. Ce prince ayant sçu l'arrivée de la flotte chrétienne, envoya prier ceux qui la commandoient de l'assister contre l'ennemi commun de leur religion : leur faisant entendre que le service qu'ils lui rendroient dans cette occasion, ne seroit pas moins utile à la chrétienté, que les conquêtes

[1] C'est ainsi que les Sarrasins de ce pays-là nommoient leur roi.

qu'ils avoient deſſein de faire dans la Paleſtine. Il reçut de ces croiſés une aſſiſtance pareille à celle que le roi de Caſtille avoit reçue cinquante ans auparavant de la croiſade que commandoit Henri de Lorraine, dont j'ai parlé dans la premiere partie de mon Hiſtoire. Cinq cens hommes de la flotte s'en allerent avec ſes députés, & ſe jetterent dans Santaren malgré le blocus des Sarraſins, qui ne purent ſe rendre maîtres de la place à cauſe de ce ſecours qui y étoit entré. La mort du Miramolin acheva de délivrer le Portugal de ces Infideles, dont l'armée ſe débanda, & reprit le chemin de ſon pays. Ainſi les Anglois n'étant plus néceſſaires en Portugal, s'en retournerent ſur leur flotte.

XV. Cependant les vaiſſeaux que la tempête avoit ſéparés ſe rejoignirent, & ayant mis à la voile, ils cinglerent vers la Sicile, après avoir ſçu par les barques qu'ils envoyerent à Marſeille, que le roi en étoit parti prenant la route d'Italie, pour paſſer de là dans cette île. La flotte de France y étoit arrivé auparavant, ayant mis ſes troupes à terre, qui avoient été logées dans la ville, & Philippe dans le palais des rois de Sicile. Celle d'Angleterre ayant ſçu que Richard étoit à Salerne, jetta l'ancre à l'entrée du Phar de Meſſine, envoyant une galere pour lui en porter la nouvelle. Il s'embarqua auſſitôt ſur la même galere

& ayant joint fa flotte, il fit appareiller. Il entra dans le port avec toute la pompe d'une armée royale. Les Siciliens & les François en furent également furpris. Les derniers ne purent s'empêcher d'avoir de la jaloufie & de l'admiration tout enfemble, confidérant du haut des remparts où ils étoient accourus, le nombre & la beauté des navires Anglois; & ceux de Meffine appréhenderent pour leurs biens & pour leur liberté, en fe voyant au milieu de deux fi puiffantes armées.

XVI. Richard étant forti de fa galere, vint voir le roi de France; & Philippe lui rendit fa vifite le lendemain dans le fauxbourg où Richard avoit choifi fon quartier. Ils vivoient en apparence dans une grande union, & il fembloit qu'ils vouluffent renouveller l'amitié qui avoit été entr'eux pendant les premieres années du regne de Philippe. Mais on voit rarement que l'entrevue de deux fouverains produife de bons effets, & que leur familiarité foit fuivie d'une affection ou d'une eftime réciproque : l'ambition mettant entr'eux une antipathie que toute leur vertu ne peut furmonter. Celle de Philippe s'augmenta par la nouvelle gloire que Richard acquit contre les plus vaillans peuples de cette île, que les Hiftoriens de ce temps-là nomment GRIFFONS; & contre le roi de Sicile lui-même, qu'il contraignit de lui faire juſtice ſur ſes prétentions, & ſur celles de la reine Jeanne ſa ſœur. Elle étoit veuve de Guillaume II du nom, ſurnommé le Bon, dont le pere étoit Guillaume I, ſurnommé le Mauvais, qui étoit fils de Roger I. Ainſi Roger, qui avoit été un prince très vertueux, fut pere d'un méchant fils; & Guillaume, au contraire prince cruel & vicieux, eut un fils renommé pour ſa douceur & pour ſa bonté extraordinaire. Ce qui fait bien voir que la vertu n'eſt pas un bien héréditaire; & que c'eſt Dieu qui donne en ſon amour, ou en ſa haine, les bons ou les méchans princes.

XVII. La Sicile avoit été conquiſe par ces Normands qui ſe rendirent maîtres de la Pouille au commencement de l'onzieme ſiécle, & peu de temps après de la Sicile. Ils étoient douze freres fils de Tancrede de Hauteville, aïeul de ce Tancrede qui paſſa en la Terre-Sainte au temps de la premiere croiſade, dont l'Hiſtoire a tant loué la valeur, & qui eſt ſi connu par ſes amours avec Clorinde, dont le Taſſe a fait une des plus ingénieuſes fictions de la Jéruſalem [1]. Ces vaillants Normands prirent la qualité de ducs de la Pouille, après l'avoir conquiſe ſur les Sarraſins. Ils furent enſuite appellés en Sicile par un parti de ces infideles qu'un autre opprimoit, comme

---

[1] Poëme du Taſſe, traduit dans preſque toutes les langues.

les Sarrafins y avoient été appellés eux-mêmes deux cens ans auparavant par la divifion des chrétiens. Ils fe faifirent premierement de Meffine, l'an 1060, & peu d'années après ils affiégerent & prirent Syracufe. Ils s'emparent enfin de Palerme qui étoit la réfidence du roi Sarrafin, & contraignirent ces infideles de leur abandonner toute cette belle île, qui fut autrefois la premiere province de l'empire Romain, & qui s'étendant en triangle entre les mers de Tofcane, d'Afrique & d'Ionie, femble être le centre de l'Europe, de l'Afrique & de l'Afie. Ils la pofféderent long-temps fous le titre de comtes de Sicile; & ce fut un Roger qui en fut le premier comte. Mais fes defcendans prirent enfin le titre de roi, & ce fut encore un Roger qui fut le premier honoré de cette dignité. Il fut proclamé & facré à Palerme, non-feulement roi de Sicile, mais encore roi d'Italie, l'an 1129, & non roi des deux Siciles, comme parlent ceux qui donnent à la Pouille le nom de Sicile au deçà du Phar. Cependant cette divifion de Sicile deçà & au-delà du Phar a été inconnue & aux Romains, & aux empereurs de Conftantinople, & aux Sarrafins, & aux Normands, qui ne connoiffoient point d'autre Sicile que celle que la mer renferme dans fon île, fans y avoir jamais compris les provinces qui font dans l'Italie. Le pape Calixte II, & fon fuccesseur Honorius II, qui prétendoient que la Sicile étoit un fief du siége Romain, traverserent Roger dans sa nouvelle monarchie; mais ce fut inutilement, le peuple s'étant déclaré pour lui. Innocent II, qui succéda à Honorius, tint d'abord la même conduite; mais voyant qu'il ne gagneroit rien, il aima mieux se faire honneur de la cession de son droit imaginaire, que de s'opiniâtrer mal-à-propos à l'établir par la force. De sorte qu'il déclara Roger roi de Sicile, l'an 1139, ajoutant encore à son domaine celui de la ville de Naples & de son territoire, dont les empereurs de Constantinople jouissoient auparavant. Ainsi Roger roi de Sicile & de Naples, & duc de la Pouille, régna paisiblement jusqu'à sa mort, qui arriva l'an 1154. Il laissa son royaume à Guillaume I, son fils, à qui succéda, comme je l'ai dit, Guillaume II, qui mourut sans laisser d'enfans.

XVIII. La reine Jeanne sa veuve n'avoit donc point de prétexte pour se maintenir sur le trône, n'ayant que son douaire à prendre : mais Richard demandoit encore les legs que Guillaume avoit faits par son testament à Henri II, son pere. Ils consistoient en une table d'or massif de douze pieds de long; en vingt-quatre flacons, & en autant de plats d'argent : en une tente de soie d'une ouvrage exquis; assez grande pour loger deux cens personnes ; en soixante mille mesures de froment, autant d'orge & autant de vin pour les provisions d'une armée ; & en cent galeres bien équipées, & pourvue de vivres pour deux ans.

XIX. Guillaume avant sa mort avoit fait reconnoître pour reine sa tante Constance fille de Roger, & femme de l'empereur Henri VI. Mais Tancrede, fils naturel du même Roger, prétendit qu'il devoit succéder au préjudice de sa sœur, nonobstant le défaut de sa naissance ; & les Siciliens jaloux de leur liberté, qu'ils craignoient de perdre par la domination d'un prince étranger, le préférerent à Constance & à l'empereur. Ainsi Tancrede se vit établi sur le trône, moins par son droit & par sa vertu, que par la jalousie des Siciliens. Ce fut donc à ce prince à qui Richard eut à faire ; & comme il étoit fier, prompt & impatient, il ne put souffrir que Tancrede cherchât à éluder les demandes qu'il lui fit du douaire de sa sœur, & des legs portés par le testament du feu roi : & se voyant une armée capable de toute entreprendre, il se saisit des deux principales forteresses de l'île, l'une au-deçà & l'autre au-delà du Phar, qu'il mit entre les mains de sa sœur. Celle qui étoit au-deçà du Phar, & qu'on appelloit le château des Griffons, étoit gardée par les habitans de ce nom, gens qui s'étoient rendus redoutables par leur brutale valeur, & qui firent d'abord quelque peine au roi Richard, ayant repoussé le comte de la Marche dans un assaut, & contraint Richard lui-même qui étoit accouru pour le soutenir, de se retirer après avoir perdu beaucoup de monde. Mais étant revenu le lendemain à la charge, il attaqua la forteresse si vigoureusement, qu'il l'emporta de vive force. Il fit grace aux habitans, s'étant contenté de les désarmer, de prendre des ôtages & de faire bâtir une citadelle pour les tenir en bride, qu'il appella Matte-Griffon. Cette défaite les dompta en effet si bien, qu'ils ne s'en releverent point depuis, & qu'ils furent autant méprisés de leurs compatriotes dans la suite, qu'ils en avoient été redoutés auparavant.

XX. Comme Richard revenoit de cette expédition, & qu'il approchoit de Messine, il vit que ses gens, qu'il avoit laissés dans leur quartier, n'ayant mené avec lui qu'une partie de son armée, étoient chassés par les Siciliens, qui les poursuivoient l'épée dans les reins : soit que ce fût un tumulte & une querelle imprévue entre ces troupes & ceux de Messine ; ou que les derniers eussent pris la résolution de venir charger les Anglois dans le temps qu'ils croyoient Richard occupé contre les Griffons. Il fit faire halte aux troupes qu'il ramenoit, & tâcha de rallier les fuyards, qu'il voulut contraindre de retourner contre les Meſſinois. Mais il lui fut impoſſible d'en venir à bout. Il pria, il menaça, il en frappa même quelques-uns : tout cela fut inutile. Il fallut qu'il laiſsât paſſer cette frayeur qui les avoit ſaiſis, & qu'il ſe retirât avec eux, frémiſſant de colere de leur lâcheté, & de la ſupercherie des Siciliens.

XXI. Étant entré dans ſon quartier, il mit ſon armée en bataille ; & après avoir fait une aigre réprimande à ceux qui avoient pris ſi lâchement la fuite, il les diſpoſa tous à donner le lendemain un aſſaut à la ville, faiſant en même temps préparer les machines pour favoriſer leur attaque. Mais Philippe qui étoit dans Meſſine prévoyant ce qui devoit arriver, obligea les habitans à envoyer des députés à Richard pour excuſer ce qui s'étoit fait, & pour moyenner un accommodement proviſionnel avec lui, en attendant la venue de Tancrede, qui étoit allé d'un autre côté s'oppoſer aux entrepriſes de la reine Conſtance. Il joignit ſes députés à ceux de Meſſine, & donna cette commiſſion aux plus grands ſeigneurs de ſa ſuite. Ainſi cette troupe étant ſortie de bon matin, vint trouver Richard dans ſa tente qui ſe préparoit pour l'aſſaut. Ils ſuſpendirent ſa réſolution, & il entra en conférence avec eux. On étoit déja d'accord ſur les principaux articles, lorſqu'on vit paroître un gros de cavalerie, qui s'étant caché derriere une hauteur qui en déroboit la vue, venoit fondre ſur la tente où ſe tenoit la conférence, pour tuer ou enlever le roi Richard. Ce prince rompt auſſitôt l'aſſemblée, court aux armes, & fait ſonner la charge. Comme il avoit fait tenir ſes troupes prêtes pour attaquer la ville, il ſe trouva en état non-ſeulement de repouſſer les ennemis, qu'il rechaſſa dans leurs murailles, mais encore d'y entrer pêle-mêle avec eux, nonobſtant la réſiſtance des Meſſinois qui étoient ſur le rempart, & des François qui ſe joignirent avec eux. Philippe approuvoit cette jonction : ne pouvant, diſoit-il, ſouffrir la priſe d'une ville qui l'avoit reçu dans ſon enceinte avec ſon armée, & dont il croyoit que le droit d'hoſpitalité l'obligeoit de prendre la défenſe contre Richard qu'il accuſoit de l'avoir violé. Mais ſa jalouſie le faiſoit parler de la ſorte ; car la perfidie des Meſſinois ne méritoit pas un autre traitement. Cette jalouſie parut ſur-tout, lorſque Richard fit arborer la banniere d'Angleterre ſur les murailles de la ville : Philippe regardant cette action comme une entrepriſe de Richard qui faiſoit le ſouverain en ſa préſence. Il fallut pourtant qu'il diſſimulât, & qu'il ſouffrît que le conquérant uſant de ſes droits dans toute leur étendue, ſe fît prêter le ſerment de fidélité par ceux de Meſſine, & donner des ôtages pour la garantie du traité.

XXII. Mais Tancrede étant arrivé trois jours après cet accord, il en obtint un plus avantageux de Richard, qui étoit plus avide de gloire que de royaumes. Il ſe contenta pour toutes ſes prétentions de quarante mille onces d'or, dont il y en eut même vingt mille pour le mariage de la fille de Tancrede, qu'il promit de donner au jeune Artus duc de Bretagne neveu de Richard. Cet accord fait à l'inſçu de Philippe, lui déplut: de ſorte qu'il n'attendoit que le printemps pour ſe rembarquer ſur ſa flotte, & pour achever ſon voyage. Pendant le ſéjour que l'hyver l'obligea de faire en Sicile, il arrivoit tout les jours de nouveaux ſujets de méſintelligence en lui & Richard, dont le dernier fut tel, qu'ils n'eurent plus à l'avenir que de la haine l'un pour l'autre, quelque réconciliation qu'ils affectaſſent pour cacher leurs véritables ſentimens.

XXIII. Avant que de parler de cette derniere rupture, je ne puis ſupprimer une querelle qu'un jeu fit naître entre le roi d'Angleterre, & Guillaume Desbarres, ce brave cavalier qu'il avoit fait priſonnier de guerre, & à qui il avoit rendu la liberté, pour lui témoigner l'eſtime qu'il faiſoit de ſon courage. Un jour que Richard ſe promenoit à cheval dans les rues de Meſſine, accompagné non seulement des seigneurs de sa cour, mais aussi de plusieurs de celle de Philippe, & de Desbarres entre les autres, un paysan passa chassant un âne chargé de cannes. Le roi en prit une, & ceux de sa suite à son exemple firent la même chose. Le jeu des cannes étoit alors en usage, & dura long-temps depuis. C'étoit un combat semblable à celui de la lance, les deux tenants courant l'un contre l'autre, & rompant leurs cannes au milieu de la carriere. Le roi s'adressant à Desbarres, voulut qu'il courût contre lui : les cannes se briserent dans leurs mains; mais un éclat de celle de Desbarres donna contre le chapeau du roi, qui ne pût s'empêcher d'en être irrité. Il revint avec le tronçon de sa canne, tâchant de faire vuider les arçons à Desbarres, qui se tint si ferme, qu'il n'en put venir à bout. Au contraire la selle du cheval du roi ayant tourné, il fut obligé de mettre pied à terre : & croyant qu'il y alloit de son honneur de voir encore Desbarres à cheval pendant qu'il étoit à pied, il retourna sur lui, & fit tout ses efforts pour le porter par terre, sans qu'il y pût réussir. Alors un seigneur Anglois s'étant approché pour lui aider, « Retirez-vous, lui dit le roi, je n'ai » pas besoin de second. Un contre un, ce sont » les loix du combat, & je ne veux point de » supercherie ». Cependant ayant eu dans cet intervalle

intervalle le temps de revenir de son ardeur, il reconnut qu'il s'étoit commis mal-à-propos, & regardant Desbarres avec chagrin : « Otez-vous, » lui dit-il, de devant moi, & que je ne vous » voie jamais ». Desbarres reconnut à son tour qu'il en avoit trop fait, se retira auprès de Philippe, qui eut bien de la peine à faire sa paix avec Richard, & qui employa pour cela ses prieres & celles de tous les seigneurs de sa cour pendant plusieurs jours.

XXIV. Si cet exemple nous apprend qu'il est dangereux de se jouer avec son maître, il nous apprend aussi que l'amour-propre regne dans toutes nos actions. Desbarres dans une conjoncture plus importante avoit hazardé sa réputation pour témoigner sa reconnoissance à Richard, parce qu'il se dédommageoit d'une gloire par une autre : dans celle-ci qui n'est qu'un badinage, sa vanité l'empêche de lui céder. D'autre côté Richard avoit pardonné à Desbarres ce qu'il avoit fait contre lui dans un combat à outrance, parce qu'il l'avoit vaincu : & il ne peut lui pardonner ce qu'il a fait dans un jeu, parce qu'il le regarde comme son vainqueur.

XXV. Pendant qu'on passoit ainsi le temps en Sicile, la reine Eléonor y arriva, venant de Navarre. Il faut dire le sujet de son voyage. La mort du roi son mari n'avoit pas été capable

Q

d'éteindre dans son cœur le desir de se venger des injures qu'elle en avoit reçues : & ne pouvant l'en punir lui-même, elle chercha les moyens d'en punir ses rivales. Elle mit dans ce rang la princesse Alix, sans examiner si ses soupçons étoient mal-fondés. Cette jeune princesse devoit, comme je l'ai dit, épouser Richard, à qui elle avoit été fiancée n'étant encore qu'un enfant ; & en attendant qu'elle eût atteint l'âge propre à accomplir ce mariage, elle avoit été conduite en Angleterre, & mise en la garde de son beau-pere. J'ai déja remarqué les délais qu'Henri avoit pris dans la suite pour n'en point venir là, & j'ai rapporté les bruits vrais ou faux qui en avoient couru parmi le peuple, toujours prêt à juger mal des actions du prince. Quoi qu'il en soit, on rapporta à la reine Eléonor dans sa prison, qu'Henri avoit dessein de la répudier, & qu'il s'en étoit ouvert avec le légat du pape qui étoit alors à Londres, afin d'épouser ensuite la princesse Alix. La crainte qu'elle en eut lui fit haïr mortellement cette princesse ; & lorsqu'elle fut en état de s'en venger, elle porta les choses à l'extrémité. Comme elle avoit tout pouvoir sur l'esprit de Richard, elle tâcha de le dégoûter de ce mariage, en lui donnant des soupçons de la conduite que son pere avoit tenue avec cette jeune princesse ; & voyant que ses soupçons ne suffisoient pas, elle ajouta qu'Henri l'avoit violée, & qu'il en avoit eu un fils. Enfin craignant que les charmes d'une si belle princesse ne prévalussent dans le cœur de Richard sur ses paroles, elle se hâta de le marier avec une autre. C'est pour cela qu'elle étoit allée à la cour du roi de Navarre, voulant faire le mariage de la princesse Berengere, avec Richard, dont elle avoit obtenu la permission, avant qu'il partit d'Angleterre, de négocier ce traité. Il ne lui fut pas difficile d'en venir à bout, ayant autant d'habileté qu'elle en avoit, & le parti paroissant d'ailleurs au Navarrois aussi avantageux qu'il l'étoit effectivement. Elle amena donc la princesse de Navarre avec elle, & vint descendre à Messine un peu avant le temps que Philippe en devoit partir.

XXVI. La mésintelligence s'augmentoit tous les jours entre lui & Richard, qui refusoit de le suivre sous divers prétextes. Quelques-uns disent qu'il avoit été gagné par Saladin, qui ayant été amoureux de la mere, vouloit faire amitié avec le fils, à qui il envoya faire des offres fort avantageuses. Mais il y a peu d'apparence à cela, & il ne faut point chercher d'autre cause du refus de Richard, que l'aversion qu'ils avoient prise Philippe & lui l'un pour l'autre, & que la venue de la princesse de Navarre, que Richard attendoit tous les jours. L'arrivée de la reine Eléonor n'aida pas à raccommoder ces deux princes. Mais rien ne les brouilla plus irréconciliablement que l'action de Tancrede. Ce prince artificieux avoit au commencement pris le parti de Philippe, dont il croyoit avoir befoin contre Richard : mais s'étant depuis raccommodé avec ce dernier, & étant devenu fon allié par le mariage de fa fille avec le prince Artus, il lui découvrit toutes les intrigues que Philippe avoit employées pour le perdre. Il lui dit que c'étoit lui qui avoit foulevé ceux de Meffine, & qu'il n'avoit ménagé la conférence, pendant laquelle il faillit à être furpris, que pour le faire affaffiner. Et voyant que Richard n'étoit pas bien perfuadé de ce qu'il lui difoit, il lui mit entre les mains des lettres, par lefquelles Philippe l'exhortoit de joindre fes forces aux fiennes pour faire périr un prince ambitieux, qui n'étoit venu en Sicile que pour en ufurper le royaume. Ces lettres étoient fcellées du fceau de Philippe ; & Tancrede ajouta qu'elles lui avoient été rendues par le duc de Bourgogne, qu'il obligeroit de le reconnoître, fi Richard demandoit encore cet éclairciffement.

XXVII. Au recit de Tancrede, & à la vue des lettres de Philippe, Richard fut faifi d'une colere qu'il feroit difficile d'exprimer. Comme il étoit violent, il ne tarda à en faire des reproches à Philippe, que le temps qu'il lui fallut pour passer dans son appartement : & l'abordant avec un visage furieux, « Vous m'avez voulu perdre, » lui dit-il, mais vous n'avez pu en venir à bout. » Je renonce à votre amitié & à votre alliance. » Je vous rends votre sœur, & j'épouse la prin- » cesse de Navarre ». Philippe surpris d'un abord si brusque & d'un discours si offensant, supprima son ressentiment, & se mit en état de se justifier. Mais Richard continuant sans l'écouter : « Quand » vous ne m'auriez pas donné lieu, dit-il, par » votre procédé de rompre avec vous, je ne » pourrois épouser votre sœur, parce que mon » pere l'a violée ». Il acheva ce discours en quittant Philippe, que ces dernieres paroles jetterent dans un grand étonnement.

XXVIII. Les esprits étant ainsi irrités, le voyage de la Terre-Sainte alloit être rompu ; Richard y renonçant ; & Philippe appréhendant après cet éclat d'y aller seul, & d'abandonner son royaume à la fureur de l'Anglois. Mais les seigneurs qui s'étoient croisés avec eux s'entremirent de leur accommodement, & les réunirent, du moins en apparence. Philippe protesta que tout ce qu'avoit dit Tancrede étoit faux, aussi-bien que les lettres qu'il avoit fait voir à Richard. Et d'autre côté Richard assura qu'il auroit épousé la princesse Alix, s'il n'avoit eu peur de commettre un inceste ; & promit de rendre le Vexin, qui étoit la dot de cette princeſſe. Enſuite ils renouvellerent leur traité pour le voyage de la Terre-Sainte, & ſe promirent une amitié réciproque ; plus ſans doute de la bouche que du cœur. Philippe s'embarqua le premier. Richard s'excuſant ſur ſon mariage, qu'il vouloit accomplir avant ſon départ avec la princeſſe Berengere, ne partit que quelques jours après. Il mena avec lui ſa nouvelle épouſe, que la reine Jeanne ſa ſœur accompagnoit. Mais la reine Eléonor ſa mere s'en retourna en Angleterre, ravie de s'être vengée des infidélités de ſon mari aux dépens de ſa rivale & de la cour de France.

XXIX. Le deſſein des deux rois étoit de débarquer près du camp des chrétiens qui aſſiégeoient la ville d'Acre ; & Philippe y aborda heureuſement vingt-deux jours après ſon départ de Meſſine. Mais avant que de voir ce qui ſe paſſa à l'arrivée de ces deux flottes, il faut ſuivre celle de Richard, que la tempête écarta de ſa route pour le mener à la conquête de l'île de Cypre. Telle étoit la valeur de ce prince, que tout plioit ſous ſes armes ; & ſon bonheur ſi grand, que les tempêtes qui cauſent le naufrage des autres, ſervoient à lui faire gagner des royaumes.

XXX. Il mit à la voile au commencement d'avril, quinze jours après le départ de Philippe, ayant fait prendre le devant à la reine ſa femme ;

& à la reine sa sœur, avec une escadre qui les escortoit. Un orage violent les surprit au milieu de leur route, & porta cette escadre sur les côtes de Cypre. Ils jetterent l'ancre, & les deux reines envoyerent demander permission au prince de cette île de prendre terre, & de se rafraîchir quelques jours à Limisso : leurs navires qui se tenoient à la rade n'osant entrer dans le port sans son congé. Ce prince brutal & cruel ne le voulut pas souffrir : & bien loin d'être touché de compassion pour deux princesses qu'il voyoit exposées à la merci des flots, & du vent qui étoit toujours fort impétueux, il prit plaisir à regarder du rivage le navire, où elles étoient, battu de l'orage, & prêt à tout moment de couler à fond, ou à se venir briser contre les rochers. Trois vaisseaux de cette escadre avoient été poussés dans le port par la violence du vent. Mais ils n'y furent pas plutôt arrivés, que les hommes furent pris, dépouillés & jettés dans des cachots. Cependant Richard que la tempête avoit obligé de relacher en Candie, & ensuite à Rhodes, ayant été averti du péril où étoient les reines, & toute l'escadre qui les conduisoit, fit mettre aussitôt à la voile, & parut bien à propos pour leur délivrance. Il envoya premierement demander au prince de Cypre la liberté de ceux qu'il avoit fait mettre en prison, avec la restitution de tout ce qu'on leur avoit pris, & une pleine satisfaction des indignités faites aux deux reines. Mais il en reçut une réponse telle qu'on la pouvoit attendre d'un homme si farouche. Il renvoya les députés de Richard en les chargeant d'injures, & en menaçant leur maître d'un traitement pareil à celui qu'il faisoit souffrir aux prisonniers dont on lui demandoit la liberté.

XXXI. Ce prince féroce, qui s'appelloit Isaac, étoit de la famille impériale des Comnenes, du côté de sa mere. L'empereur Andronic lui avoit donné le gouvernement de Cypre, qui étoit alors de la dépendance de cet empire. Mais Isaac se rendit absolu, & prit non-seulement le titre de roi, mais même celui d'empereur après avoir défait les troupes d'Isaac l'Ange, le successeur & le meurtrier d'Andronic. C'étoit un monstre de cruauté & d'avarice, qui n'épargnoit non plus ses sujets que les étrangers, pillant également les uns & les autres : lâche au reste & perfide, & qui n'avoit remporté la victoire sur l'armée de l'empereur Isaac l'Ange, que par le secours du roi de Sicile, qui lui avoit envoyé son amiral avec son armée navale.

XXXII. Richard ayant oui le rapport de ses députés, range sa flotte, & se prépare à la descente. On s'approche de terre aussi près qu'on peut sans se mettre en danger d'échouer ; & les navires ayant jetté l'ancre, on dispose les chaloupes pour porter les soldats à terre. Richard se mit dans la premiere, & sautant aussi le premier sur le rivage, il donna l'épée à la main sur les ennemis qui l'attendoient rangés en bataille, avec tant de furie, qu'il les mit en fuite, après en avoir fait un grand carnage. La nuit l'empêcha de les poursuivre, craignant de s'engager dans des chemins inconnus, & de tomber dans quelque embuscade : mais il envoya ses espions, qui s'étant mêlés parmi les Cypriots à la faveur de la nuit, ne revinrent au camp qu'après avoir sçu leur résolution. Ils rapporterent que leur dessein étoit de revenir le lendemain matin à la charge, & que le roi de Cypre qui les avoit ralliés derriere les montagnes, leur avoit ordonné de prendre un peu de repos, afin d'être en état de combatre aussitôt qu'on verroit le jour. Richard ayant entendu ce rapport, résolut de prévenir les ennemis, & de les surprendre dans leur sommeil. Il donna donc promptement ses ordres, & l'on marcha sans bruit sous la conduite des espions. Ils menerent l'armée dans le poste où les Cypriots s'étoient retirés, sans avoir pourvu à leur sûreté ; ne croyant pas que des troupes qui ne connoissoient point le païs, voulussent s'engager dans les défilés des montagnes pendant les ténèbres : de sorte qu'ils n'avoient pas même songé à poser des sentinelles pour empêcher les surprises. Ils ne s'apperçurent donc de l'arrivée des Anglois que par les cris que firent les premiers qu'on passa au fil de l'épée ; & s'éveillant à ce bruit, ils ne songerent qu'à prendre la fuite. Leur roi lui-même se jetta en dèshabillé & à demi-nud sur son cheval, abandonnant son étendart, qui étoit d'un tissu d'or & de soie, plus propre pour un jour de fête que pour un jour de combat, & toutes les richesses qui étoient dans sa tente. Cette victoire fit mettre les armes bas à tous les Cypriots : & le roi s'en voyant abandonné vint demander pardon à Richard avec autant de bassesse, qu'il avoit témoigné de fierté auparavant ; acceptant toutes les conditions qu'il plût au vainqueur de lui imposer. Il se fit son vassal, rendit le royaume de Cypre tributaire de la couronne d'Angleterre, & s'obligea de payer vingt mille marcs d'or pour dédommager ceux qu'on avoit pillés & emprisonnés ; de donner sa fille unique en mariage au gendre que Richard voudroit choisir ; de le suivre en la Terre-Sainte, & de lui livrer les principales places de l'île pour garantie de cet accord. Il est vrai qu'il se repentit dès le lendemain d'un si honteux traité, & qu'il s'enfuit de Limisso, dans la résolution d'amasser des forces capables de chasser les Anglois, & de se rétablir dans

Clémence de Richard envers les vaincus.

fa premiere dignité. Mais Richard le pourfuivit avec tant de diligence par mer & par terre, qu'en moins de trois femaines il fe vit maître de toutes les places, dont les Cypriots, qui avoient ce tyran en horreur, lui ouvroient les portes auffi-tôt qu'il paroiffoit. Il avoit mis la princeffe fa fille dans la fortereffe de Chérin, une des meilleures places de l'île, & s'étoit retiré dans un château bâti fur la pointe d'un rochet inacceffible. Richard s'étant approché de Chérin n'eut pas befoin d'en former le fiege : la princeffe en fit ouvrir les portes, & le fut recevoir fur le pont-levis qu'elle fit abaiffer, fe jettant à fes pieds, & implorant fa clémence. Le roi la releva, la traitant fort civilement, & l'envoya à Limiffo, où elle fut logée avec les reines, & n'eut point d'autre table que la leur. On dit que Richard la trouvant plus belle & plus galante que la reine, en devint amoureux : & on lui donne encore d'autres maîtreffes, dont on ne dit ni le nom ni les avantures. La reddition de Chérin & la captivité de la princeffe fit changer à fon pere de réfolution : de forte qu'il vint lui-même peu de jours après fe foumettre à la miféricorde de Richard. Comme il fçavoit bien qu'en violant le traité qu'il avoit fait, il en étoit déchu, il n'ofa en demander l'exécution. Il fe contenta d'avoir la vie, fans retenir aucunes marques de la souveraineté. Il pria seulement Richard de ne le point mettre dans les fers, parce qu'il ne pourroit, disoit-il, souffrir cette indignité sans mourir. Il obtint ce qu'il demandoit; & Richard l'ayant fait lier de chaînes d'argent, l'envoya prisonnier à Tripoli; digne par sa lâcheté de la raillerie du vainqueur.

XXXIII. Voilà comment Richard se vit roi de Cypre, ayant conquis cette île en moins de temps qu'il n'en faudroit à un autre pour en faire le tour. C'est une des plus grandes & des plus belles de la Méditerranée. Elle contient plus de cent vingt lieues dans sa forme triangulaire, & s'étend entre la mer de Cilicie qu'elle a au septentrion, celle d'Egypte au midy, celle de Pamphylie au couchant, & celle de Syrie à l'orient. Sa beauté la fit consacrer sous le paganisme à Vénus, & c'est là qu'étoit la fameuse ville de Paphos & d'Amathonte, où cette déesse de la volupté avoit des temples magnifiques.

XXXIV. Dans le temps de cette conquête, Guy de Lusignan, roi de Jérusalem, son frere Geoffroy, le prince d'Antioche, & le comte de Tripoli arriverent en Cypre pour hâter le voyage de Richard. Ils vouloient le mettre dans leur parti contre le marquis de Montferrat qui s'étoit rendu maître de la ville de Tyr, après l'avoir défendue contre les armes de Saladin, de la maniere que je l'ai rapporté, & qui se voyant appuyé du roi de France, prétendoit encore au royaume de Jérusalem. Richard leur fit un accueil favorable, & leur ayant promis son assistance, il disposa toutes choses pour son départ : mais il voulut auparavant faire couronner à Limisso la reine Berengere sa femme, reine d'Angleterre & de Cypre. Il reçut aussi des Cypriots le don gratuit qu'ils lui firent, de leur pur mouvement, de la moitié de leurs biens, pour obtenir la confirmation des anciens privileges dont ils avoient joui sous les empereurs de Constantinople : ce que Richard leur accorda, & leur en fit expédier des lettres scellées de son sceau. Il laissa la garde de sa nouvelle conquête au sénéchal d'Anjou, & s'embarqua sur sa flotte avec le roi de Jérusalem & les autres princes d'Orient. La reine sa femme, la reine sa sœur, & la princesse de Cypre étoient parties un peu auparavant. Il avoit dessein d'aborder à Tyr, & peut-être de se saisir de la ville, afin de la mettre entre les mains de Guy de Lusignan, qui prétendoit en être le seigneur naturel; mais on lui ferma le port, & il ne voulut pas y entrer de vive force, de peur de s'engager dans une guerre qui auroit mis de la division entre les Chrétiens, & ruiné le siege d'Acre. Il se fit pourtant porter à terre, & ayant fait dresser sa tente sur le rivage, il y passa la nuit, se rembarquant le lendemain matin pour continuer son voyage. Il n'étoit pas loin d'Acre, lorsqu'il découvrit un vaisseau d'une grandeur prodigieuse qui avoit arboré le pavillon de France. Il l'envoya reconnoître; & le capitaine ayant répondu que c'étoit un vaisseau François qui alloit joindre l'armée navale devant Acre, Richard qui sçavoit bien que Philippe n'avoit point de si grands navires, se douta de l'artifice, & commanda aux capitaines de son escadre de s'en rendre maîtres, & de l'amener. Cette prise n'étoit pas facile. La hauteur extraordinaire du vaisseau ne permettoit pas aux galiottes de l'accrocher; & quinze cents soldats d'élite qui étoient dedans faisoient pleuvoir une infinité de flèches de dessus le tillac, & en défendoient l'abordage avec beaucoup de résolution. Il fut pourtant attaqué par tant d'endroits, & il reçut tant de coups de pointe des éperons des galiottes, qu'il s'entrouvrit & coula à fond. Tous les soldats & les matelots qui étoient dessus, après avoir jetté leurs armes & leurs feux d'artifice dans la mer, s'y jetterent eux-mêmes, tâchant de se sauver à la nage. Mais ils furent tous ou tués, ou noyés, à la réserve de deux cents des principaux, que Richard épargna pour les échanger contre autant de Chrétiens. Il sçût de ces prisonniers, que c'étoit un navire chargé d'armes, de vivres & de soldats, que Saladin envoyoit à ceux d'Acre: de sorte que cette prise fut considérable; & que Richard arrivant le lendemain avec sa flotte, on regarda son entrée dans le camp comme un triomphe. On entendoit de tous côtés le bruit des trompettes, & les cris d'allegresse que poussoient en l'air les soldats de l'armée de Richard, & ceux du camp qui leur répondoient; & ce prince qui venoit de conquérir un royaume, & de défaire le secours que Saladin envoyoit aux assiégés, attiroit sur lui les yeux de tout le monde.

XXXV. Il y avoit trois ans que la ville d'Acre, qu'on nomme aussi Ptolémaïs, parce que ce fut un Ptolomée, roi d'Egypte qui en fut le fondateur ou le restaurateur, étoit assiégée par les Chrétiens, dont l'armée se trouva forte de trois cents mille hommes par l'arrivée de Richard. Elle avoit été prise au temps de la premiere croisade, par Baudouin, premier du nom, roi de Jérusalem. Saladin l'avoit reprise après la conquête de la Galilée; & Guy de Lusignan y avoir mis le siege bientôt après, n'ayant au commencement que sept mille hommes devant la place. Le mépris que les Sarrasins firent de ce petit nombre, les laissant en repos dans leur camp, donna lieu aux Chrétiens de s'y fortifier; & leurs armées grossissant tous les jours par les secours qui leur venoient de tous côtés, ils se trouverent en état de faire un siège régulier, & de battre vigoureusement la place. Mais comme elle étoit bien fortifiée, qu'elle étoit défendue par une grosse garnison, & que Saladin y jettoit de temps en temps des troupes & des vivres, le siege fut long & meurtrier. Cette place située dans la Phénicie entre Tripoli, Tyr & Antioche, qui restoient aux Chrétiens, leur étoit extrêmement importante. Elle ne l'étoit pas moins aux Turcs pour assurer la conquête de Jérusalem, & pour avoir un passage commode de l'Egypte, dont ils étoient les maîtres, dans la Syrie & dans la Phénicie, d'où ils vouloient chasser les Chrétiens. Ainsi les uns & les autres employoient toutes leurs forces pour la prise ou pour la défense d'une ville si considérable. Mais il étoit temps que le secours vînt aux assiégeans, dont l'armée dépérissoit chaque jour par la famine, par les maladies & par les fréquentes attaques de Saladin. L'arrivée de Philippe les avoit d'abord encouragés : mais le manque de vivres les rejetta bientôt après dans la consternation. Richard releva leurs courages abbatus, en leur amenant des vivres & des troupes, & les rassura encore plus par sa présence.

XXXVI.

XXXVI. Aussi-tôt qu'il fut arrivé, il fit distribuer aux soldats de Philippe & des autres croisés les vivres qu'il avoit fait charger en Cypre. Les Génois & les Pisans l'étant venu trouver pour lui prêter serment, il ne voulut le recevoir que des derniers, & renvoya les autres qui l'avoient prêté à Philippe. Il fit ensuite dresser de nouvelles batteries, ayant fait apporter sur ses vaisseaux des machines qui jettoient des pierres d'une grosseur prodigieuse avec tant de violence, que rien ne leur pouvoit résister. Elles firent en peu de temps un furieux fracas, brisant les maisons & renversant le rempart; & s'il y eût eu plus d'union qu'il n'y en avoit entre les deux chefs, la ville eût été bientôt prise. Mais leur division en retarda la conquête encore quelque temps, & faillit à faire périr toute l'armée. Deux choses principalement causoient cette mésintelligence; la jalousie qu'avoit Philippe de voir que le cœur des soldats se tournoit tout entier du côté de Richard, à qui ils donnoient la gloire de tout; & les différends de Guy de Lusignan, roi de Jérusalem, & de Conrad, marquis de Monferrat, dont le premier étoit soutenu par Richard, & l'autre par Philippe. De sorte que les croisés se partageant entre ces deux rois, les chevaliers du Temple, les Génois & les Allemands se déclarerent pour Philippe. Les

R

chevaliers de l'ordre de S. Jean, les Pifans, & même quelques François, prirent le parti de Richard. Le comte de Champagne fut de ce nombre, étant également allié de l'un & de l'autre, comme fils de la princeffe Alix, fortie du mariage de Louis VII, pere de Philippe, avec Eléonor, mere de Richard.

XXXVII. Ces brouilleries donnerent lieu à une prétention de Philippe, qu'il n'auroit pas formée dans un autre temps. Leur traité pour le voyage de la Terre-Sainte portoit, qu'ils en partageroient toutes les conquêtes. Philippe demanda, fuivant cet article, la moitié du royaume de Cypre que Richard venoit de conquérir. Richard s'en défendit, & fit voir que leur accord ne s'entendoit que des prifes qu'ils feroient fur les infideles leurs ennemis communs, & non d'une conquête faite fur un prince Chrétien, qui l'avoit obligé à prendre les armes pour venger fes injures particulieres. A quoi il ajoutoit que fi ce partage étoit général, & qu'il comprit tout le gain qu'ils pourroient faire pendant leur voyage, il demandoit donc auffi à Philippe la moitié de la fucceffion du comte de Flandre qui venoit de mourir dans le camp; offrant de partager l'île de Cypre avec Philippe, fi Philippe vouloit partager la comté de Flandre avec lui. On trouva cependant moyen d'accommoder ces différends. Le premier qui fut réglé fut celui des deux rois. L'île de Cypre demeura toute entiere à Richard, & ils renouvellerent leur traité pour le partage des conquêtes qu'ils feroient sur les Sarrasins. La contestation entre Guy de Lusignan & Conrad fut terminée ensuite. Le royaume de Jérusalem demeura au premier, nonobstant la mort de la reine Sibile sa femme, sans en avoir laissé d'enfans ; & la ville de Tyr au second, qui devoit aussi hériter du royaume de Jérusalem après la mort de Guy de Lusignan, parce qu'il avoit épousé la sœur de la reine Sibile. Je crois qu'il me sera permis de m'arrêter un moment sur ces divisions des croisés, & de faire remarquer qu'il y avoit moins de zèle que d'ambition dans les voyages qu'ils faisoient en Asie. Il sembloit, lorsqu'ils partoient de l'Europe, qu'ils n'eussent pour but que la gloire du Christianisme ; mais ils n'étoient pas plutôt arrivés, que ne pensant qu'à leur profit particulier, ils se quérelloient pour la division des pays qu'ils n'avoient pas encore conquis. Il ne faut donc pas s'étonner si Dieu, qui ne peut souffrir que les hommes fassent servir sa gloire à leur vanité, renversa les desseins des croisés, & si tant de vaillans princes à la tête de leurs nombreuses armées n'en remporterent que de la confusion.

XXXVIII. Le Sultan avec une armée confidérable avoit fort incommodé les Chrétiens pendant tout le fiége, attaquant leurs lignes de temps en temps, & jettant fouvent du fecours dans la place. Mais comme il n'étoit pas moins habile que vaillant, il attendoit que la divifion, qu'il fçavoit être dans le camp, fît périr les affiégeans fans qu'il hazardât la bataille, ou que la faim les contraignît de fe retirer. Il fe contentoit donc de leur couper les vivres par terre, efpérant que l'hiver qui approchoit les empêcheroit bientôt d'en recevoir par mer. Il tâchoit en même-temps d'amufer les deux rois par des offres qu'il leur faifoit de leur abandonner nonfeulement Ptolemaïs, mais encore Jérufalem & toute la Phénicie, s'ils vouloient lui prêter une partie de leurs troupes pour aller contre les fils de Noradin qui venoient de lui enlever la Méfopotamie. Il accompagnoit ces offres de préfens qu'il leur envoyoit des plus excellens fruits de Damas, qui furpaffent autant en bonté ceux du refte de l'Afie, que les fruits de l'Afie furpaffent ceux de l'Europe : & les deux rois répondant à fes civilités, lui renvoyoient toutes fortes de régales & de rafraîchiffemens de leur camp. Cependant on continuoit toujours le fiége ; & la réconciliation ayant été faite entre les princes Chrétiens de la maniere que je viens de le dire, on ne penfa plus qu'à attaquer fi vivement la place, qu'on la pût emporter, sans se laisser tromper par des négociations qu'on voyoit bien que Saladin n'entretenoit que pour gagner du temps.

XXXIX. Ce fut dans une de ces attaques que Léopold, duc d'Autriche, qui commandoit les Allemands, arbora son étendart sur le haut de la tour dont il s'étoit emparé, & que cet étendart fut renversé dans la bouë, soit par accident, ou par le commandement de Richard. Il attaquoit la place dans le même temps par un autre endroit, & l'on dit qu'il ne put souffrir cette action, par laquelle un simple général se mettoit en concurrence avec lui; injure que Leopold vengea depuis sévérement. La ville alloit être emportée de vive force par cette attaque, Richard étant prêt d'y entrer de son côté, lorsque les assiégés demandèrent à capituler. Les historiens disent que cet assaut fut donné sur les avis d'un Chrétien, qui les avoit informés de l'état de la place par des lettres attachées à des flèches qu'il leur tiroit du haut du rempart en se mêlant avec les Sarrasins. Ils ajoutent que ces avis parvinrent sûrement au camp par la vertu de ces paroles sacrées : « Au nom du Pere, du » Fils & du Saint-Esprit », que ce Chrétien mettoit à la tête de ses lettres. Il y a bien de l'apparence que c'est un conte des historiens de ce temps-là, qui faifoient venir la religion par tout, ou un ftratagême des chefs, pour encourager les foldats par cette fuperftition. Ce qui le fait croire, c'eft que lorfque la ville fut prife, on ne put jamais trouver ce Chrétien, quelque recherche qu'on en fît.

XL. Quoi qu'il en foit, les Turcs fe rendirent à ces conditions : qu'ils abandonneroient la ville aux Chrétiens avec l'or, l'argent, les armes & les provifions qui y étoient, fans en rien emporter : qu'ils obligeroient Saladin à délivrer dans quarante jours quinze cent Chrétiens, que les deux rois choifiroient fur tous les prifonniers du Sultan; à rendre la croix, qu'il avoit prife fur les Chrétiens dans la bataille de Tibériade, qu'on difoit être la vraie croix ; & à payer deux cent mille befans, qui étoient des pieces d'or ainfi nommées de l'ancien nom de Conftantinople [1], où elles étoient fabriquées. Pour la fûreté du traité ils donnerent deux mille ôtages, entre lefquels étoient les principaux commandans, qu'on nommoit Emirs. Les deux rois prirent enfuite poffeffion de la ville, & partagerent fuivant leur accord tout ce qui s'y trouva de richeffes & de munitions, & même les ôtages fans en faire part aux autres chefs. Il faut avouer que cette diftribution n'étoit pas équitable, & qu'il n'étoit pas jufte d'en exclure les autres croifés,

[1] On l'appella premierement Bifance.

principalement les Allemands, qui de cent cinquante mille hommes qu'ils étoient au commencement du siége, se trouvoient alors réduits à cinq mille. Ils avoient encore perdu leur empereur Frédéric, surnommé BARBEROUSSE, l'un des plus grands princes de l'Europe, qui mourut pour s'être baigné dans le Cydnus, ou plutôt pour y avoir été renversé par son cheval, qui s'abattit sous lui, fleuve fatal aux Héros, Alexandre ayant failli à y laisser la vie, & Frédéric y étant mort, comme on le retiroit hors de l'eau. Son fils de même nom que lui mourut aussi de maladie au siége. De sorte que ceux qui restoient, que commandoit le duc d'Autriche, méritoient bien qu'on leur fît quelque part des dépouilles. Mais ni eux ni les autres n'en profiterent point, quoiqu'ils représentassent leur droit aux deux rois, qui se contenterent de leur donner des paroles, sans en venir aux effets. Il est vrai que bientôt après Richard répara cette injustice par une libéralité royale. Ayant vu que la plûpart n'avoient ni argent ni équipage, & que quelques-uns même étoient sans armes & sans habits, il leur ouvrit son trésor, & leur distribua des sommes considérables. Le duc Léopold y eut plus de part que les autres, quoique dans la suite il se montrât moins sensible à cette libéralité, qu'à l'injure qu'il croyoit avoir reçue.

XLI. Quelques jours après la prise de la ville, les deux rois y trouverent peu de vivres, & craignant d'en manquer, firent marcher leurs troupes divisées en deux corps, pour enlever tout ce qu'ils trouveroient de provisions dans le pays : Philippe allant d'un côté, & Richard de l'autre, dans une distance telle qu'ils pouvoient s'entre-secourir en cas d'attaque. Mais le premier ayant trouvé sur son passage un château où il y avoit une forte garnison de Turcs, au lieu de prendre à côté, comme avoit fait Richard, il voulut emporter cette forteresse, qui fit plus de résistance qu'il n'avoit pensé. Cependant Richard le voyant trop éloigné, & appréhendant que Saladin ne se jettât entre lui & Philippe, il retourna sur ses pas pour lui aider à prendre le château. Mais il le trouva décampé, soit parce qu'il ne voulut point consumer le temps devant cette bicoque, ou qu'il ne voulut point avoir le chagrin de la voir prendre par Richard, qui l'avoit averti de sa marche. Richard cependant ayant investi le château, fait monter à l'assaut. Les ennemis l'attendoient avec tant de résolution, qu'ils avoient fait ouvrir les portes, ne laissant néanmoins qu'autant d'ouverture qu'il en faut pour le passage d'un homme à cheval. Ce prince s'y jetta l'épée à la main, & fans prendre garde s'il étoit fuivi, il entra dans la place, tuant à droite & à gauche tout ce qui fe préfentoit devant lui. Un moment après on entendit crier : « le roi eft mort ». Alors les Anglois tous furieux font des efforts extraordinaires, renverferent ceux qui leur difputoient le paffage, entrent dans la forterefse, & trouvent le roi à pied, fon cheval ayant été tué fous lui. En cet état il ne laiffoit pas d'être formidable aux Turcs, & fe défendoit feul contre toute la garnifon, qui ofoit à peine en approcher. Les Anglois fe rangerent autour de lui, & taillerent les ennemis en pièces, n'en épargnant que trois des principaux, que Richard envoya à Philippe. Il le joignit lui-même, après avoir fait démolir le château, & ils retournerent à Ptolomaïs, faifant conduire fur des chariots les grains qu'ils avoient amaffés.

XLII. Leur entrée dans la ville fut un nouveau triomphe pour Richard, & un nouveau fujet de jaloufie pour Philippe, qui ne pouvant plus fouffrir la préférence qu'on donnoit à fon rival, réfolut de s'en retourner en France. Richard lui propofa de renouveller leur traité pour trois ans, afin d'achever la défaite des infideles; mais il n'y voulut point entendre, s'excufant fur fa fanté, qui ne lui permettoit pas de faire un plus long féjour dans un climat dont l'air lui étoit mortel.

Il est vrai qu'il avoit failli à mourir d'une maladie qui lui avoit fait tomber les ongles, les cheveux & la peau. Richard avoit aussi été attaqué de la même maladie; mais il surmontoit par son courage la foiblesse qui lui en étoit restée.

XLIII. Philippe envoyant quelques jours après complimenter Richard, par le duc de Bourgogne & par l'évêque de Beauvais, les chargea de le disposer à consentir à son départ, & à tenir pour accompli le traité qu'ils avoient fait en Europe, comme si la guerre d'Asie eût dû finir par la prise d'Acre. Ces députés ayant été introduits devant Richard, ils commencerent par des civilités qu'ils lui firent de la part de Philippe; mais lorsqu'ils voulurent parler du véritable sujet de leur députation, ils furent saisis d'une douleur, qui faisant couler leurs larmes, leur ôta la parole. Alors Richard en devinant la cause : « J'entends », dit-il, « ce que vous me voulez » dire; Philippe veut nous abandonner ». Il est » vrai, reprirent les députés, que nous sommes » chargés de vous représenter, que la langueur » du roi augmentant tous les jours, il est con-» traint de s'en retourner pour sauver sa vie. » Je ne veux pas être la cause de sa mort, ré-» partit Richard, mais il y va de sa gloire & de » sa foi, de ne pas laisser nos conquêtes impar-

» faites ». Les députés ayant fait ce rapport à Philippe, ils y ajouterent des raisons si fortes pour l'obliger à rester, qu'il témoigna en être persuadé.

XLIV. Il voulut cependant sçavoir ce qu'il y avoit à faire pour reconquérir le royaume de Jérusalem. Il y avoit parmi les prisonniers qui lui étoient échus, un émir ou capitaine général, nommé Caracos, d'une si grande réputation, qu'on disoit que Saladin devoit toute sa fortune à ses conseils. Le roi crut qu'il pouvoit tirer d'un homme si habile de grandes lumieres pour terminer promptement la guerre. Il ne se trompoit pas, & l'émir lui donna un bon avis, s'il avoit voulu le suivre, en lui conseillant de se saisir de Damiette, qui est la clef de l'Egypte. Il lui fit remarquer l'importance de cette entreprise, qui enlevoit à Saladin un royaume d'où il tiroit de grandes richesses, & où il avoit des ports commodes, qui le rendoient maître des mers de Phénicie & de Syrie, & qui lui en assuroient les provinces. De sorte que par la prise de Damiette, les Chrétiens lui ôteroient, disoit-il, la communication qu'il avoit par mer avec ses autres états. Il ajoutoit, qu'ils se feroient en même-temps un passage court & facile de l'Europe en Asie, en descendant premierement en Afrique, d'où ils pourroient ensuite commodément naviguer le long des côtes de Phénicie, dont ils tenoient les meilleures places. Il lui fit voir aussi la facilité de cette conquête pendant l'absence de Saladin, qui étoit occupé ailleurs, & qui n'avoit point d'armée navale capable d'opposer à celle des Chrétiens. Enfin il lui représenta qu'on tâcheroit en vain de reprendre Ascalon, si on ne s'assuroit de l'Egypte ; & qu'il falloit être maître de la mer, si on vouloit garder les villes qui sont dans les terres que des ennemis puissans enfermoient de tous côtés.

XLV. Cet avis étant appuyé de raisons convainquantes ; cependant, soit que Philippe se défiât de celui qui le donnoit, ou qu'il craignît de s'engager dans une trop longue expédition, il n'en prit que ce qui servoit à lui donner du dégoût pour la conquête de Jérusalem. Il la regarda, suivant les réflexions que le discours de l'émir lui fit faire, comme une conquête qu'il seroit impossible de garder, quand elle seroit aussi facile à faire, qu'il y prévoyoit de difficultés. De sorte qu'il ne pensa plus qu'à son départ. Il le fit proposer une seconde fois à Richard, qui y consentit enfin, voyant qu'il ne pouvoit l'empêcher, après que Philippe eut juré de ne rien entreprendre sur ses états pendant qu'il seroit absent ; & que s'il avoit à lui faire la guerre, ce ne seroit que quarante jours après son retour. Il laiſſa en partant cinq cents gens-d'armes & dix mille hommes de pied ſous le commandement du duc de Bourgogne, avec ordre d'obéïr à Richard ; mais il lui donna, dit-on, des inſtructions ſecrettes pour s'oppoſer aux deſſeins de ce prince, qui lui avoit donné une furieuſe jalouſie. Il s'embarqua ſur treize galeres avec les évêques de Langres & de Chartres, le comte de Nevers, & quelques autres ſeigneurs, amenant avec lui les ôtages qui lui étoient échus par le partage fait après le priſe d'Acre ; & abordant à Tyr, il les y laiſſa en la garde du marquis de Montferrat. Il fit là peu de ſéjour, & continuant ſon voyage, il côtoya l'Aſie Mineure, paſſa le long des îles de Rhodes & de Candie, entra dans la mer d'Ionie, & vint deſcendre dans la Calabre, d'où il acheva ſon chemin par terre juſqu'à Rome.

SOMMAIRE
DU HUITIEME LIVRE.

RICHARD résout le siége d'Ascalon. II. Fait trancher la tête aux ôtages Turcs. III. Victoire qu'il remporte près la riviere de Césarée. Combat singulier entre lui & Saladin. IV. Fait rebâtir Ascalon & Jaffé. Célébrité du port de cette ville, du temps de Salomon. V. Risque qu'il court à la chasse, & sa prodigieuse intrépidité. VI. Il rejette les propositions de paix que lui propose Saladin; assiége Jérusalem. VII. Départ du duc d'Autriche pour l'Europe, & brigues du marquis de Montferrat. IX. Richard fait confisquer les états du dernier. X. Consent depuis à l'élection que les Croisés en font pour leur général. XI. Est soupçonné l'avoir fait assassiner. XII. Origine des assassins, leur chef, & quel pays ils habitoient. XIII. Conrad tombe sous leurs coups. XIV. Le Vieux de la Montagne s'en déclare l'électeur. XV. Crainte que Philippe en a, & origine des gardes en France. XVI. Mort du duc de Bourgogne. XVII. Justice réciproque que se rendent Richard & Conrad. XVIII. Richard approuve l'élection du comte de Champagne, lui fait épouser la veuve de Conrad. XIX. Se résoud d'assiéger Jérusalem.

SOMMAIRE.

Surprend la caravane de Babylone, dont il fait diſtribuer les tréſors à ſon armée. XX. *Eſt contraint d'abandonner le ſiége*. XXI. *Apprend la priſe de Jaffé par les Turcs*. XXII. *Court au ſecours de cette place*. XXIII. *Exploits incroyables qu'il y fait, & ſon combat ſingulier avec l'émir Turc*. XXIV. *Sa maladie*. XXV. *Conditions de ſon accommodement avec Saladin*. XXVI. *Réflexions ſur ſes conquêres & ſur l'abandonnement qu'il en fait*. XXVII. *Sage conduite de Saladin, & malheureux ſuccès de Richard*.

LIVRE HUITIEME.

Le départ de Philippe n'abattit point le courage de Richard. Ayant fondé les officiers de l'armée, qu'il trouva difposés à marcher par-tout où il voudroit les conduire, il réfolut le fiege d'Afcalon, avant que d'entreprendre celui de Jérufalem. Il fit pour cela embarquer fur fes vaiffeaux toutes les provifions de guerre & de bouche, & marcha par terre le long de la mer de Syrie à la tête de fes troupes, qui étoient encore de cent mille hommes : la flotte côtoyant l'armée, & lui fourniffant les provifions dont elle avoit befoin. Il laiffa dans Acre les deux reines & la princeffe de Cypre, dont il confia la garde & celle de fon tréfor à Etienne de Longchamp, frere de l'évêque d'Ely.

II. Cependant le délai pris par les Turcs pour exécuter la capitulation d'Acre étoit expiré, fans que Saladin fe fut mis en peine de ratifier le traité. Richard l'envoya fommer d'y fatisfaire, & de lui rendre les prifonniers Chrétiens & la vraie Croix; le menaçant, s'il différoit plus long-tems, de faire couper la tête aux ôtages. Saladin lui fit réponfe qu'il s'en vengeroit fur les Chrétiens, & demanda un nouveau délai, que Richard lui accorda. Le Sultan ufa mal de cette grace.

Il se laissa emporter par les sollicitations de ses capitaines à une action de cruauté contraire à son naturel, & fit décapiter tous les Chrétiens qu'il tenoit captifs dans son armée, avant que le délai qu'il avoit demandé pour en faire l'échange fût échu. Richard au contraire attendit que ce temps fut passé pour ne point violer sa parole, dont il crut que la cruauté de Saladin ne le dégageoit pas. Mais le temps fatal étant venu, il usa du droit de représailles; & ayant fait venir les ôtages sur une hauteur d'où l'armée du Sultan les pouvoit voir, il leur fit trancher la tête, à la réserve des émirs, qu'il épargna dans l'espérance d'en tirer une rançon considérable. C'est ainsi du moins que le rapporte un historien de ce temps-là, qui écrit avec beaucoup d'exactitude : bien qu'un autre qui suit souvent sa passion, au préjudice de la vérité, donne le blâme de cette action à Richard; l'accusant d'avoir le premier fait mourir les ôtages, par le dépit qu'il eut du refus que faisoit Saladin, de ratifier le traité.

III. Après cette exécution, Richard continua sa route, étant toujours harcelé par l'armée de Saladin, qui étoit forte de trois cent mille hommes. Le roi qui n'avoit avec lui que des troupes d'élite, ne craignoit pas la multitude des Turcs : & Saladin qui sçavoit à quelles gens il avoit à faire, ne vouloit pas en venir à une bataille, qu'il n'eut trouvé un poste avantageux pour y asseoir un camp. Il crut avoir rencontré le lieu qu'il cherchoit sur les bords d'une rivière qui coule près de Céfarée, où étoit alors l'armée des Croifés, & d'où il falloit qu'elle marchât pour continuer son chemin, & pour se fournir d'eau. Il en fit occuper les deux rives par deux lignes qui se défendoient l'une l'autre, & qui faisoient face aux ennemis de quelque côté qu'ils vinssent, pendant qu'il se tenoit à couvert derrière une montagne, qui l'empêchoit d'être vu, à la tête de la troisieme ligne. Il avoit là ses meilleures troupes, avec lesquelles il prétendoit couper l'arriere-garde des Croifés, & se jetter ensuite sur le corps de bataille. Peu s'en fallut que la chose ne réussît. Richard avoit passé quelques jours à Céfarée, pour y rafraîchir ses troupes, & pour faire relever les murailles de cette ville, qu'Hérode bâtit autrefois dans la Phénicie, sur les bords de la mer en l'honneur de César-Auguste. Il en partit au commencement de septembre, & marcha du côté de la riviere, comme Saladin se l'étoit imaginé. L'armée étoit divifée en trois corps. Jacques, seigneur d'Avénes & de Guise, l'un des plus hardis capitaines de son temps, menoit l'avant-garde; Le roi conduisoit le corps de bataille ; & le duc de Bourgogne étoit à la tête de l'arriere-garde, ayant avec lui le duc d'Autriche, qui se tenoit toujours joint au corps des François. Ils furent bien surpris de trouver les ennemis retranchés sur les deux bords du fleuve, dans la résolution de leur en disputer l'eau, dont il leur étoit impossible de se passer : de sorte qu'il falloit ou retourner à Césarée, ce qui auroit ôté le courage à leurs soldats, & augmenté au contraire celui des Turcs : ou chasser les ennemis qui s'étoient rendus maîtres du fleuve. Richard ne balança pas sur le parti qu'il avoit à prendre, & donna l'ordre pour combattre. D'Avénes à la tête des Danois & des Flamands qu'il commandoit, chargea la ligne qui étoit en deçà du fleuve, & perça par deux fois les escadrons; mais comme il venoit incessamment des gens frais à la place de ceux qu'il avoit rompus, il fut, la troisieme fois qu'il retournoit à la charge, accablé par le grand nombre, & porté à terre, après avoir eu la jambe coupée. Il tomba comme un homme mort; mais reprenant ses esprits, il se releva, s'appuyant sur les genoux. En cet état il défioit les ennemis l'épée à la main, blessant & tuant plusieurs de ceux qui oserent l'approcher : jusqu'à ce que la main droite lui ayant été coupée d'un coup de cimeterre, elle tomba à terre avec son épée. En même-temps ce brave capitaine fut percé de mille coups, en criant à Richard, qu'il voyoit venir à son secours: « Vaillant prince, venez venger ma mort ». Ces paroles furent ouies du roi, qui, passant comme un foudre au travers des escadrons, se faisoit une large voie, secondé par le comte de Champagne son neveu, par les Anglois, les Normands, & les Aquitains. Le son de cette voix qui l'animoit à la vengeance, & la vue de ce général noyé dans son sang, & coupé par morceaux, changerent son courage en fureur, & augmenterent ses forces de la moitié. De sorte qu'il fit un terrible carnage des Turcs, passant au fil de l'épée tous ceux qui étoient au deçà de la riviere, à la réserve de quelques-uns qui gagnerent les montagnes. Non content de cette victoire, emporté par son ardeur, il se jette dans la riviere, & passe de l'autre côté, étant suivi de la bataille & de l'arriere-garde. Les Turcs furent si étonnés de la rapidité avec laquelle il venoit de défaire les troupes de la premiere ligne, dont ils voyoient les corps étendus sur le champ de bataille, & de la fierté avec laquelle il venoit à eux au travers du fleuve, qu'ils penserent plutôt à fuir qu'à combattre. Ainsi cette seconde défaite lui coûta moins que la premiere. Mais comme il croyoit n'avoir plus d'ennemis en tête, il vit paroître du côté de la montagne de gros escadrons, qui venant couper son arriere-garde, commandée par le duc de Bourgogne, étoient descendus dans la plaine, & l'avoient investie. C'étoit le corps de réserve que Saladin commandoit lui-même, & qui auroit apparemment mis en pièces l'arriere-garde des Chrétiens, si Richard n'eut promptement repassé la riviere pour venir à leur secours. Ce fut alors que le combat recommença plus furieux encore qu'il n'avoit été dans les deux premieres attaques, dont Richard étoit sorti victorieux. Saladin le plus grand homme de guerre que les Turcs aient jamais eu, animoit les siens de la main & de la voix, & portoit la terreur par-tout où il paroissoit. D'autre côté Richard signaloit sa valeur par des coups étonnans, & battoit tout ce qui se présentoit devant lui. Enfin, ces deux généraux piqués d'émulation, se chercherent quelque temps, & se rencontrerent tous deux dans le même dessein d'essayer leurs forces, & de décider par leur mort, ou par leur victoire, du succès de la journée. Ainsi s'étant défiés par un grand cri, ils empoignerent leurs lances, & coururent l'un contre l'autre comme s'ils eussent été en champ clos, pendant que les deux armées demeuroient comme immobiles entre la crainte & l'espérance, attendant l'événement de ce fameux combat. Les lances se briserent sur leurs cuirasses, ou sur leurs écus, & Richard fut ébranlé du coup de son ennemi; mais le sien plus violent porta Saladin par terre. Alors les deux armées pousserent en l'air des cris bien différens, les Chrétiens d'allégresse, & les Turcs de douleur; & ces derniers accourant à l'endroit où le sultan étoit tombé, ils s'opposerent à une victoire plus complette que Richard en vouloit remporter, l'empêchant de le joindre de plus près l'épée à la main. Il fut donc obligé de décharger sa colere sur de moindres ennemis, qui lâchoient le pied devant lui, à l'exemple de Saladin, qui fuyoit lui-même; soit de honte d'avoir été vaincu, ou parce que voyant la déroute de son armée, il crut qu'il n'y avoit plus de salut que dans la fuite. La défaite des Turcs fut si grande, qu'il en demeura quarante mille sur la place. Ce furent les funérailles que Richard fit au vaillant général des Flamands, & la vengeance qu'il prit de sa mort. Les Chrétiens de leur côté ne firent de perte considérable, que par la mort de ce général, n'ayant point perdu d'autres personnes de marque, & n'ayant eu que peu de soldats tués; tant Richard eut bon marché d'une si grande victoire.

IV. Elle lui valut la conquête de toutes les places maritimes qui s'étendoient le long de la côte de la mer de Syrie, depuis Acre jusqu'à la mer d'Egypte. Saladin qui avoit abandonné Césarée, abandonna aussi Jaffé & Ascalon, sans qu'il fût besoin d'en faire le siége. Mais afin que les Chrétiens ne pussent tirer avantage de ces conquêtes, il en fit sortir les habitans avec leurs meubles, & ruiner les murailles & les maisons. Richard au contraire, ayant remarqué la commodité du port de Jaffé, & l'importance de la forteresse d'Ascalon, qui couvroit toute la Phénicie, & qui ôtoit à Saladin la communication de l'Egypte avec la Syrie, il fit promptement travailler à rétablir l'une & l'autre. Le port de Jaffé, qu'on nomme aussi Joppé, étoit aussi célèbre dès le temps de Salomon. Ce fut-là que Hiram, roi de Tyr, fit porter tous ces bois rares que l'Histoire-Sainte dit qu'il fournit pour la construction du temple de Jérusalem, lesquels on portoit ensuite de Jaffé par terre sur des chariots. Pour la ville, elle étoit bâtie sur un rocher fort élevé qui défendoit l'entrée du port. Ascalon, que l'on nomme aujourd'hui Scalone, est située plus bas, entre Azot qu'elle a au septentrion, & Gaze qu'elle a au midi. Richard entreprit donc de rebâtir ces deux places, & de les repeupler. Les Chrétiens qui étoient à Ptolemaïs avoient de la peine à sortir d'une ville où il trouvoient toutes leurs commodités, pour en venir bâtir de nouvelles. Il fallut que Richard y retournât lui-même, ceux qu'il y avoit envoyés, n'ayant point eu assez d'autorité pour se faire obéir. Il eut là une nouvelle prise avec le duc d'Autriche, à qui ayant fait des reproches de la négligence qu'il affectoit à l'égard de ces ouvrages. Léopold lui répondit qu'il n'étoit ni maçon ni charpentier. Cependant Richard fit si bien, que sans user de violence, il ramena vingt mille hommes avec lui pour être les architectes & les habitans de ces deux villes. Il fit aussi venir à Jaffé les deux reines, & la princesse de Cypre, dont il étoit toujours amoureux, & y demeura deux mois avec elles, afin d'encourager les nouveaux habitans par sa présence, & par celle de toute la maison royale, passant le temps à la promenade, ou à la chasse.

V. Ce fut dans un de ces divertissemens qu'il lui arriva une aventure plus dangereuse que toutes les batailles où il s'étoit trouvé. Etant un jour sorti avec ses oiseaux & son équipage de chasse, il se fatigua si fort dans cet exercice qu'il aimoit avec passion, que se trouvant accablé de sommeil, & voyant un lieu frais qui l'invitoit à se reposer, il y mit pied à terre, se coucha sur l'herbe, & s'endormit, n'ayant auprès de lui que cinq ou six gentilshommes de sa maison. Il fut bientôt réveillé par un bruit de chevaux qui venoient à lui à toute bride. C'étoit un gros escadron de Sarasins, qui sçachant qu'il avoit accoûtumé de venir chasser dans ces lieux-là, lui avoient dressé une embuscade. Il n'eut que le loisir de se jetter sur son cheval, en se mêlant l'épée à la main parmi les ennemis, suivi de sa petite troupe qu'il animoit par sa présence & par son exemple. Il fit là des actions si extraordinaires, qu'elles semblent incroyables; ayant long-temps soutenu cet escadron, & fait mordre la poussiere aux plus hardis. Mais quatre des six gentilshommes qui l'accompagnoient étant tombés morts à ses côtés, il alloit infailliblement être pris ou tué, s'il n'eût été sauvé par la généreuse action de Guillaume des Pourcelets, un des deux gentilshommes qui restoient encore auprès de lui. Ce fidele & hardi domestique[1] ne pensant qu'à sauver son prince, s'écria qu'il étoit le roi, prévoyant bien ce qui en arriveroit. Il ne fut point trompé; tous les Sarasins quittant

---

[1] Ici la qualification de domestique ne doit pas s'entendre selon la signification actuelle, mais d'un des plus grands seigneurs, ainsi qu'il est aisé de le démontrer par une lettre que Louis XIV, écrivit à Christine, reine de Suede, au sujet de l'assassinat commis, en la personne de son ambassadeur & de son ambassadrice : il s'exprime de la sorte : « Je me résolus, pour satisfaire à la propension naturelle qu'à sa sainteté à la magnificence, de lui envoyer une ambassade d'éclat, jetant les yeux pour la soutenir sur un des plus qualifiés seigneurs de mon Royaume, & en qui j'ai entière confiance, comme étant mon *domestique* ».

les deux autres l'environnerent, & il s'en laiſſa prendre & mener à Saladin, pendant que Richard ſe ſauvant, regagna Jaffé, où les ennemis le laiſſerent aller, croyant amener celui qui leur échappoit. Ce fut ainſi que ce prince, après avoir défendu ſa vie par ſa valeur, la ſauva par la courageuſe réſolution d'un de ſes gentilshommes. L'hiſtoire qui en a conſervé le nom nous apprend qu'il étoit Provençal; de ſorte qu'il n'étoit pas né ſujet de Richard; mais s'étant attaché à ſon ſervice, il lui donna une preuve de ſa fidélité, telle qu'il n'y a point de ſujet qui en puiſſe donner de plus illuſtre à ſon ſouverain. Le roi témoigna de ſon côté l'eſtime qu'il en faiſoit, lors qu'il donna depuis pour ſa liberté dix émirs ou ſatrapes des plus conſidérables qu'il eût entre les priſonniers : rançon d'un roi, plutôt que d'un gentilhomme.

VI. Pendant que Richard faiſoit relever les murailles de Jaffé & d'Aſcalon, Saladin lui envoya des Députés pour traiter la paix. Il offroit de quitter Jéruſalem, avec tout le territoire qui s'étend depuis le Jordain juſqu'à la mer occidentale, pourvû que le roi voulût faire ceſſer ſon travail, & laiſſer Jaffé & Aſcalon démolies, ſans qu'il fut permis ni aux uns ni aux autres de le fortifier. Le traité paroiſſoit avantageux; mais on reconnut que ce n'étoit qu'un artifice pour faire discontinuer les ouvrages; & l'on y travailla avec d'autant plus de diligence, qu'on vit par les propositions de Saladin qu'il en avoit une extrême inquiétude.

Sur la fin de l'année, Richard vint passer les fêtes de Noël aux environs de Jérusalem dans les petites villes de Rama & de Bethnopolis [1]. Il y tint un conseil de guerre, où l'on résolut le siége de Jérusalem, que ce roi un peu trop prompt entreprit sur le champ, dans une saison mal-propre à former un siége aussi important que celui-là. Aussi la chose ayant été une seconde fois examinée, on y remarqua tant de difficultés, qu'on trouva à propos de différer cette entreprise jusqu'au printemps prochain, & de mettre les fortifications d'Ascalon en état de défense, afin d'en faire une place d'armes pendant la campagne, & d'y tenir les magasins de l'armée en sûreté.

VII. Ce fut dans ce temps-là que le duc d'Autriche qui se brouilloit continuellement avec Richard, depuis l'affaire de l'étendart, dont il ne pouvoit oublier l'affront, s'en retourna en Europe, remenant ses Allemands avec lui. Ainsi l'armée des croisés demeura fort affoiblie. Mais elle acheva de se ruiner par la division qui se mit entre les Pisans & les Génois qui étoient

[1] Nob.

dans Acre, & par le départ des François qui suivirent quelque temps après les Allemands.

VIII. Le marquis de Montferrat étoit la cause de cette mésintelligence. Ce prince fier & entreprenant, faisoit des brigues dans Acre, dont il eût bien voulu se rendre maître pendant l'absence de Richard, qu'il regardoit comme son plus grand ennemi; & le duc de Bourgogne appuyant le parti de Conrad, mettoit les Génois dans ses intérêts. C'est ce qui causoit dans Acre le mouvement de ces deux factions. Le duc de Bourgogne en étant averti, partit d'Ascalon, afin de soutenir les Génois. Conrad de son côté y accourut de Tyr; & s'étant présentés devant la ville, ils demanderent à y être introduits. Mais les Pisans qui se trouverent les plus forts chasserent les Génois, & fermerent les portes au duc de Bourgogne & au marquis de Montferrat. Conrad vouloit prendre la ville de vive force, & se préparoit à un assaut; mais ayant scu que Richard accouroit au secours, il décampa le troisiéme jour, & revint à Tyr, amenant avec lui le duc de Bourgogne.

IX. Richard étant arrivé à Acre, réconcilia les Génois & les Pisans; & pour empêcher les remuemens de Conrad, il voulut l'occuper comme les autres croisés au siége de Jérusalem; ou l'engager au moins à y envoyer ses troupes, s'il ne vouloit pas y venir en perfonne. Il eut pour cela une conférence avec lui entre Tyr & Acre, dans laquelle il tâcha de lui perfuader qu'il étoit obligé de contribuer à la conquête d'un royaume qu'il prétendoit de poffeder un jour. Mais il n'en put rien obtenir. Conrad qui comprit fon deffein, & qui avoit des intentions toutes contraires, s'excufa fur le danger qu'il y auroit pour lui d'abandonner la ville de Tyr, & d'y refter fans troupes, ayant à craindre les Sarafins d'un côté, & Guy de Lufignan de l'autre. Richard n'approuva point fes raifons, & prit ce refus pour une défertion de la caufe commune. De forte qu'étant de retour à Acre, il fit tenir confeil, où ayant rapporté l'entretien qu'il avoit eu avec Conrad, il fut ordonné qu'à fon refus, de joindre fes troupes à celles des croifés, il feroit privé des états qu'on lui avoit accordés dans la Paleftine, par le Traité fait entre lui & le roi de Jérufalem, & que les revenus en feroient confifqués au profit de l'armée.

X. Sur ces entrefaites, & le temps de commencer la campagne approchant, il arriva des députés d'Angleterre, qui rapporterent à Richard, que fon frere Jean avoit tout brouillé dans le royaume, qu'il avoit dépoffédé l'évêque d'Ely, qui s'oppofoit à fes nouveautés, de la charge de chancelier, & qu'il afpiroit ouvertement à fe mettre la couronne fur la tête. Cette nouvelle obligea le roi d'affembler tous les chefs des croifés, & de leur repréfenter la néceffité dans laquelle il fe trouvoit de repaffer la mer, afin de défendre fon propre héritage, que lui vouloit ravir un frere ambitieux, dont il fçavoit bien que la France appuyoit la révolte. Il propofa enfuite d'élire un chef en fa place, duquel tous les autres dépendiffent, & un fucceffeur à Guy de Lufignan au royaume de Jérufalem, dont Conrad étoit déchu par le refus qu'il avoit fait de joindre fes armes à celles des croifés. Mais il fut bien étonné de voir le même Conrad, que les croifés avoient exclus de fes prétentions fur la Paleftine, élu par l'affemblée, pour commander l'armée qui devoit affiéger Jérufalem, & pour en poffséder le Royaume après la mort de Guy de Lufignan. Ce changement venoit moins de leur légéreté, que de leur intérêt, qui les obligeoit à choifir un chef capable de remplir la place de Richard, & de faire tête à Saladin. Ils n'en voyoient point d'autre que Conrad, qui avoit fauvé la Paleftine en fauvant la ville de Tyr, & dont la valeur & l'expérience donnoient autant de crainte aux Turcs, que de confiance aux Chrétiens.

XI. Richard lui-même, après y avoir un peu penfé, approuva cette élection. Comme il avoit l'ame grande, & qu'il honoroit la vertu jufques dans fes ennemis, il rendit juftice au mérite de Conrad; & le jugeant digne du choix que l'affemblée en faifoit, il lui en fit fçavoir la réfolution, & le convia de venir à Acre prendre poffeffion de fa nouvelle dignité. Conrad fe difpofa auffi-tôt à partir. Mais comme il penfoit à fe mette en chemin pour aller recevoir une couronne, il perdit la vie [1] par le crime de deux fcélérats, qui le poignarderent dans la rue, au fortir du logis de l'évêque de Beauvais, chez qui il avoit dîné. Il mourut de fes bleffures, peu de temps après. Les affaffins furent pris, & non-feulement ils avouerent leur crime, mais ils témoignerent encore une joie extraordinaire de l'avoir commis, fe moquant des fupplices dont on les menaçoit. Ils les fouffrirent même avec une conftance qui auroit mérité l'admiration de tout le monde, fi la caufe pour laquelle ils

---

[1] Peu s'en fallut qu'un femblable accident n'arrivât à Saint-Louis. Ce monarque ayant appris que le roi des Arfacides avoit deffein de le faire affaffiner, & que pour cet effet il avoit envoyé deux hommes deguifés pour le furprendre. Quand il eut découvert leur entreprife & connu ceux qui la vouloient exécuter, les fit venir chez lui, & après leur avoir fait plufieurs remonftrances, les renvoya comblés de préfens & les chargea d'une lettre d'amitié pour leur roi. Un tel acte de générofité déconcerta tellement ce roi barbare, qu'il fe repentit d'avoir attenté à la vie d'un prince fi vertueux. *Traité des Nobles & des vertus dont ils font formés. Par l'Alouëte.* Paris 1577, in-4°.

les souffroient n'en eût mérité l'horreur. Tant il est vrai qu'il y a dans le crime, aussi bien que dans la vertu, je ne sçai quoi de grand, capable de tromper ceux qui ne s'arrêtent qu'au dehors de l'action, sans en pénétrer le fond. Ces assassins étoient, comme on le sçut depuis, des émissaires de ce Vieux de la Montagne, dont l'histoire nous dit des choses surprenantes.

XII. Il étoit chef d'un petit état renfermé dans un coin de la Phénicie, environné de rochers & de montagnes, les villes étant bâties sur le sommet, dans les lieux les plus inaccessibles. On en comptoit dix principales, & on faisoit monter le nombre des habitans à soixante mille hommes, la plupart gens d'exécution, & qui ne vivoient que de brigandages [1]. Il y avoit aussi quelques marchands dans les villes maritimes, & des laboureurs dans les campagnes, qui n'étoient pas moins fertiles qu'agréables. Ces peuples s'appelloient Arsacides, parce qu'ils se vantoient d'être descendus de ce fameux Arsace, qui fonda l'empire des Parthes après la mort d'Alexandre ; & ils étoient affectivement venus de ce pays-là, un peu après la mort de Ma-

---

[1] Tindal, dans ses remarques sur l'Histoire d'Angleterre, dit « Qu'ils n'étoient qu'environ 40,000, toujours disposés à poignarder » le premier prince que le Vieux de la Montagne leur auroit » nommé pour cela, ou à s'exposer à toute entreprise, quelque » dangéreuse qu'elle fut ».

homet,

homet, dont ils embrasserent la fausse religion, Par corruption on les appela Assassins, nom présentement aussi odieux, que l'autre étoit autrefois illustre. Ils poignardoient sans balancer ceux que leur prince leur commandoit de faire périr, se croyant obligés en conscience d'exécuter ses ordres sanglans. On le nommoit le Vieux de la Montagne, à cause de son âge, & du lieu de sa résidence. Car ils choisissoient le plus sage & le plus expérimenté d'entr'eux pour les gouverner : & ce monarque, ou plutôt ce chef de voleurs & de particides, avoit posé le siége de sa barbare royauté sur les plus hautes montagnes de cette contrée. Il découvroit de-là, d'une seule vue, tout son domaine, petit à la vérité, mais infiniment agréable. On voyoit des villes sur les côteaux, plus petites ou plus grandes, & bâties de différentes manieres, comme le terrain l'avoit pu souffrir. Les palmiers, les cèdres, & quantité d'autres arbres semblables qui ne viennent que de l'Orient, fournissoient au sortir de la ville de belles promenades, dans de grandes allées, qui se terminoient, en descendant insensiblement, au pied des collines. La campagne n'étoit pas moins délicieuse. C'étoit d'un côté une plaine à perte de vue, & de l'autre des jardins & vergers, où les oliviers, les amandiers & les grenadiers étoient continuellement

T

chargés de fleurs ou de fruits. Mais rien n'égaloit la magnificence & la volupté des lieux où le prince faisoit sa résidence. Les palais en étoient superbes, & les jardins élevés sur la pointe des rochers, surpassoient ceux de Sémiramis. On dit que le Vieux de la Montagne faisoit porter là tout endormis ceux qu'il destinoit à faire quelque assassinat important, qui croyoient à leur réveil se trouver dans le paradis, dont cet imposteur leur avoit promis de leur donner un échantillon, leur en faisant espérer la pleine possession après qu'ils auroient exécuté ses ordres. Ce qui persuadoit si bien ces misérables, qu'il n'y a point de péril auquel ils ne s'exposassent avec joie pour lui obéir, allant dans les cours les plus éloignées assassiner les princes Chrétiens, sans en craindre les gardes.

XIII. Voilà d'où partoit le détestable coup qui fit périr le marquis de Montferrat, parce qu'il avoit refusé de faire justice au Vieux de la Montagne de la violence commise par ceux de Tyr sur un des sujets. Car un navire richement chargé pour le compte des marchands qui vivoient dans l'état de ce prince sanguinaire, ayant été contraint par la tempête de relâcher à Tyr, avoit été pillé, & le maître du vaisseau tué & jetté dans la mer. Le Vieux de la Montagne avoit envoyé des Députés à Conrad pour lui en demander satisfaction. Mais Conrad les ayant reçus avec fierté, les renvoya avec mépris. Le Vieux de la Montagne plus offensé de cette indignité, que de la violence commise par les Tyriens, dépêcha ces deux assassins, qui exécuterent fort exactement ses ordres. Ils étoient même si prévenus des sentimens que leur avoit inspirés cet imposteur, qu'ils jouiroient de la félicité du paradis pour la récompense de leur parricide, que bien loin de se cacher ou de s'enfuir, après avoir fait leur coup, ils se produisirent & se livrerent eux-mêmes, ravis de leur furieuse action.

XIV. La gêne qu'on leur donna, avant que de les faire mourir, ne leur fit rien confesser: & l'on ne sçut la cause de ce meurtre avec les circonstances, que je viens de rapporter, que par la connoissance qu'en donna depuis le Vieux de la Montagne, qui voulut bien en informer les princes Chrétiens, afin de se rendre par-là plus redoutable. Ainsi chacun se donnant la liberté de raisonner sur une action si extraordinaire, dont on ne connoissoit point encore l'auteur, les François qui étoient dans Tyr ne manquerent pas d'en accuser Richard, & de publier qu'il n'avoit fait semblant de se réconcilier avec Conrad, que pour avoir lieu d'exécuter son tragique dessein.

XV. Philippe en ayant reçu la nouvelle en France, craignit lui-même un femblable fort, & ne parut plus en public qu'avec des gardes, dont jufques à ce temps-là les rois de France ne s'étoient point fervis. Peut-être auffi que ce fut une feinte, afin d'avoir un prétexte de faire la guerre à Richard avant fon retour, l'accufant d'avoir fait un Traité avec le Vieux de la Montagne, pour le faire poignarder. Mais fon parlement qu'il fit affembler, ne le trouva pas à propos, n'eftimant pas qu'on pût avec juftice rompre la trêve fur des foupçons qui pouvoient être mal fondés.

XVI. Ils l'étoient en effet; au moins ce qui fe paffa entre la veuve de Conrad & le duc de Bourgogne, juftifie hautement Richard du meurtre du marquis de Monferrat. Comme ce duc la preffoit de lui remettre la ville de Tyr entre les mains, pour en prendre poffeffion au nom de Philippe, de peur que Richard ne s'en emparât, elle lui répondit qu'elle exécuteroit la derniere volonté de fon mari, qui lui avoit ordonné en mourant, de porter les clefs de la ville au roi d'Angleterre. Cette réponfe furprit le duc de Bourgogne, & le fit réfoudre à retourner en France. Mais étant allé à Ptolémaïs pour conférer avec les autres croifés de fon parti, avant que de s'embarquer, il tomba malade &

mourut. Son armée ne laiſſa pas de partir, à la réſerve de quelques-uns qui demeurerent avec le comte de Champagne. Cependant les Génois qui ſuivoient les mouvemens de la France, accuſoient toujours Richard d'avoir fait périr le marquis de Montferrat : & les autres croiſés y trouvoient tant de vraiſemblance, qu'ils ne ſçavoient qu'en penſer. Mais ce prince diſſimulant ces bruits injurieux, n'en fit paroître aucune émotion, ſoit par magnanimité, ne croyant pas qu'il fût digne de lui, de penſer qu'on le pût ſoupçonner d'une ſi lâche action ; ou par la tranquillité qu'inſpire le ſentiment d'une conſcience innocente.

XVII. Au reſte les deux actions de Richard & de Conrad, qui ſe rendirent tour-à-tour juſtice l'un à l'autre, ont quelque choſe d'héroïque. Richard ſurmontant la haine que ſa jalouſie lui inſpiroit contre le marquis de Montferrat, rival de ſa gloire, & partiſan du roi de France, ſe porta tout-d'un-coup à lui déférer le généralat de l'armée Chrétienne, & le titre de roi de Jéruſalem. Conrad à ſon tour ſurmontant l'envie que la réputation de Richard lui avoit donnée, & oubliant les traverſes qu'il en avoit reçues, l'appelle en mourant à la poſſeſſion de ſes états. C'eſt ainſi que la vertu triomphe des paſſions : ou plutôt c'eſt ainſi que l'amour-propre ſe ſatisfait par des actions de générosité, d'une manière bien plus fine & bien plus délicate que par des mouvemens de vengeance.

XVIII. La mort de Conrad obligea les croisés de faire une nouvelle élection; & Richard les ayant convoqués pour cela, ils nommerent Henri comte de Champagne, jeune prince d'un grand mérite, & agréable aux deux partis, de France & d'Angleterre, parce qu'il étoit neveu des deux rois. D'ailleurs, pour réunir en sa personne tous les droits du royaume auquel les suffrages de l'assemblée l'appelloient, Richard pensoit à lui faire épouser la veuve de Conrad, qui étoit héritiere de ce royaume-là, & à dédommager Guy de Lusignan, qui n'en avoit guères plus que le titre, parce qu'il étoit presque tout entier en la puissance des Turcs. Il fit peu de temps après l'un & l'autre; il obligea la veuve de Conrad à épouser le comte de Champagne, en lui promettant de la faire reine de Jérusalem; & il la mit en possession de ce royaume, par la démission qu'en fit Guy de Lusignan, à qui il donna en échange le royaume de Cypre. Comme si ce prince n'eût pris plaisir à conquérir des royaumes, que pour avoir celui de les donner. C'est ainsi que le royaume de Cypre passa dans la maison de Lusignan, & qu'il y demeura jusqu'à l'an 1489, auquel temps les

Vénitiens s'en faisirent après la mort de Jacqueline Cornaro, Vénitienne, veuve de Jacques II, roi de Cypre, dont elle avoit eu Jacques III, qui mourut avant elle. Ils en furent chassés à leur tour par les Turcs, qui possédent encore cette île aujourd'hui.

XIX. La magnificence de Richard n'en demeura pas-là. Aussitôt que le comte de Champagne eut été élu par les croisés, il lui donna toutes les conquêtes qu'il avoit faites dans la Palestine, & le mit en possession de la ville d'Acre, qui en étoit la principale. Il lui conquit encore la forteresse de Darum, dont les ruines ont formé un village qui porte le nom de Taures; au lieu que c'étoit avant cette démolition une place considérable, d'où les Turcs faisoient des courses sur les terres des Chrétiens. Enfin il se prépara au siège de Jérusalem, voulant en mettre la couronne sur la tête de son neveu, avant que de retourner en Europe. Les avis réitérés qu'il reçut d'Angleterre des entreprises de son frere, ne le détournerent point de ce dessein, & son aumônier poussé par un zèle de religion l'y affermit si bien, qu'il ne pensa qu'à l'exécuter. Ainsi l'armée prenant la même route qu'elle avoit tenue quatre mois auparavant, vint camper à Bethnopolis, où Richard ayant eu avis que les Turcs lui avoient dressé une embuscade dans les montagnes par lesquelles il devoit passer, il les prévint, & les ayant surpris eux-mêmes dans leur poste, les tailla en pieces, & revint dans le camp chargé de leurs dépouilles. Mais il fit peu de jours après un butin bien plus considérable. Ses espions lui ayant rapporté qu'ils avoient vu un grand convoi qui prenoit le chemin de Jérusalem, escorté par plusieurs escadrons, il fit un détachement de cinq mille chevaux pour l'aller enlever, & se mettant à la tête, il marcha vers le lieu que ses espions lui avoient désigné, & vint fondre sur les ennemis avant qu'ils l'eussent découvert. De sorte que trouvant des gens étonnés, & profitant de leur désordre, il chargea brusquement leur cavalerie, qui prit la fuite, après un combat d'une heure, dans lequel elle perdit dix-sept cent chevaux. La cavalerie défaite, l'infanterie ne fit pas une grande résistance. Elle fut foulée par les pieds des chevaux de l'armée victorieuse, ou passa par le fil de l'épée. Ainsi les Anglois demeurerent maîtres du convoi. C'étoit la caravane qui venoit de Babylone à Jérusalem. Elle consistoit en deux mille chameaux, en autant de dromadaires, & en un bien plus grand nombre d'autres voitures chargées d'or, d'argent, de draps d'écarlate, de velours & d'autres riches étoffes en broderie, d'armes, de tentes, de pavilions de pourpre & de soie, d'aromates & de parfums les plus exquis que l'Orient puisse fournir. Si bien que cette prise fut d'une valeur presqu'inestimable. Cependant Richard ne s'en réserva rien, & avec une magnificence pareille à celle d'Alexandre, il distribua toutes ces richesses aux troupes, tant à celles qui avoient combattu, qu'à celles qu'il employoit aux fortifications des places.

XX. Mais ces victoires n'empêchoient pas qu'il ne se trouvât de si grandes difficultés au siége de Jérusalem, qu'après une longue délibération, on fut obligé de décamper & de retourner à Ptolémaïs. Le roi ne voulut pourtant pas ramener l'armée, que la chose n'eût été examinée par un conseil désintéressé de vingt des principaux officiers, qu'il choisit entre les Templiers, les chevaliers de l'ordre de S. Jean, & les seigneurs, tant des anciens que des nouveaux croisés. Ils se trouverent tous d'un même avis ; qu'il valoit mieux continuer à fortifier Ascalon, & les autres places le long de la côte, que d'entreprendre le siége de Jérusalem. Leurs raisons étoient, qu'on ne pouvoit se promettre un bon succès de ce siége ; que Saladin étoit avec l'élite de ses troupes dans la ville ; qu'il avoit pourvue de vivres & de toutes sortes des munitions ; & que l'armée des Chrétiens au contraire campoit dans un pays défert & ruiné par le dégât que l'ennemi avoit fait. A quoi ils ajoutoient, que les maladies qui y régnoient augmenteroient encore apparemment tous les jours par la difette des vivres : le butin qu'on venoit de faire fervant plus à contenter le luxe du foldat, qu'à fatisfaire à fa néceffité. Ils repréfentoient enfin le peu d'union qu'il y avoit entre les croifés, dont on voyoit tous les jours quelques-uns prêts à déferter : Qu'il étoit donc beaucoup plus fûr de mettre les places maritimes en état de défenfe pour y avoir une retraite certaine, & pour tenir les portes ouvertes aux Chrétiens d'occident, que d'aller, avant qu'elles fuffent fortifiées, entreprendre un fiége, où il étoit évident que l'armée dépériroit : que fa défaite feroit fuivie de la perte de toutes leurs conquêtes ; & que les ennemis ne trouvant ni remparts pour les arrêter, ni foldats pour leur faire tête, auroient bientôt repris Ptolémaïs avec toutes les autres places de moindre importance. Richard fut obligé de déférer à la réfolution d'un confeil fi fage, & compofé de perfonnes dont la valeur & l'expérience étoient dans une fi grande réputation, qu'il y auroit eu du danger à ne pas fuivre leur avis. Ainfi retournant avec une partie de l'armée à Ptolémaïs, il renvoya l'autre à Afcalon, afin d'en hâter les fortifications.

XXI. A peine étoit-il arrivé à Ptolémaïs, qu'un courier lui vint apporter la nouvelle de la surprise de Jaffé par les Turcs, qui étoient entrés dans la ville par la brêche, tuant tout ce qu'ils avoient trouvé de Chétiens dans les rues & dans les maisons. Il ajoutoit, que le patriarche s'étoit sauvé avec une partie des soldats dans une tour, qui auroit été emportée le même jour, s'il n'avoit arrêté l'ardeur des ennemis par une capitulation. Elle portoit, que les Chrétiens rendroient la tour, & qu'ils demeureroient prisonniers de guerre, s'ils n'étoient secourus dans trois jours.

XXII. Le roi ne balança point sur ce qu'il devoit faire dans cette occasion. Il s'embarqua sur ses vaisseaux qui étoient tous prêts dans le port, prenant avec lui une partie de l'armée, & fit marcher le reste par terre. Comme il étoit à la vue de Jaffé, il fut repoussé par une tempête qui l'obligea de tenir la mer pendant deux jours; de sorte qu'il ne put aborder que la nuit qui précédoit le jour auquel la tour devoit être rendue aux ennemis. Aussi-tôt que les Turcs apperçûrent la flotte, ils accoururent sur le rivage, qu'ils couvrirent de leurs escadrons, résolus d'empêcher la descente. La mer qui étoit basse la rendoit fort difficile. Les navires n'osoient approcher de terre, de peur d'échouer; & les chaloupes même n'en pouvoient aborder à cause des bancs de sable. D'ailleurs il n'y avoit point de chevaux sur la flotte, & pour gagner le rivage, il falloit se jetter dans l'eau qu'on avoit jusqu'à la ceinture. Ces difficultés épouvanterent les officiers, qui vouloient que le roi remît à la voile. Ils lui repréfenterent la difficulté du débarquement, & ils ajoutoient qu'il y avoit de l'apparence que la tour avoit été rendue, le terme de la capitulation étant expiré. Comme ils en étoient fur ces conteftations, & que le roi ne vouloit point déférer à leurs avis, un prêtre qui s'étoit sauvé de la ville, vint à la nage, & joignit la chaloupe, où étant entré : « Sire, lui » dit-il tout hors d'haleine, hâtez-vous, si vous » voulez fauver la vie à vos foldats » : font-ils » encore vivans », répondit le roi; « oui, fire », répartit le prêtre; « mais fi vous différez plus » long-temps, on va les égorger ». Il ne fut plus poffible de retenir le roi ; & fe jettant dans la mer l'épée à la main, « à moi, dit-il, braves » croifés, il faut vaincre, ou mourir ». A l'exemple du roi, tous les officiers & tous les foldats fe mettant dans l'eau, s'empreſſerent d'aborder malgré les flèches que les ennemis décochoient fur eux. Les Turcs épouvantés de cette prodigieuse hardieffe oferent à peine les attendre ; & dans le même temps l'armée qui venoit par terre arriva, conduite par le comte de Champagne. Ainſi les ennemis ne ſongerent plus qu'à prendre la fuite. Pendant que cette armée les pourſuivoit, le roi entra dans la ville, ſuivi des plus braves gens de ſa flotte, taillant en pieces les Turcs qu'ils trouvoient par les rues, dont il demeura trois mille morts. Voilà comment la tour fut délivrée. Le roi y mit une bonne garniſon, & fit travailler en diligence à réparer les brêches de la place.

XXIII. Mais il faillit à périr trois jours après, par une embuſcade que lui dreſſerent les Turcs. Il étoit campé hors de la ville, à cauſe du mauvais air, & toute l'armée étoit ſous des tentes, le roi n'ayant lui-même point d'autre logement que la ſienne. Saladin qui avoit ſon armée près delà, & qui ne cherchoit qu'une occaſion de le ſurprendre, réſolut de l'enlever, & fit un détachement de ſa cavalerie pour l'envelopper de tous côtés, ſçachant bien qu'il n'avoit que de l'infanterie avec lui. Les Génois, dont le quartier étoit le plus près des ennemis, ayant vu ce mouvement, en donnerent promptement avis au roi, qui rangea ſes gens en bataille avec une préſence d'eſprit admirable, ſans s'étonner du danger qui le menaçoit. Il n'y avoit que lui dans ſon armée, & dix des principaux ſeigneurs qui euſſent des chevaux; tout le reſte étoit à pied. Il n'y avoit guère d'apparence que l'infanterie pût soutenir long-temps en pleine campagne le choc de la cavalerie qui venoit fondre sur elle, & qui lui étoit même beaucoup supérieure en nombre. Mais ce prince aussi habile que vaillant, forma de ses troupes un bataillon quarré qui faisoit face de tous côtés à l'ennemi. Il leur fit mettre un genou en terre, & présenter au cavalier la pique, dont il leur commanda de ficher le bout dans la terre, pour être plus ferme, & de tenir le fer à la hauteur du poitrail des chevaux. Il fit placer ensuite entre deux piquiers deux arbalêtriers, dont l'un ne faisoit que préparer l'arbalête, donner les flèches, & l'autre tiroit incessamment. Et pour lui, il se mit avec les dix seigneurs qui avoient des chevaux à la tête du bataillon. Cette ordonnance & la résolution des Chrétiens surprirent si fort les Turcs, qu'ils ne firent que voltiger autour du bataillon, pour tâcher de le rompre. Mais trouvant des gens intrépides, dont une partie leur présentoit la pointe des piques, pendant que l'autre faisoit pleuvoir sur eux une prodigieuse grêle de flèches, ils n'oserent s'engager dans un combat plus ferme & plus régulier. Le roi voyant qu'ils ne faisoient que caracoller, en conçut tant de mépris, qu'il ne craignit point de s'éloigner de l'infanterie avec les dix seigneurs qui l'accompagnoient, & de charger l'escadron qui se présenta devant lui. Il fit là des exploits incroyables, perça l'escadron, frappant & tuant à droite & à gauche, releva le comte de Leycestre, qui avoit été abattu, & dégagea Mauleon qui avoit été pris, coupant bras & jambes à ceux qui l'amenoient. Il marcha ensuite vers la ville pour couper chemin à un gros de cavalerie qui s'y avançoit, renversant les premiers qui étoient prêts d'entrer par un endroit qu'on n'avoit pas encore bien réparé, & étonnant tellement les autres, qu'ils prirent la fuite. Il courut de-là au rivage, sur l'avis qu'on lui vint donner que sa flotte qui croyoit que tout fut perdu, vouloit mettre à la voile. Il la rassura par sa présence ; & comme il revénoit, il tomba au milieu d'un escadron commandé par un émir d'une taille au-dessus de celle de tous les autres, & avantageusement monté, qui venoit à lui à toute bride. Il fut ravi de trouver un ennemi digne de lui ; & poussant son cheval avec la même ardeur que l'émir poussoit le sien, il le joignit bientôt, & du premier coup de sabre qu'il lui porta, il lui coupa le bras droit & l'épaule, qui tomba d'un côté, & le reste du corps de l'autre. Ce terrible coup donna tant de frayeur aux Turcs, qu'ils n'oserent plus approcher, se contentant de tirer des flèches de loin, & se retirant peu à peu vers le gros de l'armée, où étoit Saladin, qui n'avoit envoyé que ses lieutenans à cette expédition. Ainsi le roi après avoir combattu pendant tout le jour, revint le soir victorieux dans son camp, ayant sa casaque & le caparaçon de son cheval tout hérissés de flèches. Ce fut une chose merveilleuse, qu'avec un seul bataillon, & dans une plaine, il eût soutenu durant un jour plusieurs escadrons de cavalerie qui le pouvoient envelopper; & ce qu'il y a de plus étonnant & de plus incroyable, si tous les historiens ne l'assuroient pas, c'est qu'il ne perdit qu'un soldat dans un combat si long & si inégal & qu'il en coûta la vie à plus de sept cens Turcs.

XXIV. La joie de cet heureux succès fut troublée par la maladie du roi, qui après être échappé de tant de périls, faillit être emporté par une fièvre maligne, & fut obligé par l'avis de ses médecins, de se faire transporter à Porphirie[1], petite ville située au pied du mont Carmel. Ce fut dans cette occasion que Saladin témoigna une générosité dont il y a peu d'exemples, même parmi les Chrétiens. Au lieu de profiter de cette conjoncture, comme le droit de la guerre l'y autorisoit, & d'aller à la tête

---

[1] Caïbas.

de ſes troupes enlever le roi, qui n'étoit pas en état de ſe défendre, il ſe tint dans ſon camp, ſans rien entreprendre, & l'envoya complimenter ſur ſa maladie. Les ennemis de Richard en prirent occaſion de l'accuſer d'intelligence avec Saladin; & d'autres diſoient que c'étoit une ſuite de l'amour que ce ſultan avoit eu pour la reine Eléonor. Mais les plus équitables ne doutoient point que Saladin, qui faiſoit profeſſion d'eſtimer la vertu, n'eût rendu cet honneur à la valeur de Richard, le plus grand capitaine qui fût au monde.

XXV. Cependant l'état où ſe trouva le roi par ſon indiſpoſition, le fit réſoudre à ſon retour : ſa maladie ayant été ſi violente, que même après que le péril en fut paſſé, il lui reſta une fièvre quarte, & une langueur qui dura le reſte de ſa vie. D'ailleurs il lui venoit inceſſamment des avis d'Angleterre, que ſon frere troubloit le royaume; & que le roi de France ſe joignant avec lui, penſoit à lui enlever la Normandie. Mais avant que de partir, il voulut faire un Traité avec Saladin pour aſſurer le repos des Chrétiens qu'il laiſſoit en Aſie. Les choſes avoient bien changé de face en peu de temps. Le départ des François qui ſuivit de près celui des Allemands, avoit extrêmement diminué l'armée. Les maladies avoient achevé

V

de l'affoiblir; & la division qui continuoit parmi ce qui restoit en état de combattre, ne permettoit pas d'en rien espérer de bon. Les victoires du roi avoient à la vérité un peu relevé les courages abattus; mais étant tombé malade, aussi bien que les soldats, les croisés ne pouvoient tirer un grand fruit de ces heureux succès; & il n'y avoit guere d'apparence qu'après son départ, ils se pussent maintenir dans les places qu'il avoit conquises. Saladin bien informé de tout cela, le fit bien connoître aux députés que Richard lui envoya pour négocier la paix. Car lors qu'ils voulurent le remettre sur les offres qu'il avoit faites de quitter Jérusalem avec le territoire qui est au deçà du Jourdain, il leur dit qu'il falloit le prendre au mot dans le temps qu'il en avoit fait la proposition; mais que les choses n'étoient plus dans les mêmes termes; qu'ils lui dissimuloient inutilement le mauvais état de leurs affaires, dont il sçavoit tout le détail, & qu'il n'entroit en conférence avec eux, que par l'estime qu'il faisoit de celui qui les avoit envoyés; que cette considération le portoit à laisser les Chrétiens en possession des places que Richard avoit conquises, & de celles qu'ils occupoient avant son arrivée, pourvu qu'on démolît les fortifications de Jaffé & d'Ascalon, sans les pouvoir rebâtir pendant la trêve, laquelle il confentoit de faire à ces conditions pour trois ans. Il fallut en paffer par-là; & tout ce que Richard put obtenir de plus, ce fut que les Chrétiens d'Occident auroient la permiffion de venir fans armes en équipage de pélerins, faire leurs dévotions à Jérufalem en toute fûreté. Il obtint auffi qu'ils pourroient entretenir deux prêtres dans l'églife du faint-Sépulchre, dans celle de Nazareth & dans celle de Bethléem, dans lefquelles auparavant il n'étoit permis qu'aux Grecs d'en avoir.

XXVI. Ce fut tout l'avantage que Richard remporta de fes grandes actions, & tout le profit que les Chrétiens tirerent d'une croifade dont on avoit conçu bien d'autres efpérances. Au refte, il ne faut point imputer un fi trifte événement à cette fatalité à laquelle les hommes par vanité, ou par ignorance, ont coûtume de rapporter leurs calamités. Il n'y a perfonne qui ne voie bien qu'il faut attribuer le malheureux fuccès des croifés à l'ambition & à la jaloufie des chefs, à la diverfité des factions, & à la licence des foldats. Les fautes que commirent Philippe & Richard eurent auffi beaucoup de part à la ruine de leurs entreprifes. Car fi après la prife d'Acre, ils euffent marché droit à Jérufalem, peut-être qu'ils s'en fuffent rendus maîtres, tant la confternation étoit grande parmi les Turcs, ou s'ils fe fuffent préfentés devant Damiette avec leur flotte, suivant le conseil de Caracos, ils auroient infailliblement emporté cette ville, & avec elle toute l'Egypte. Cette conquête leur auroit encore facilité celle de la Phénicie & celle de la Syrie, & les y auroit en même temps affermis, comme l'émir le fit voir au roi Philippe, par les raisons que j'ai rapportées. Si même après le départ de Philippe, Richard eût pu profiter de la victoire qu'il remporta sur Saladin près de Césarée, & qu'au lieu de s'arrêter à fortifier Ascalon, il se fût contenté d'y laisser les personnes les moins propres au combat, & qu'il eût mené son armée victorieuse devant Jérusalem, il n'auroit peut-être point trouvé de résistance, parce que la défaite de Saladin avoit jetté la frayeur dans toute la Palestine.

XXVII. Saladin au contraire en usa en grand capitaine, lorsque, s'appercevant de la division qui étoit entre les deux rois, il en attendit le succès sans exposer son armée, & lors qu'après la prise de Ptolemaïs, il fit le dégât dans la Phénicie & dans la Syrie. Il sçavoit que c'étoit le moyen d'empêcher les Chrétiens d'assiéger Jérusalem; & que ne trouvant point dequoi subsister, ils appréhenderoient de s'exposer à mourir de faim dans leur camp. Ce fut encore une sage conduite que celle qu'il tint après la bataille de Céfarée, de laiſſer à Richard un pays ouvert & ruiné, & des villes à rebâtir, pour l'amuſer, pendant qu'il ſe tenoit à couvert dans de bonnes places, ou dans des poſtes avantageux, d'où il fatiguoit ſans ceſſe l'armée des Chrétiens. Il y eut auſſi beaucoup d'habileté dans les feintes négociations qu'il entretint avec Richard, à qui il faiſoit eſpérer la reſtitution de Jéruſalem, pour l'empêcher d'en faire la conquête.

Ainſi Saladin, quoique vaincu en diverſes rencontres, & contraint de fuir & de raſer ſes places, ſe trouva victorieux à la fin, & chaſſa ſon ennemi. Et Richard au contraire, après un grand nombre de victoires, ſe trouva vaincu, & obligé d'abandonner ſes conquêtes. Voilà comment la valeur d'un conquérant n'eſt qu'une vertu funeſte & aux autres & à lui-même, ſi la prudence ne la conduit; & comment il eſt plus important de ſçavoir uſer de la victoire, que de ſçavoir vaincre.

Il faut pourtant avouer qu'il n'y a point de conquérant qui ait fait d'expédition plus glorieuſe, que le fut celle de Richard. Car outre les prodiges de valeur qu'on lit avec étonnement, & qu'on a de la peine à croire, que peut-on imaginer de plus grand que le don qu'il fit de deux royaumes, de celui de Cypre à Guy de Lufignan, & de celui de Jérufalem au comte de Champagne? Il eſt vrai qu'il ne fut pas aſſez heureux pour conquérir à ce dernier la capitale de fon royaume, comme il en avoit formé le deſſein : mais en lui laiſſant ſes conquêtes, il lui laiſſoit au moins dequoi ſoutenir ſa royauté, dont le jeune prince poſa le ſiège dans Acre, où il mourut cinq ans après, ſans avoir pu recouvrer Jéruſalem.

SOMMAIRE
DU NEUVIEME LIVRE.

RICHARD s'embarque pour retourner en Europe. Fait naufrage sur les côtes du duc d'Autriche. II. En est fait prisonnier, & vendu à l'empereur. III. On le transfere à Mayence. IV. Le roi de France fait solliciter l'empereur de prolonger sa détention. V. Henri l'accuse dans la diete de Spire. VI. Il s'y défend courageusement. VII. Ses discours touchent l'empereur jusqu'aux larmes, & le justifient du meurtre de Conrad. VIII. Philippe lui fait déclarer la guerre, & engage de nouveau l'empereur à faire durer sa prison. Recherche la princesse Palatine en mariage, qui lui préfere le prince de Saxe. IX. S'empare du Vexin. Met le siege devant Rouen défendu par le comte de Leycestre. X. Eléonor convient avec l'empereur de la rançon de Richard. Passe en Allemagne, & le délivre. XI. Risques que court Richard, d'être repris en passant en Angleterre. XII. Maladie, dernieres volontés, & mort de Saladin. Belles leçons que sa conduite laisse aux princes, de la vanité des grandeurs. XIII. Richard est magnifiquement reçu à Londres. Fait condamner son frère à une prison perpétuelle.

XIV. *Fait refleurir le commerce, & observer les loix.* XV. *Passe en Normandie; y est victorieux sans combattre.* XVI. *Cruelle perfidie de son frere, envers trois cents gentilshommes François. Vengeance que Philippe en prit sur les habitans d'Evreux.* XVII. *Ce prince perd la bataille près de Blois, & les chartres de la couronne.* XVIII. *Richard désaprouve le traité que les seigneurs Normands & François avoient fait en son absence.* XIX. *Veut sçavoir la volonté de l'empereur avant que de consentir à un accommodement avec Philippe.* XX. *Leur réconciliation inattendue. Tuent un serpent monstrueux.* XXI. *Conditions de leur traité. Richard retourne à Londres, où il pardonne généreusement à son frere.* XXII. *Apprend la mort du duc d'Autriche.* XXIII. *Rétablit l'usage des Tournois.* XXIV. *Il en corrige les abus.* XXV. *La guerre se rallume entre lui & Philippe. Passe en Bretagne, y surprend la mère d'Artus. Accourt au secours d'Aumale, où il est vaincu.* XXVI. *Apprend que son frere a fait prisonnier l'évêque de Beauvais. Réponse qu'il fait aux deux prêtres qui s'offroient pour servir ce prélat.* XXVII. *Son raccommodement avec les Bretons, & retour des ôtages qu'il avoit donné à l'empereur.* XXVIII. *Philippe est contraint de capituler avec le comte de Flandre.* XXIX. *Richard passe en Berri, où il apprend les séditions qu'excitoit dans Londres un certain Guillaume.* XXX. *Sujet de plainte de l'archevêque de Rouen ; ce que Richard fait pour le dédommager.* XXXI. *Philippe rompt la trêve qu'il avoit faite avec Baudouin & Richard. Tombe dans la riviere d'Epte, en se sauvant.* XXXII. *S'empare d'Evreux ; le brûle.* XXXIII. *Le Pape se porte pour médiateur du différent entre lui & Richard ; & particularités sur la mort de l'empereur Henri.* XXXIV. *Cruautés de ce prince, & vertus de son successeur.* XXXV. *Lieu où Richard & Philippe se rendent pour convenir d'une trêve ; & trésor que découvre un gentilhomme Limousin.* XXXVI. *Richard veut se l'approprier ; met le siége devant Chaluz, y est blessé mortellement. Pardonne à son meurtrier ; belle parole qu'il lui dit.* XXXVII. *Son testament.* XXXVIII. *Sa mort : son éloge, son âge.* XXXIX. *Est regreté d'Eléonor. Age avancé de cette princesse.* XL. *Jean Sans-Terre s'empare des trésors de Richard, passe en Angleterre, & s'y fait couronnner.* XLI. *Politique d'Eléonor en se déclarant pour le comte de Mortaing, au préjudice d'Artus.* XLII. *Ce dernier cherche un asyle auprès de Philippe ; lui fait hommage de plusieurs Provinces.* XLIII. *Philippe lui promet sa fille en mariage ; est contraint de l'abandonner.* XLIV. *Fournit des troupes au jeune prince que son oncle fait prisonnier.* XLV. *Incertitude sur la fin malheureuse* d'Artus. Le roi Jean eſt ſoupçonné de l'avoir fait mourir. XLVI. Raiſons que les Bretons avoient eues de lui donner le nom d'Artus. XLVII. Enumération des princes qui ont poſſédé la Bretagne. XLVIII. Bonnes & mauvaiſes qualités d'Eléonor. Le temps qu'elle vécut; ſa fortune & ſes diſgraces.

LIVRE NEUVIEME.

La trêve étant signée, & Richard se portant un peu mieux, il retourna à Ptolemaïs, afin de hâter son départ. Il fit prendre le devant aux reines, qui s'embarquèrent avec la princesse de Cypre, sur la flotte, & arrivèrent heureusement en Sicile, d'où elles continuèrent leur voyage en Angleterre. Il n'en fut pas de même de Richard, qui partit quelques jours après sur un navire plus léger que les autres, croyant qu'il les joindroit bientôt sur la route. Mais la tempête le jetta sur les terres de l'empereur de Constantinople, dont la foi lui étoit suspecte. Il fit donc remettre à la voile, & aborda dans un port d'Esclavonie. Il ne s'y crut pas plus en sûreté que sur les terres de l'empereur de Grèce : de sorte qu'il loua une galiotte, sur laquelle il se rembarqua, étant contraint de quitter son vaisseau que la tempête avoit endommagé, & qu'il n'avoit pas le loisir de faire radouber. Pour comble de malheur, sa galiotte fit naufrage dans le Golfe de Venise, entre cette ville & celle d'Aquilée sur les terres du duc d'Autriche son plus grand ennemi. Le bruit se répandit aussitôt dans le pays du naufrage d'un vaisseau, sur lequel il y avoit, disoit-on, un homme de qualité qui s'étoit fauvé avec tout l'équipage, & qui ne vouloit point être connu. Le duc d'Autriche qui avoit été averti du départ de Richard, ne douta point que ce ne fût lui-même, & donna des ordres fort précis à tous les gouverneurs des places de s'en faifir. Richard échappa par deux fois à fes ennemis, par la générofité de ceux à qui il fe fit connoître. Le premier fut le gouverneur d'un château qui étoit fur fon paffage. Richard déguifé en marchand que la tempête avoit jetté fur fes côtes, l'envoya complimenter, le priant de lui donner un fauf-conduit, parce qu'il avoit eu avis qu'on arrêtoit les étrangers, & lui faifant préfent d'un rubis de mille écus. Cette magnificence découvrit le roi. Le gouverneur dit à celui qui lui préfenta le joyau, qu'il n'y avoit que Richard capable de faire une femblable libéralité, & qu'il ne doutoit point que ce ne fût lui. Il ajoûta auffi-tôt, qu'il avoit tant d'eftime pour fa vertu, qu'il le laifferoit aller, nonobftant les ordres qu'il avoit reçus ; & que cependant il le remercioit de fon préfent, qu'il ne voulut point recevoir. Il échappa enfuite par la fidélité que lui garda un gentilhomme Normand de la ville d'Argentan, qui étant né fon fujet, fut eftimé plus propre qu'un autre à le furprendre. Le duc d'Autriche qui jetta les yeux fur lui pour ce deffein, lui promit de lui donner la moitié d'une petite ville, où l'on difoit que Richard s'étoit caché, s'il pouvoit le reconnoître, & le lui amener. Mais ce gentilhomme crut être plus obligé à fon légitime fouverain, qu'au maître qu'il fervoit; & préférant fon devoir à fon intérêt, il decouvrit au roi l'ordre qu'il avoit reçu, & lui donna le moyen de fe fauver.

II. Cependant l'heure fatale à la liberté de ce prince étoit venue; & fi la générofité de ces deux hommes put reculer fa captivité de quelques jours, elle ne pût au moins en éluder le decret. Il femble même que fa deftinée le conduifoit vers fon ennemi. Car en fuyant de ville en ville, il vint à Vienne, capitale d'Autriche, & la réfidence de Léopold. Ce fut là qu'il fut découvert par l'imprudence d'un page qu'il envoyoit à la provifion. Le cuifinier remarqua que ce jeune homme choififfoit toujours les viandes les plus délicates, & que lorfqu'il payoit, il faifoit montre de plufieurs pièces d'or. Il en donna avis au duc, qui fit prendre le page, & le contraignit par la force des tourmens, d'avouer la vérité. Ainfi le logis où étoit le roi fut auffi-tôt invefti. Une partie des gardes fe faifit des portes, & les autres entrerent dans la chambre. Il fe préfenta à eux l'épée à la main, & leur dit qu'il ne fe rendroit qu'au duc d'Autriche lui-même : étant résolu de se faire tuer, plutôt que de souffrir qu'ils missent la main sur lui. Ils firent donc sçavoir cette résolution au duc, qui ne tarda pas à venir. Le roi le voyant entrer dans la chambre, s'avança vers lui, & lui rendant son épée, il lui dit avec une grace qui auroit dû vaincre tout son ressentiment, qu'il étoit son prisonnier. Le duc le traita d'abord avec beaucoup de civilité, l'amenant avec lui comme s'il eût voulu lui donner un appartement dans son château; mais ce fut pour le jetter dans la prison, où il le fit indignement charger de chaînes. Spectacle étonnant, de voir un roi si puissant [1], & couvert de la gloire de mille belles actions, à la merci d'un ennemi qu'il avoit méprisé, & en étant traité à son tour comme un esclave. Au reste, c'est une belle leçon à ceux qui sont élevés au-dessus des autres, de n'abuser point de leur puissance, & de ne s'attirer point par leur mépris le ressentiment de leurs inférieurs, auxquels la providence a le pouvoir de les soumettre quand il lui plaît. Il est pourtant vrai qu'il eût été plus glorieux au duc d'Autriche,

[1] Cette captivité a fourni à M. Sedaine, le sujet d'une pièce dont-il a fait un si bel usage dans celle qu'il a intitulée : RICHARD CŒUR-DE-LION, *Comédie en trois Actes*. Le choix & la grandeur du sujet traité par une plume depuis long-temps accoutumée à enrichir le Théâtre, ne pouvoit manquer d'avoir le grand succès qu'elle a obtenu.

d'oublier les injures qu'il avoit reçues, que de s'en venger si lâchement ; témoignant par un procédé si peu magnanime, qu'il les avoit dissimulées par foiblesse, & non par grandeur de courage. Il fit quelque chose de plus malhonnête encore, en vendant le roi pour soixante mille marcs d'argent à l'empereur, qui ne les devoit payer que lors qu'on racheteroit le prisonnier.

III. C'est ainsi que Léopold & Henri mettoient à prix la liberté d'un prince sur lequel ils n'avoient aucun droit, puisqu'il n'étoit point vassal de Henri, qu'il étoit fort supérieur à Léopold, & qu'il n'avoit de guerre déclarée ni avec l'un ni avec l'autre. Mais la fortune prit plaisir à abaisser la fierté de ce prince, par une indignité sans exemple. L'empereur le fit transporter à Mayence, où il fut resserré fort étroitement. Cet empereur étoit Henri VI, fils de Frédéric I, digne par son courage de l'honneur de sa naissance, s'il ne l'avoit pas deshonorée par son avarice & par sa cruauté. Il avoit épousé, comme je l'ai déja dit, Constance, reine de Sicile, à qui Tancrede avoit enlevé le royaume ; & parce que Richard avoit pris l'alliance de Tancrede, Henri en avoit gardé un ressentiment qu'il fit éclater, lorsqu'il en trouva l'occasion. Il prit pour prétexte de sa vengeance l'invasion de la Sicile,

& le pillage de Meffine, dont il avoit fallu, difoit-il, que les Siciliens fe fuffent rachetés par une groffe fomme d'argent. Il y joignit la conquête de l'île de Cypre, qu'il appelloit une ufurpation & un brigandage, quoiqu'il n'y eût point d'intérêt; n'ayant ni la poffeffion ni la fouveraineté de cette île, qui appartenoit aux empereurs de Conftantinople. Mais il le chargeoit fur-tout d'avoir fait affaffiner le marquis de Montferrat, & d'avoir pris de l'argent de Saladin pour abandonner la Paleftine.

IV. Le roi de France fongeant de fon côté à retirer le Vexin, & peut-être toute la Normandie, envoya Philippe de Dreux, évêque de Beauvais fon coufin, à l'empereur, pour le folliciter à faire durer la prifon de Richard autant que fa vie. Si cet ambaffadeur n'obtint pas qu'elle fût perpétuelle, il la rendit au moins fort dure, & fut caufe que l'empereur oubliant le refpect qui eft dû aux têtes couronnées, fit charger le roi de fers. C'eft la plainte que Richard en fit lui-même quelques années après fa délivrance, en rejettant une requête qu'on lui préfentoit pour cet évêque, que la fortune livra depuis entre fes mains.

V. Après tout, le procédé de l'empereur étoit infoutenable. Mais voulant intéreffer les princes & les états de l'empire dans fa querelle,

il

il convoqua une diette à Spire, où il fit transporter le roi. L'empire Germanique ne vit jamais d'assemblée plus solemnelle ; & l'empire Romain lui-même dans sa splendeur n'en a peut-être point vu de plus célébre. Richard fut introduit comme un criminel ; mais il témoigna dans ses fers autant de majesté, que s'il avoit été sur le trône, la tempérant néanmoins par une modération convenable à l'état auquel sa mauvaise fortune l'avoit réduit. Il ne se défendit point sur l'incompétence de ses juges, bien qu'il le pût faire, étant né souverain & indépendant de l'empereur & de l'empire ; mais il se crut obligé de défendre sa réputation devant tous les tribunaux du monde. D'ailleurs il craignoit l'esprit sanguinaire de l'empereur, qu'il vouloit ménager. De sorte que comme il avoit hérité de l'éloquence, aussi-bien que de la valeur d'Henri II, son pere, il parla avec tant de force, qu'il laissa tout le monde, & l'empereur lui-même persuadé de son innocence.

VI. Il répondit à tous les chefs de l'accusation de l'empereur, & dit : « Qu'il n'avoit rien fait
» ni en Sicile, ni en Cypre, que de juste ; que
» Tancrede l'avoit obligé de faire la guerre, en
» lui refusant le douaire de sa sœur, & les legs
» du testament de Guillaume II, & que la bru-
» tale inhumanité d'Isaac, usurpateur du royaume

» de Cypre, l'avoit contraint de prendre les ar-
» mes pour venger ses injures, & celles des
» Cypriots eux-mêmes, qui gémissoient sous
» le joug de ce tyran : qu'il étoit innocent du
» meurtre de Conrad, dont Conrad l'avoit jus-
» tifié lui-même, lorsqu'il avoit ordonné à sa
» veuve de le mettre en possession de la ville
» de Tyr. A l'égard de l'argent qu'on l'accusoit
» d'avoir pris de Saladin pour revenir en Europe,
» qu'il ne pensoit pas qu'il eût jamais pu s'attirer
» de semblables reproches, lui à qui il ne restoit
» de toutes ses conquêtes que la gloire de les
» avoir faites, & qui avoit distribué aux Croisés
» tout le butin de la caravane de Babylone qui
» montoit à des sommes immenses. Et quels
» présens auroit-il fallu que Saladin lui eût faits
» pour le corrompre, lui qui donnoit des royaumes
» aux autres »? « Où sont enfin, dit-il, ces richesses
» qu'on m'accuse d'avoir reçues pour le prix de
» ma perfidie? on sçait en quel équipage l'on
» m'a trouvé. Il ne m'est resté pour tout trésor
» que la bague que j'ai au doigt. Voilà, conti-
» nua-t-il en la montrant, tout ce que je rem-
» porte, non-seulement de mes conquêtes, mais
» encore de tout l'argent de mon royaume que
» j'avois emporté avec moi, & que mes con-
» quêtes ont consumé. Au reste, qui sont ceux
» qui m'accusent d'avoir abandonné les Chrétiens

» d'Orient à la merci de Saladin ? Eſt-ce Phi-
» lippe qui s'en eſt retourné chez lui après la priſe
» d'Acre, ou Léopold qui l'a ſuivi ? Ne ſuis-je pas
» revenu après eux ? & n'ai-je pas aſſez de fois
» expoſé ma vie en combattant contre les Turcs,
» pour aſſurer ma réputation contre la calomnie
» de mes ennemis » ?

VII. L'empereur fut ſi touché du diſcours de Richard, qu'il ne put retenir ſes larmes, & que s'étant levé il l'embraſſa tendrement, l'aſſurant qu'à la venir il le traiteroit en roi, qu'il l'honoroit de ſon eſtime & de ſon amitié ; ſoit qu'il eût effectivement ce deſſein, ou qu'il en uſât de la ſorte, pour empêcher que la diete, charmée de la majeſté de ce prince, ne le voulût délivrer. Richard ne ſe contenta pas de faire connoître ſon innocence à l'égard du meurtre de Conrad par de fortes raiſons, il voulut encore fermer la bouche à ſes ennemis par l'aveu du vieux de la Montagne qui en étoit l'auteur. Il lui envoya donc par la permiſſion de l'empereur un meſſager, qui en rapporta une lettre, contenant l'hiſtoire de cet aſſaſſinat, de la maniere que je l'ai racontée. Mais pour tout cela l'empereur ne tint pas la parole qu'il lui avoit donnée ; & s'entendant avec le roi de France, il le retint priſonnier comme auparavant.

VIII. Philippe lui envoya peu de temps après une ambassade solemnelle pour négocier une étroite alliance entr'eux, dont il souhaitoit que son mariage avec la princesse Palatine, cousine germaine de l'empereur fût le lien, & la prison de Richard le prix & le sceau, en même-temps. Philippe avoit nouvellement épousé la princesse de Dannemarc; mais l'aversion qu'il prit pour elle le premier jour de son mariage, soit par la force de quelque sortilége, ou à cause de quelque défaut secret qu'il y découvrit, l'obligea d'en poursuivre la séparation. Il l'a fit juger par sentence de son clergé dans une assemblée où l'archevêque de Rheims présidoit : à quoi la parenté qui se trouva, ou qu'on imagina entre lui & cette princesse, servit de fondement, suivant l'abus de ces temps-là. Cependant la princesse Palatine touchée de l'indignité de cette action, rejetta la proposition que l'empereur lui fit du mariage du roi, & lui préféra le prince de Saxe. Henri ne laissa pas de promettre à l'ambassadeur de Philippe de tenir toujours Richard prisonnier. Il n'approuva pourtant point la déclaration de guerre que Philippe lui envoya faire dans sa prison, ne croyant pas qu'il pût se mettre par-là à couvert du serment qu'il avoit fait de ne rien entreprendre sur les terres de Richard que quarante jours après son retour. Mais Philippe avoit pris sa résolution, & fait un traité avec Jean, frere de Richard, à qui il promit de lui aider à s'emparer du royaume d'Angleterre, parce que Jean de son côté consentit que Philippe se saisît du Vexin. Ainsi ce frere perfide, au lieu de s'employer pour la délivrance de son frere, tâchoit de lui ravir la couronne; & par les troubles qu'il excitoit au delà de la mer, il favorisoit les invasions de Philippe en Normandie.

IX. Cette province se trouvoit partagée entre les seigneurs qui tenoient le parti de Jean, & ceux qui soutenoient l'évêque d'Ely, chancelier de Richard, que Jean avoit chassé. Il ne fut pas difficile au roi de France d'y entrer à la faveur de ces divisions, & de se rendre maître de Gisors & de tout le Vexin. Il fit ensuite avancer son armée dans la province; & après avoir pris Aumale & Evreux, il vint mettre le siége devant Rouen. Mais le comte de Leycestre se jetta dans la ville, & la défendit avec tant de valeur, que Philippe fut obligé de lever le siege, après y avoir perdu beaucoup de monde. Il prit pour se dédommager quelques bourgs & quelques châteaux de peu d'importance, & accepta la somme que le comte de Leycestre lui fit offrir pour obtenir une trêve de six mois. Le comte croyoit tout gagner en gagnant ce délai, parce qu'il espéroit que dans ce temps-là le roi pourroit être mis en liberté.

X. Il ne se trompa pas. La reine Eléonor, qui d'un côté s'opposoit puissamment à la rebellion de Jean Sans-Terre, s'employoit de l'autre avec beaucoup d'application à la délivrance de Richard, sentant redoubler sa tendresse par les infortunes de ce prince. Elle obligea le pape à écrire à l'empereur, à qui elle fit offrir une rançon telle qu'il la voudroit demander. Il convint avec Richard de cette rançon, qui fut fixée à cent cinquante mille marcs d'argent. La reine travailla aussi-tôt au recouvrement de cette somme, & tout le monde sans exception y contribua, le peuple, la noblesse & le clergé. Cette levée n'étant pas suffisante, on fit fondre les vases sacrés & les ornemans d'or & d'argent des églises. Avec tout cela il s'en fallut cinquante mille marcs qu'on ne pût fournir le prix de la rançon. On donna pour caution de cette somme l'archevêque de Rouen, & l'évêque de Bath avec cinquante gentilshommes, dont une partie passa auprès de l'empereur, & les autres se rendirent auprès du duc d'Autriche. L'archevêque de Rouen fut du nombre des premiers, & la reine Eléonor l'accompagna, dans l'impatience où elle étoit de revoir son fils, qu'elle eut la joie de délivrer de prison. Ainsi l'amour de la mere répondit à la piété du fils. De sorte qu'on peut dire que s'ils furent malheureux l'un & l'autre, en éprouvant succeſſivement les rigueurs de la captivité, ils furent auſſi heureux en éprouvant tour-à-tour, la mere l'affection d'un bon fils, & le fils la tendreſſe d'une bonne mere.

XI. Richard ayant été mis en liberté, vint de Mayence à Cologne, d'où il ſe retira en Flandre, n'attendant qu'un temps propre pour paſſer en Angleterre. Mais les vents contraires l'ayant arrêté pendant deux mois, il faillit à retomber dans une captivité pire que la premiere. Henri qui n'avoit pas les vertus de l'empereur Frédéric ſon pere, & qui d'ailleurs étoit ſollicité par la France, ſe repentit d'avoir laiſſé aller ſon priſonnier : ſe le repréſentant comme un tigre furieux qu'il avoit imprudemment lâché, & qui ne ſeroit pas plutôt de retour chez lui, qu'il chercheroit à ſe vanger des indignités de ſa priſon. Ainſi pour ſe garantir de ſon reſſentiment, il ne trouva point de meilleur moyen que de le remettre dans les fers, nonobſtant la foi du traité qu'il venoit de ſigner. Les amis que la vertu de Richard lui avoit acquis dans ſa captivité lui en donnerent avis, l'exhortant de partir, quelque péril qu'il pût courir ſur la mer, qui ſeroit toujours moins fâcheux que celui qu'il couroit en demeurant à terre. Il ſuivit leur conſeil : & quoi qu'il n'eût pas un vent favorable, il s'embarqua si à propos, que les gens que l'empereur envoyoit pour le prendre, arriverent dans le temps qu'il mettoit à la voile. Ils n'oserent le poursuivre : & après quelques jours d'une fâcheuse navigation, où la fortune acheva d'épuiser sa haine, elle changea tout-d'un-coup en sa faveur, & le fit heureusement aborder à Douvres, dix-huit mois après son départ de Ptolémaïs, dont il en avoit passé quinze dans les prisons de Vienne & de Mayence. Avant que de le suivre en Angleterre, il faut que je retourne en Asie, où la mort de Saladin me rappelle pour un moment. Ce sultan, qu'on dit avoir été l'amant de la reine Éléonor, est trop fameux dans l'histoire que j'écris, pour ne rien dire des circonstances mémorables de sa mort, après avoir tant parlé des belles actions de sa vie.

XII. Ensuite du traité de paix ou de tréve pour trois ans conclu entre lui & le roi Richard, il porta ses armes vers l'Euphrate contre les successeurs de Noradin, sur lesquels il reconquit toutes les provinces qui s'étendoient sur les deux rives de ce fleuve. Etant revenu victorieux à Damas, il y tomba malade. Il connut bien que sa maladie étoit mortelle : mais il envisagea la mort dans son lit avec la même intrépidité avec laquelle il l'avoit affrontée tant de fois dans les combats. Il divisa ses états entre ſes douze fils, & diſtribua ſes meubles d'une valeur preſqu'ineſtimable en trois parties égales entre les pauvres Mahométans, Chrétiens, & Juifs qui ſe trouvoient répandus dans les diverſes provinces de ſon empire : ſoit qu'il balançât, comme l'ont dit quelques-uns, entre les trois religions ; ſoit qu'il crût que la religion devoit avoir pour objet de ſa bénéficence la miſere de tous les hommes en général. Il fit cependant une grande faute en oubliant ſon frere Saphadin, qui avoit eu beaucoup de part à ſes conquêtes, & donna lieu par cette ingratitude à ce frere ambitieux d'uſurper ſes états ſous prétexte de ſe faire juſtice, & de les ôter à ſes neveux avec la vie. Mais il fit à tous les conquérans de belles leçons de la vanité de leurs victoires, lorſqu'il ordonna que le jour de ſes funérailles celui qui avoit accoutumé de porter ſon étendart dans un jour de combat, portât à la tête du convoi au bout d'une lance un morceau du drap dans lequel il avoit été enſeveli, en criant « Voilà tout ce qui reſte du » vainqueur de l'Orient ». Spectacle plus digne de l'attention des princes, que leurs triomphes mêmes ; puiſque ceux-là ne ſervent qu'à nourrir leur vanité, & que celui-ci les mettant dans leur état naturel, leur fait connoître la miſere de la condition humaine, dont leurs couronnes ni leur épée ne les sçauroient garantir.

XIII. Cependant Richard ayant débarqué à Douvres, alla faire ses dévotions à l'église de Cantorbéry, & vint de-là à Londres. Il y fut reçu au milieu des acclamations du peuple, qui non-seulement ne se plaignit point des sommes excessives qu'il avoit payées pour sa rançon, mais qui lui fit encore une entrée magnifique. Les Allemands qui avoient accompagné le roi, furent surpris de voir tant de pompe & tant de richesses dans une ville qu'ils croyoient épuisée, & ne pûrent s'empêcher de dire, que si l'empereur avoit cru qu'il y eût eu tant d'argent en Angleterre, il eût mis la liberté du roi à plus haut prix qu'il n'avoit fait.

Le roi s'appliqua aussi-tôt à réparer les désordres que la guerre avoit causé, & à rétablir la tranquillité publique, en étouffant toutes les semenses de rebellion que son frere avoit répandues en diverses provinces. Il le fit condamner dans le prochain parlement à une prison perpétuelle, & à perdre son appanage, pour avoir pris les armes & troublé le gouvernement du royaume pendant son absence. Mais ce prince sans courage, aussi bien que sans foi, ne l'avoit pas attendu, & s'étoit sauvé auprès du roi de

France, ne se croyant pas en sûreté dans son comté de Mortaing, ni dans les autres places qu'il avoit en Normandie.

XIV. Avant que de le poursuivre au-delà de la mer, Richard fit dans son parlement des réglemens importans pour faire refleurir le commerce, qui fait toute la richesse d'un état [1]. Il établit l'uniformité des poids & des mesures. Il prit soin de la manufacture des draps, & les mit par sa police dans la réputation qu'ils conservent encore aujourd'hui. Il abolit toutes les monnoies de méchant aloi, & en fit battre

___

[1] Richard & ses successeurs, en tournant toute leur attention sur le commerce, ont senti combien il étoit important d'encourager ceux qui s'y rendent industrieux, & de mettre le moins de distance possible entre le noble & le commerçant ; c'est ce que l'on remarque chez les Anglois. La confiance de Bajazet dans la foi d'un simple négociant, nommé Barthelemi Pélegrin, de l'île de Chio, est un témoignage bien glorieux pour le commerce, dont le crédit, fondé sur l'intelligence & la fidélité, embrasse l'univers, & s'attire une considération d'autant plus solide, qu'il ne la doit qu'à lui-même. On pourroit encore citer le témoignage le plus illustre qui nous reste de l'antiquité, au rapport de Plutarque, d'après Hésiode : « Or n'y avoit, dit-il, en ce temps là estat quel-
» conque qui fût reprochable, ni art ni mestier qui meist différence
» entre les hommes : ains qui plus est, la marchandise estoit tenue
» pour chose honorable, comme celle qui donnoit le moyen de
» hanter & traffiquer avec les nations estranges & barbares, de
» gaigner l'amitié des princes, & de acquerir experience de plusieurs
» choses. Tellement qu'il y a eu des marchands qui autrefois ont
» esté fondateurs de grosses villes, comme fut celui qui premie-
» rement fonda Marseille, &c ». *Plut. Vie de Solon, T. II, de l'éd. de Cussac.*

de bon or & de bon argent, défendant d'en expofer d'autre; & nomma des commiffaires pour faire obferver tous ces édits, & pour corriger les abus qui s'étoient gliffés durant les troubles. Il ajouta à ces foins, dignes d'un bon roi, & qui lui attirerent l'amour du peuple, une action de juftice & de bénéficence en même temps, qui lui en attira l'admiration. Ayant remarqué que la plupart des églifes n'avoient plus que des calices d'étain, parce qu'elles avoient fait fondre ceux qui étoient d'argent pour contribuer au paiement de fa rançon, il en fit faire d'autres de même poids & de même valeur, qu'il fit mettre à la place de ceux qu'on avoit fondus. C'eft ainfi qu'il fe rendit maître par fa magnificence de tous les tréfors de fon royaume, & qu'il s'y acquit par cette reftitution un droit plus jufte & plus abfolu que par une puiffance arbitraire.

XV. Pendant qu'il étoit ainfi appliqué au bien de l'état, il reçut la nouvelle de la guerre que le roi de France & le comte de Mortaing fon frere lui faifoient en Normandie. Il dînoit dans la grande falle de Veftmunfter, lorfque le courier lui apporta le paquet, par lequel on lui donnoit avis que Philippe, après avoir pris le Vaudreuil, Neufbourg & Evreux, avoit mis le fiége devant Verneuil. Il fe leva auffitôt de table, donna les ordres néceſſaires pour faire avancer les troupes, & ſe rendit à Portsmouth, afin de hâter l'équipage de ſa flotte. Les vents contraires le retinrent plus long-temps qu'il n'eût voulu, & ſon impatience eut beaucoup à ſouffrir de ce retardement. Il craignoit qu'il ne fût fatal à une ville dont la conſervation lui paroiſſoit importante, la regardant comme la clef de la province, & devant laquelle les armées de France avoient toujours échoué. Enfin le vent étant devenu favorable, il s'embarqua. Il aborda heureuſement en Normandie, & marcha, ſans prendre de repos, juſqu'à ce qu'il fût arrivé à la vue du camp des ennemis. Il fit auſſitôt travailler à la circonvallation du ſien, voulant être inſtruit des forces des aſſiégeans, & de l'état de leurs retranchemens, avant que de les attaquer. La fortune ſe joignit à ſa prudence, & contribua dans cette occaſion, encore plus que ſa valeur, à lui donner la victoire.

XVI. Le comte de Mortaing ſon frere n'étoit pas dans l'armée de Philippe. Il étoit demeuré dans Evreux, dont le roi l'avoit mis en poſſeſſion, & faiſoit réparer les murailles de cette place. Mais ce prince perfide voyant que ſon frere avoit paſſé la mer, ne crut point que Philippe fût capable de le défendre contre ſon reſſentiment; de ſorte quil penſa à s'en mettre à couvert par une trahison, n'étant pas capable de s'en garantir par une action de courage. Dans ce dessein il convia à dîner toute la garnison que Philippe avoit laissée dans le château ; parce que ne se fiant à lui que de bonne sorte, il croyoit l'empêcher par-là de rien entreprendre dans la ville contre son service. Cette garnison étoit composée de trois cent hommes d'élite, & presque tous gentilshommes, qui sans se défier de la supercherie de celui qui les invitoit, se rendirent dans la salle du festin. Ils ne se furent pas plutôt mis à table, qu'ils furent saisis & égorgés par des soldats, que le comte de Mortaing fit sortir d'une chambre où il les tenoit tout prêts pour cette tragique exécution. Il en fit couper les têtes, qu'il fit planter sur les murailles de la ville. Mais n'osant y attendre Philippe, il se retira auprès de la reine Eléonor. Il crut que cette action ne lui déplairoit pas, & il vouloit l'employer à faire sa paix avec le roi son frere, qu'il croyoit aussi avoir appaisé par cet horrible sacrifice. La nouvelle de ce massacre ayant été portée au camp, Philippe fut saisi d'une si violente colere, que sans rien communiquer de son dessein, il partit avec la quatrieme partie de l'armée, & accourut à Evreux. Il croyoit y trouver le comte de Mortaing, & vanger par sa mort celle de ses trois cent gentilshommes. Mais il en étoit déja parti. Il se vengea donc sur la ville, comme si elle eût été coupable d'un massacre, auquel pourtant elle n'avoit rien contribué ; & l'ayant emportée de vive force, il y fit mettre le feu, & la réduisit en cendres. Il revint ensuite dans son camp, où le bruit s'étoit répandu qu'il avoit levé le siége, parce qu'on n'avoit rien sçu de son expédition ; de sorte qu'il trouva l'armée qui se retiroit en désordre, & plus en état de fuir que de combattre. Il fit ce qu'il put pour obliger les soldats à rentrer dans les lignes ; & pour leur persuader qu'il venoit de punir sur les habitans d'Evreux la perfidie du comte de Mortaing, qui n'étoit échappé que par la fuite à sa vengeance. Ils n'en voulurent rien croire, & le regarderent toujours comme vaincu & fuyant devant Richard, qu'ils croyoient avoir à dos ; si bien qu'il fut contraint de se retirer avec eux. Ainsi le siége de Verneuil fut levé, sans qu'il en coutât de sang aux Anglois ; & Richard reprit le château d'Evreux, & fit rebâtir la ville ; ayant en mêmetemps reconquis les places que Philippe lui avoit enlevées.

XVII. On dit qu'il y eut cette année de terribles tempêtes, & que le feu du ciel se mêlant avec la grêle, brûla des villes entieres. L'église de Notre-Dame de Chartres, & le château de

Chaumont en Laonnois en furent consumés. Le peuple qui attribue aux causes surnaturelles tout ce qui le surprend, publioit que les démons mettoient eux-mêmes le feu aux maisons, & qu'on les avoit vus déguisés en corbeaux volant en l'air avec des charbons ardens à leur bec, qu'ils portoient sur le toit des édifices qu'ils vouloient embrâser.

Cependant le comte d'Angoulême, vassal du duché de Guyenne, se révolta, & prit les armes pour le roi de France, qui lui envoya des troupes pour le soutenir, pendant que de son côté il s'avançoit dans la Touraine, où il croyoit mieux faire ses affaires qu'en Normandie. Il prit Tours, favorisé par les chanoines de S. Martin qui tenoient son parti. Mais comme il vouloit passer dans le Berri, dont les meilleures places s'étoient déclarées pour lui, Richard le surprit auprès de Blois, défit son armée, & l'obligea de se retirer dans le fond de son royaume. Philippe perdit dans cette déroute tout son bagage, avec les chartres & les titres de la couronne [1], que les rois de France faisoient porter en ce temps-

---

[1] « Comme Philippe, dit Mezerai, passoit entre Freteval & Blois, » les Anglois qui s'étoient mis en embuscade dans des bois & » des haies épaisses, lui enleverent tout son bagage, dans lequel » il faisoit porter tous les titres de la couronne, &c ». Cette perte malheureuse pour la France & pour son histoire, arriva vers la fin de l'année 1195.

là

là dans leurs expéditions, comme le sultan des Turcs le pratique encore aujourd'hui. Cette victoire fit rentrer la ville de Tours dans l'obéissance de Richard, qui en chassa les chanoines de S. Martin, partisans de la France. De-là il porta ses armes dans l'Angoumois, & vint se présenter devant la capitale. Le siege n'en fut pas long, il l'emporta au premier assaut qu'il fit donner ; mais ce ne fut pas sans qu'il y eût bien du sang répandu de part & d'autre.

XVIII. Pendant qu'il domptoit les rebelles de Guyenne, les seigneurs Normands & François entreprirent de faire un traité au nom des deux rois, le signerent & le scellerent des sceaux de France & d'Angleterre. C'étoit une coutume établie en France dès le commencement de la monarchie, que les grands du royaume négocioient la paix ou la trève, souvent à l'insçu, & quelquefois même contre la volonté du roi. Cependant il étoit obligé d'y consentir, de peur de se voir abandonné de toute l'armée, qui n'étoit composée que des troupes que lui amenoient les seigneurs, vassaux de la couronne. Mais Richard ne put approuver cette liberté ; & d'ailleurs trouvant le traité désavantageux, il ne le voulut pas tenir, & rompit le sceau dont il avoit été scellé. Ainsi la guerre recommença. Les armées firent le dégât par-tout où elles

Y

entrerent, arracherent les arbres, couperent les bleds encore verts, pillerent & ravagerent les villes & les campagnes, & causerent la famine dans toute la France. Elle fut si violente & si universelle, qu'une infinité de gens moururent de faim. Plusieurs personnes de qualité furent de ce nombre, après avoir soutenu quelque temps leur vie de racines & d'herbes comme les bêtes. Tout cela n'étoit cependant point capable de ralentir la fureur de deux princes animés de longue main l'un contre l'autre. D'ailleurs l'empereur entretenoit cette division tant qu'il pouvoit, penchant tantôt d'un côté, & tantôt de l'autre, & cherchant une entrée en France, afin d'y faire des conquêtes, sous prétexte d'y mener du secours.

XIX. Il négocioit alors un traité avec Richard, nonobstant l'indigne traitement qu'il lui avoit fait, & il en avoit chargé son chancelier qu'il faisoit passer vers ce prince, pendant que d'autre côté il amusoit la France par des propositions toutes contraires. Mais sa ruse fut découverte, & l'on arrêta son chancelier, qu'on trouva saisi du traité qu'Henri avoit signé le premier, pour engager Richard par cette avance à le signer ensuite. Sur ces entrefaites il arriva des députés à la cour des deux rois de la part d'Alphonse roi de Castille, pour leur demander du secours contre Boyac, roi d'Afrique, qui avoit défait son armée, & le tenoit investi dans Tolede. Comme Alphonse étoit allié de l'un & de l'autre, ils convinrent de lui envoyer le secours qu'il leur demandoit; mais ils ne purent convenir de la paix entr'eux, parce que Richard refusa d'en signer le traité, qu'il n'eût sçu auparavant la volonté de l'empereur, auquel il en envoya la copie. Ainsi la guerre continua encore quelque temps; & Philippe eut des succès assez avantageux en Normandie, ayant contraint Richard de lever le siege d'Arques, pris la ville de Dieppe, & brûlé les vaisseaux qui étoient dans le port.

XX. Richard ayant rétabli son armée, s'avança vers Dieppe, & présenta la bataille à Philippe, qui ne la voulut point accepter. Cependant il envoya proposer à Richard de terminer leurs différends par un combat de cinq contre cinq, afin d'épargner le sang de leurs sujets, & de mettre fin aux désolations de la guerre. Richard fit réponse à son héraut qu'il acceptoit le défi, pourvu que Philippe & lui fussent de la partie; n'étant pas juste qu'ils ne fussent que les spectateurs d'un combat auquel ils avoient le principal intérêt. Cette réponse fit évanouir la proposition, parce que Philippe ne crut pas qu'il fût de sa dignité de se commettre dans un combat singulier, ou parce que les seigneurs de sa cour ne voulurent pas le souffrir. Mais étant appellé par les rebelles de Berri, il fit marcher son armée de ce côté-là. Richard qui en fut averti, accourut à la tête de la sienne, & l'ayant atteint au gué d'Amours, il se mit en bataille. Philippe s'y mit aussi, & l'on étoit prêt d'en venir aux mains. Les deux rois avoient déja donné leurs ordres, & les deux armées s'ébranloient pour commencer le combat; lorsque tout d'un coup Philippe se détachant de son escadron, & Richard du sien, ils s'avancerent l'un vers l'autre, non plus comme deux ennemis qui veulent s'arracher la vie, mais comme deux princes qui veulent faire une étroite alliance ensemble. Ils s'embrasserent tendrement, & mettant pied à terre, s'assirent au pied d'un orme qui étoit au milieu des deux camps, où, après un court entretien, ils conclurent la paix, qui sembla leur avoir été miraculeusement inspirée. Ils remirent à une plus ample conférence l'examen des articles & la signature du traité. Dans le temps qu'ils s'entretenoient avec le plus d'application, ils entendirent derriere eux un sifflement, qui leur ayant fait tourner la tête, ils virent un prodigieux serpent sortant du creux de l'arbre au pied duquel ils étoient assis, & lançant sa tête qu'il élevoit en haut, tantôt contre l'un, &

tantôt contre l'autre, comme s'il eût douté lequel il devoit attaquer le premier. Les deux princes mirent l'épée à la main, & le tuerent. Mais leurs armées qui virent leur action sans en sçavoir la cause, crurent qu'ils s'étoient querellés ; de sorte qu'empoignant de leur côté leurs lances & leurs arbalêtres, on alloit voir un sanglant combat, si Philippe & Richard n'eussent fait signe de la main de ne point branler, & si les soldats ne les eussent vus ensuite décharger leurs coups sur le serpent.

XXI. Leur conversation étant finie, ils allerent de compagnie & sans suite rende graces à Dieu dans une église qui étoit proche de-là : & quelques jours après ils s'assemblerent à Louviers avec les principaux seigneurs des deux royaumes. Ce fut là qu'après être demeurés d'accord des articles, on signa le traité [1]. Il portoit que Louis, fils de Philippe, épouseroit la sœur d'Artus, duc de Bretagne, niece de Richard ; que pour la dot de cette princesse, Richard donneroit les comtés du Vexin & d'Évreux avec la ville de Vernon & son territoire ; & qu'il céderoit à Philippe en faveur de la paix tous ses droits sur l'Auvergne & toutes les places qu'il y possédoit. Que Philippe de son côté lui rendroit Issoudun & toutes

---

[1] Ce traité fut conclu l'an 1199, à la grande satisfaction des deux rois.

les places qu'il lui avoit prises pendant sa prison, tant en Berry qu'ailleurs. Ce traité ayant été signé, Richard repassa la mer, & vint à Londres, où sa mere lui présenta le comte de Mortaing son frere, qui se jetta à ses pieds, & lui demanda pardon : « Je vous pardonne, lui dit le roi en » le relevant, & je ne veux jamais me souvenir » de votre faute ; mais vous au contraire sou- » venez-vous-en si bien, que vous n'oubliez ja- » mais que je vous l'ai pardonné ». Il le rétablit aussi-tôt dans la possession de tous ses biens, & y ajouta une pension considérable.

XXII. Il reçut dans le même temps une nouvelle qui lui fut fort agréable ; c'étoit la mort de Léopold, duc d'Autriche, à qui il devoit encore vingt mille marcs d'argent qu'il se préparoit de lui envoyer, afin de dégager les cautions. Pour lever cette somme, & pour fournir aux frais de la guerre qu'il venoit de soutenir contre la France, il avoit été obligé de mettre des impôts sur les Anglois, qui s'en plaignirent un jour à l'archevêque de Lyon qui étoit venu avec lui en Angleterre. Mais cet archevêque leur ferma la bouche, en leur disant que Richard étoit un saint [1] en comparaison du roi de France. La mort de Léopold arriva bien à pro-

---

[1] Il y a dans l'original un hermite.

pos pour faire cesser les mécontentemens du peuple, en faisant cesser la levée des impôts. Les cautions que ce duc avoit renvoyées n'apportoient pas seulement la quittance des vingt mille marcs qu'on lui devoit, mais en rapportoient encore quatre mille qu'il avoit restitués. Comme s'il eût voulu par-là réparer son injustice, & se réconcilier avec Richard avant que de mourir. Au reste sa mort arriva par un étrange accident; comme il se promenoit sur la fin de décembre dans les rues de Vienne, étant à cheval & suivi des gentilshommes de sa cour, il arriva à un endroit où des enfans attaquoient un château de neige que d'autres défendoient. C'étoit un divertissement que la jeunesse prenoit tous les ans dans une pareille saison. La troupe des assiégeans se trouvoit dans ce moment rebutée par la résistance des assiégés; de sorte que voyant passer le duc, ils s'adresserent à lui, le priant de leur prêter main-forte. Le duc prenant plaisir à cette hardiesse poussa son cheval vers le château. Il enfonça aisément le rempart qui n'étoit qu'un monceau de neige; mais ce rempart tombant dans le fossé, son cheval qui ne trouva plus rien sous ses pieds y tomba aussi, renversant le duc sous lui, qu'il fallut relever, & porter au château dangereusement blessé. Sa jambe qui s'étoit trouvée prise sous le cheval ayant porté toute la violence de la chûte, en avoit été tellement fracaffée, qu'il la fallut couper. Mais cette opération ne lui put fauver la vie, & quelques jours après il mourut. C'eft ainfi que la fortune fe joua de la fierté de ce duc, qui fe vantoit d'avoir humilié l'ambition d'un roi qui l'avoit offenfé. Ce n'eft pas de lui qu'eft defcendue la famille qui regne aujourd'hui en Allemagne & en Efpagne. Elle n'hérita du duché d'Autriche que cent ans depuis, dont elle prit le nom, en quittant celui de Hapsbourg qu'elle portoit auparavant.

XXIII. Richard voyant fon royaume & fes provinces en paix, fongea à divertir le peuple, qui veut être amufé par les plaifirs, lorfqu'il n'eft point occupé par les affaires. Ce prince aimoit les fpectacles, & fur-tout ceux qui repréfentent les combats; parce que d'un côté il trouvoit du plaifir dans ces images de la guerre, & que de l'autre il croyoit que la jeune nobleffe du royaume apprendroit en fe jouant à combattre férieufement. Il rétablit donc l'ufage des tournois, qui avoient commencé plus de cent ans auparavant, mais qui avoient été abolis fous le regne de Henri II. Il fit pour cela la dépenfe néceffaire pour la lice, pour les échafauds, & pour tout l'appareil de ces fêtes galantes & guerrieres, où les cavaliers rompoient les lances, & donnoient un certain nombre de coups de maſſe ou d'épée pour l'amour de leurs maîtreſſes ; pendant que les dames regardant des échafauds un combat dont leur beauté étoit le ſujet, animoient leurs chevaliers par leur préſence. Ils entroient dans la lice armés de fer, & ſur des chevaux bardés de même. Mais ils avoient par-deſſus leurs cuiraſſes une cotte d'armes d'une riche étoffe de telle couleur qu'il leur plaiſoit, qu'on appelloit gonelle, d'où vient le nom de Griſe-Gonelle donné au comte d'Anjou, parce qu'il en portoit une de cette couleur. Leurs chevaux étoient caparaçonnés de la même étoffe, & la cotte & le caparaçon étoient blaſonnés des armes du chevalier. Leurs écuyers portoient devant eux leur armet [1] & leur lance, qu'ils ne prenoient que lorſqu'il falloit commencer le tournois, & ce combat s'appelloit ainſi parce que les chevaliers combattoient tour-à-tour diviſés en pluſieurs quadrilles.

XXIV. La paſſion qu'on avoit pour ces exercices avoit été ſi violente du temps de Guillaume le Conquérant, & juſqu'au pere de Richard, que les cenſures de l'égliſe ne les avoient pu faire ceſſer. Les prélats avoient joint à leurs fulminations celle de la cour de Rome, & trois papes avoient excommunié ceux qui mouroient

[1] Ou morion, petit caſque.

de leurs blessures dans ces combats. Cette sévérité n'avoit point été capable d'arrêter l'ardeur de la jeunesse Angloise, qui abusoit de l'usage des tournois, & venoit s'égorger dans un lieu où elle devoit seulement faire paroître son adresse. Il n'y eut que l'autorité de Henri II, qui pût mettre fin à ces duels, & les guerres qui occuperent le cours de son regne donnerent assez d'exercice à la jeunesse pour lui faire oublier celui-là. Richard le rétablit, mais il en corrigea les abus qui s'y étoient glissés, & fit de séveres réglemens pour empêcher qu'on ne convertît en des duels meurtriers, des fêtes qui n'avoient été instituées que pour donner à sa noblesse une honnête émulation, & que pour l'exercer en la divertissant.

XXV. Il eut bientôt après des occupations plus sérieuses ; & la guerre se ralluma plus violente que jamais entre lui & Philippe [1], s'accusant l'un & l'autre de contrevenir au traité de paix, parce qu'ils cherchoient peut-être tous deux des prétextes pour le rompre. Philippe se plaignoit de ses ministres, qui lui avoient conseillé de rendre Issoudun & ses autres conquêtes. Et Richard se repentoit de la cession qu'il avoit faite du comté du Vexin, & des villes

[1] En 1196.

d'Evreux & de Vernon, qui laiſſoient la Normandie ouverte aux armes des François. Le prétexte de rupture que prit Philippe, fut le château que Richard faiſoit bâtir ſur un fond dont la riviere d'Andelle fait une île [1], parce qu'il prétendoit que cette place ſervoit de frontiere, & que diviſant leurs états, elle ne pouvoit être occupée ni par l'un ni par l'autre. Richard d'autre côté ſe plaignit que Philippe eût reçu l'appel du ſeigneur de Vierzon [2] : l'un de ſes ſujets, dans la province de Berri, prenant cela pour une contravention au traité, par lequel il rentroit dans la pleine poſſeſſion de cette province. Ainſi, l'on courut de part & d'autre aux armes. Richard paſſant la mer [3], entra dans la Bretagne pour s'aſſûrer de cet état partagé en deux factions ſous la minorité du jeune Artus ſon neveu ; les uns ſe déclarant pour lui, & les autres pour Philippe. Comme la ducheſſe Conſtance, mere d'Artus, & en ayant la tutelle, étoit de ce dernier parti, il la ſurprit dans Pontorſon dont il ſe rendit maître : mais il n'y trouva point ſon neveu. Les bretons l'avoient retiré

---

[1] Cette place, qui étoit défendue par Hugues ou Roger de Lacy, & que Rapin de Thoyras nomme Château-Gaillard, coûta à Philippe un ſiege de cinq mois.

[2] Sur le Cher.

[3] En 1197.

dans le milieu du pays, & le gardoient avec de bonnes troupes, renforcées par celles que Philippe leur avoit envoyées sous le commandement du vaillant Guillaume Desbarres. Richard n'osa s'engager plus avant dans cette guerre, & trouva plus à propos de venir au secours d'Aumale que Philippe assiégeoit. Les deux armées en vinrent aux mains, & le combat fut fort sanglant : mais la victoire demeura aux François par la chûte de Richard, qui fut abattu d'un coup de lance par la valeur d'Alain de Dinan. Il ne fut pourtant pas pris, & s'étant retiré à Rouen il envoya chercher du renfort en Angleterre, d'où on lui amena trois mille Gallois, gens cruels plutôt que vaillans, & qui se sentoient encore de la barbarie d'une province nouvellement domptée. Il se présenta avec cette recrue devant Gaillon, à une journée de Rouen, où, son malheur continuant, il fut blessé, & ses nouvelles troupes taillées en pieces.

XXVI. Il fut dédommagé de toutes ces pertes par une suite de bonnes nouvelles qu'il reçut presque en même-temps de divers endroits. Le comte de Mortaing, son frere, étant entré dans l'île de France, pilla les environs de Beauvais, & fit prisonnier l'évêque qui étoit venu au secours du Beauvaisis avec les milices du pays. C'étoit ce Philippe de Dreux qui avoit rendu de si mauvais offices à Richard auprès de l'empereur pendant fa captivité. Auffi deux prêtres ayant prié le roi de leur permettre de fervir leur évêque prifonnier, il les renvoya, en leur difant qu'un évêque qui n'avoit point eu de refpect pour fa dignité, l'ayant fait charger de chaînes dans fa prifon, ne méritoit pas qu'il adoucît la rigueur de la fienne. Et le pape l'ayant follicité de mettre en liberté ce prélat qu'il traitoit de frere[1], il lui envoya la cuiraffe que l'évêque portoit le jour du combat, avec cette réponfe : « Voyez, faint » Pere, fi vous reconnoiffez là la tunique de » votre frere ». Ainfi, il fallut que l'évêque fe rachetât en payant fa rançon.

XXVII. Dans le temps que le comte de Mortaing défit l'armée des François dans le Beauvaifis, les Bretons qui avoient pris le parti de la France fe raccommoderent avec Richard, & mirent fous fa protection la province & le jeune duc, qui demeura cependant en la garde de la ducheffe fa mere. Richard fit auffi une étroite alliance avec le comte de Saint-Gilles, qui époufa la reine de Sicile fa fœur, veuve de Guillaume II. En confidération de ce mariage il abandonna fes prétentions fur le comté de Touloufe, & le comte de Saint-Gilles fe détacha des

---

[1] D'autres difent de fils.

intérêts de la France. Enfin, Baudouin, comte de Hainaut, & devenu comte de Flandre par la mort de Philippe d'Alsace, se ligua avec lui contre Philippe. Il étoit irrité des indignités de ce roi, qui, non-seulement le traitoit avec trop de hauteur, mais qui l'avoit encore dépouillé de moitié de ses états, & qui s'étoit emparé du comté d'Artois sous prétexte de la promesse que Philippe d'Alsace lui en avoit faite, en lui faisant épouser sa niece, fille de Baudouin.

Il faut encore mettre entre les bons succès qui arrivoient en foule à Richard, le retour des ôtages qu'il avoit donnés à l'empereur, puisque lui-même ne comptoit sa délivrance que de ce jour-là, s'écriant lorsqu'on lui apporta la nouvelle : « C'est à cette heure que j'ai recouvert ma » liberté ». Parole digne d'un bon roi, qui ne croit avoir d'autre droit sur la liberté de ses sujets, que celui que leur affection lui donne, & qui témoigne par la joie qu'il a de leur délivrance, qu'il en est le pere, & non le tyran.

XXVIII. Toutes ces prospérités furent suivies des victoires que Richard & ses alliés remporterent sur la France. Il prit Saint-Valeri-sur-Somme, petite ville, mais qui a un port commode sur les frontieres de Picardie & de Normandie. Baudouin, comte de Flandre, se mettant aussi en campagne, reprit Douay, dont Philippe s'étoit saisi, & vint mettre le siége devant Arras. Cette ville, capitale de l'Artois, à qui elle donne son nom, étoit de la derniere importance, & Philippe résolut de la secourir à quelque prix que ce fût. Il partit dans ce dessein avec une belle armée : mais se laissant emporter à son ardeur, il ne prit pas garde qu'il s'engageoit dans un pays entrecoupé de fossés & de rivieres. Baudouin fit rompre les ponts par tout, & se présentant à la tête de ses Flamands, il attira le roi dans un endroit marécageux, où sa cavalerie ne pouvoit ni avancer ni reculer. De sorte qu'il fut obligé de capituler à telles conditions qu'il plût au comte de Flandre, qui pouvoit le faire périr avec toute son armée. Les articles portoient, qu'il rendroit au comte & à Richard, son allié, toutes les places qu'il leur avoit prises.

XXIX. Pendant que le comte de Flandre remportoit ces avantages; Richard étoit passé dans le Berri, où il soumit ceux qui s'étoient détachés de son obéissance, & reprit les places qui avoient reçu garnison Françoise. Il trouva à son retour le traité qu'avoit fait le Flamand, & le ratifia. Mais la joie de ces bons succès fut diminuée par deux événemens qui ne paroissoient pas être de grande importance, & qui faillirent pourtant à troubler l'Angleterre & la Normandie. Le premier arriva dans Londres par la faction d'un certain Guillaume, homme de basse naissance & de mauvaise mine, mais éloquent & hardi, qui s'étoit rendu plus puissant dans la ville que tous les magistrats. Le peuple mécontent du maire & & des aldermans, qu'il accusoit de rejetter les impôts sur les pauvres, & d'en décharger les riches, écoutoit volontiers cet homme qui ne parloit que de liberté & de bien public, & le regardoit comme un libérateur que le ciel lui envoyoit. Il fut d'abord chez les particuliers. Il fit ensuite des assemblées secretes, & parut enfin suivi de toute la canaille, courant par les rues, pillant les maisons des principaux bourgeois, & tuant ceux qui se mettoient en défense. L'archevêque de Cantorbery étoit alors à Londres, dont le roi lui avoit confié le gouvernement. Il assembla les magistrats, &, suivant la résolution qui fut prise dans le conseil, il fit mettre la bourgeoisie sous les armes. On poursuivit les séditieux, & on les investit dans une tour[1], où ils s'étoient retranchés avec leur chef. L'archevêque l'envoya sommer de se rendre, lui promettant la vie & à tous ceux qui l'avoient suivi. Mais il répondit fierement que c'étoit à lui à

---

[1] La tour de l'Arc, près l'église Sainte-Marie.

donner

donner la loi, & non à la recevoir. Il fallut donc attaquer la tour. Elle fut emportée dès le premier aſſaut, & l'on prit ce chef de parti qui ſe défendoit vaillamment. Il fut pendu avec ceux qu'on trouva les plus coupables : mais ſon corps ayant été emporté la nuit par les factieux, on cria au miracle. Ainſi la ſédition recommença, & ne fut appaiſée qu'on eut retrouvé le corps, & qu'on eut puni ceux qui l'avoient enlevé.

XXX. L'autre événement ſe paſſa au-delà de la mer dans la province de Normandie, & dura plus long-temps. J'ai parlé d'un château que Richard faiſoit bâtir dans une île de la riviere d'Andelle, & de la jalouſie qu'en avoit eu le roi de France. L'archevêque de Rouen s'en plaignit de ſon côté, comme d'une entrepriſe faite ſur le domaine de ſon archevêché, à qui ce fonds appartenoit. Il voulut faire ceſſer l'ouvrage ; & Richard l'ayant fait continuer malgré ſon oppoſition, il mit toute la province en interdit ; de ſorte que pendant huit mois le ſervice divin ceſſa dans toutes les égliſes, & que les morts demeurerent ſans ſépulture. Pour tout cela Richard ne diſcontinua point ſon travail, non plus que pour le prodige qui parut enſuite, ou du moins dont on fit courir le bruit. Car on rapporta au roi qu'il étoit tombé une pluie de ſang pendant que les ouvriers travailloient, dont

Z

leurs habits avoient été tachés en plusieurs endroits : soit qu'effectivement la pluie qui tomba fût plus rouge que d'ordinaire par le mélange de quelque corps étranger qui auroit pu se trouver dans l'air [1] : soit que la superstition l'eût fait imaginer de la sorte. Quoi qu'il en soit, Richard qui n'étoit pas homme à s'épouvanter de ces terreurs paniques, n'en pressa pas moins la perfection de son ouvrage. Ce différend fut enfin accommodé par la récompense qu'on fit à l'archevêque. Le roi pour ce fonds de peu de valeur, mais qui lui étoit de conséquence, & pour quelques terres qui en dépendoient, quitta à l'archevêque la ville de Dieppe avec son territoire, dont les archevêques de Rouen sont encore aujourd'hui seigneurs [2].

XXXI. Le traité que Baudouin avoit fait avec le roi de France, & dans lequel Richard avoit été compris, n'étoit qu'une trêve de seize mois : mais elle dura bien moins encore. Philippe irrité de l'affront qu'il avoit reçu par son imprudence, & ne pouvant se résoudre à l'exécution d'un traité aussi désavantageux que celui qu'il avoit été contraint d'accorder, prétendit n'être point obligé à

---

[1] Voyez à la page 162, où j'ai rapporté le sentiment de M. de Bomare sur cette prétendue pluie de sang.

[2] Les historiens disent qu'il lui céda encore les moulins de Rouen.

le tenir, parce qu'il ne l'avoit figné que par force, & que d'ailleurs fon vaffal ne l'avoit pu exiger de lui. Ainfi chacun reprit les armes. Baudouin affiégea la ville de St.-Omer dont Philippe s'étoit emparé, & la prit. D'autre côté, Richard marcha dans le Vexin, & fe rendit maître des fortereffes que Philippe avoit fait bâtir pour couvrir Gifors. Alors Philippe qui fçavoit fon deffein, fe mit aux champs avec une armée de quarante mille hommes, croyant furprendre Richard qui n'avoit pas la moitié tant de troupes. Mais il en fut furpris lui-même, & tomba dans une embufcade que l'Anglois lui dreffa entre Courcelle & Gifors. Il marchoit à la tête d'un efcadron de deux cent foixantes gendarmes, accompagné des principaux feigneurs du royaume, fans penfer que les ennemis fuffent fi près de lui, lorfqu'il s'en vit environné de tous côtés. Il n'avoit point d'autre parti à prendre que celui de tourner bride, & de fe fauver à Gifors. Il y courut donc en perçant l'efcadron qui lui voulut difputer le paffage. Mais étant arrivé fur les bords de l'Epte, le pont fur lequel il paffoit, tomba fous les pieds de fon cheval, qui le renverfa dans la riviere [1].

[1] Rapin de Thoiras rapporte l'accident arrivé à Philippe, par la chûte du pont de Gifors, d'après les hiftoriens François, à l'année 1199.

XXXII. Il y auroit péri, si quelques-uns ne se fussent jettés dans l'eau pour l'en retirer, pendant que les autres retournant à la charge, arrêterent quelque temps les Anglois, jusqu'à ce que le roi remontant à cheval, gagnât Gisors. Il fut presque le seul qui échappa. Vingt seigneurs qui tomberent comme lui dans la riviere y furent noyés, quatre-vingt-douze autres furent faits prisonniers, & le reste perdit la vie dans le combat. L'armée qui ne s'étoit point trouvée à cette déroute étoit encore toute entiere, & Philippe voulut se venger de sa perte sur la ville d'Evreux que Richard avoit nouvellement fait rebâtir. Il y mena donc ses troupes, la prit d'assaut, & la brûla. Mais après cet exploit il se retira à Paris, & licencia son armée, laissant ses frontieres exposées au ravage des Anglois.

XXXIII. Pour en arrêter les courses, il eut recours au pape, qu'il pria de se rendre médiateur de la paix. Le pape en écrivit à Richard; & ce prince ayant alors besoin du crédit du Souverain pontife, promit de s'accommoder avec Philippe. L'empereur Henri étoit mort depuis peu à Messine, à la fleur de son âge, détesté pour ses cruautés, qu'il avoit portées à un tel excès sur la famille de Tancrede son concurrent, dans les royaumes de Naples & de Sicile, & sur les principaux seigneurs de ces deux royaumes, que l'impératrice Constance, sa femme, ne les pût souffrir. Elle l'abandonna donc, & quelques-uns même disent qu'elle contribua à hâter sa mort. Il avoit, dit-on, épousé cette princesse à la sollicitation du pape, qui vouloit se vanger de Tancrede, qu'il regardoit comme l'usurpateur de la couronne; non pas au préjudice de Constance, qui en étoit pourtant l'héritiere légitime, mais au préjudice du siége de Rome, à qui le pape croyoit que les royaumes de Naples & de Sicile devoient revenir par la mort de Guillaume le Bon, sans enfans. De sorte qu'il avoit dispensé Constance de ses vœux, afin qu'elle pût épouser l'empereur, & faire la guerre à Tancrede. Ces historiens disent aussi, que l'abbé Joachim, qui passoit pour un insigne prophete, avoit prédit au roi Roger les malheurs que sa fille causeroit dans ses états; & que ce roi la fit mettre dans un couvent, où elle prit le voile, mais qu'elle le quitta dans un âge fort avancé, par la dispense du pape, qui, comme je viens de le dire, pensoit plus à se venger de l'invasion de Tancrede, qu'à obliger l'empereur. Ils ajoutent que Constance étant devenue grosse quelques années après son mariage, dans un âge qui ne permettoit plus à l'empereur d'en espérer d'enfans, il fit dresser une tente dans le vestibule de la grande église de Palerme, où il fit placer le lit de l'impératrice, qui y passa plusieurs jours en attendant le terme de son accouchement. Elle y accoucha enfin en la présence non-seulement de toute la cour, mais même de tout le peuple, l'entrée n'en étant défendue à personne, afin d'ôter tout prétexte aux soupçons de sa grossesse, & de la naissance du prince qu'elle mit au monde.

XXXIV. Ce fut Fridéric II, qui fut depuis empereur, & qui imita plutôt les vertus de son aïeul, dont il porta le nom, que les vices de son pere. Pour en revenir à ce prince cruel, il ne put arracher la couronne à Tancrede, pendant qu'il vécut; mais après sa mort, qui arriva sur la fin de l'an 1195, il fit un traité avec Roger II, fils de Tancrede, qui n'étoit qu'un enfant, par lequel ils partageoient les royaumes de Naples & de Sicile; Roger demeurant en possession du premier, & abandonnant l'autre à Henri. Mais cet empereur ayant été reçu sous la foi du traité dans Palerme, où étoit le jeune prince, il s'en saisit, & l'envoya en Allemagne, après lui avoir premierement fait perdre la vue, & l'avoir ensuite fait eunuque, pour empêcher sa postérité de le troubler un jour, ni en Italie, ni en Sicile. Il fut bientôt après délivré de toutes ces inquiétudes par la mort de ce malheureux prince; à qui la douleur des tourmens & l'indignité du traitement qu'on lui avoit fait souffrir, firent perdre la vie. Henri non content de cette cruauté, fit mourir tous les prélats & les seigneurs qui avoient favorisé l'élection de Tancrede. Ce fut par ces massacres qu'il se rendit odieux à ses peuples, & insupportable à sa propre femme. Il avoit fait reconnoître, avant que de mourir, le prince dont l'impératrice étoit accouchée, pour son successeur à l'empire. Mais les princes d'Allemagne refusant de se soumettre à un enfant, s'étoient partagés sur le choix d'un empereur; les uns voulant élire Philippe frere de Henri; & les autres favorisant Othon, duc de Saxe, neveu de Richard.

XXXV. C'étoit dans cette occasion que la faveur du pape lui étoit nécessaire, afin d'appuyer le parti de son neveu de l'autorité pontificale. Ainsi Richard déférant à la recommandation du pape, se trouva entre Vernon & Andely, sur les bords de la riviere d'Andelle, étant à cheval, & Philippe s'y rendit en bateau. Ils convinrent dans cette entrevue d'une treve pour cinq ans, chacun demeurant en possession de ce qu'il occupoit, jusqu'à ce qu'ils eussent réglé leurs prétentions par un traité de paix.

Ce fut dans ce temps-là qu'un gentilhomme du Limousin trouva sur ses terres un trésor, avec lequel il se retira auprès du vicomte de Limoges:

soit qu'il crut que le vicomte étant seigneur immédiat du fond, le trésor lui appartenoit; soit qu'il espérât de le partager avec lui, au préjudice de Richard, Seigneur souverain du Limousin à cause de sa duché de Guyenne. Ce trésor étoit considérable. C'étoit, à ce qu'on reconnut par l'inscription, dont les caracteres étoient encore lisibles, un empereur assis à table avec sa femme & ses enfans, d'or massif, & de leur grandeur naturelle; la table étant aussi d'or. L'histoire ne nous apprend point qui étoit cet empereur, ni même ce que devint enfin ce funeste trésor, qui fut cause de la mort de Richard. Elle nous dit seulement, que le vicomte de Limoges[1] envoya lui en offrir la moitié; mais que le roi qui prétendoit qu'il lui appartenoit tout entier, refusa de partager avec son vassal les droits de sa souveraineté. D'autre côté le vicomte ne put se résoudre à se dessaisir d'un dépôt si précieux, auquel il crut avoir autant & plus de droit que Richard. Ainsi ce pernicieux métal, qui a si souvent armé les hommes les uns contre les autres, excita la guerre entre le roi & son vassal. Ce dernier se retira dans sa capitale, & mit une forte garnison dans la citadelle de Chalus, qui étoit sur le passage de l'Anglois, entre l'Angoumois & le Périgord.

[1] Nommé Vidomar.

XXXVI. La place ne pouvoit tenir long-temps devant une armée royale. Elle offrit aussi de se rendre à des conditions raisonnables. Mais Richard les traitant de rebelles, les voulut avoir à discrétion. On a presque toujours vu de funestes effets d'une semblable rigueur. Il y avoit dans le château un archer fort adroit [1], qui cherchoit à se venger de la mort de son pere & de deux de ses freres, que Richard avoit tués de sa propre main dans une autre guerre. Cet homme prit si bien son temps, que le roi étant venu reconnoître la place, il lui perça l'épaule d'un trait d'arbalêtre. La blessure n'étoit pas mortelle, si Richard se fût ménagé suivant l'avis de ses médecins. Mais pour n'avoir point voulu s'abstenir pendant quelques jours du lit de la reine & de ses maîtresses, il rendit sa blessure incurable, & la gangrene s'y étant mise, il en mourut le douzieme jour. Avant sa mort il fit donner un assaut au château, qui fut emporté de vive force. Il fit pendre tous les soldats qui furent faits prisonniers, à la réserve de son meurtrier, qu'il destinoit à un plus rigoureux supplice. Mais il changea tout d'un coup de sentiment, & se voyant lui-même près de mourir, il renonça à sa vengeance. Etant dans cette dif-

---

[1] Qui s'appelloit Gordon ; & Bertrand, selon Rapin de Thoyras, dans son histoire d'Angleterre, tome II; page 232.

position, il fit venir l'archer, à qui il demanda doucement, quel mal il lui avoit fait pour l'avoir obligé à lui ôter la vie. « Vous avez », répondit-il fierement, « fait mourir mon pere &
» mes deux freres, & comme je me suis vengé
» de vous, vengez-vous aussi de moi : je m'offre
» avec plaisir à tous les supplices que vous me
» préparez, content de voir que vous ne me
» survivrez pas long-temps. Et moi, reprit le
» roi, je vous pardonne, & je veux que vous
» me surviviez pour être un exemple de ma
» clémence ». Il lui fit ensuite donner quatre cens écus, & ordonna qu'on le laissât aller sans lui faire de mal. On parle diversement de ce qu'il devint. Les uns disent que le général de l'armée de Richard le fit écorcher tout vif aussi-tôt que le roi fut mort, nonobstant ses défenses. Les autres disent que ce fut Baudouin, comte de Flandre, qui fit faire cette exécution. Il y en a même qui l'attribuent au roi de France, auprès duquel il avoit cherché un asyle : soit que Philippe voulût venger la mort d'un roi pour lequel, tout son ennemi qu'il étoit, il avoit tant d'estime, qu'il dit à ceux qui l'en félicitoient, que bien loin de s'en réjouir, il la regrettoit comme la plus grande perte que pût faire la chrétienté : soit qu'il voulût par cette punition pourvoir à sa sûreté, & à celle de tous les sou-

Je vous pardonne et je veux que vous me surviviez pour être un exemple de ma clémence. P. 35.

Borel. del.   Borgnet. Sculp.

verains. Les hiſtoriens ne ſont non plus d'accord du nom de l'archer, que de l'auteur de ſon ſupplice. La plupart le nomment Bertrand de Gordon. D'autres l'appellent Jean Sabraz ; & quelque-uns Pierre Baſile. Mais tous conviennent de l'action.

XXXVII. Richard diſtribua par ſon teſtament ſes tréſors & ſes membres également entre les pauvres de ſes états, ſes domeſtiques, & l'empereur Othon ſon neveu. Ainſi ce prince qui venoit pour enlever un tréſor à ſon vaſſal, laiſſe lui-même les ſiens avec la vie. Telle eſt la vanité des choſes du monde : l'éclat ne nous en éblouit que pour nous perdre. Il ordonna qu'après ſa mort on le diviſât en trois parties, pour être dépoſées en trois lieux différens : ſon corps à Fontevraud aux pieds du roi Henri ſon pere ; ſon cœur dans l'égliſe de Rouen ; & ſes entrailles à Poitiers : afin, dit-il à ceux qui étoient autour de ſon lit, de témoigner par la premiere de ces choſes mon humiliation envers mon pere, & la réparation que je lui fais juſques dans ſon tombeau : par la ſeconde, l'eſtime que j'ai pour mes vaillans & fidéles Normands, que je fais les dépoſitaires de mon cœur : & par la troiſieme, le peu de cas que je fais des Poitevins, que j'ai toujours trouvés inconſtans & mal affectionnés. On dit que ſon

cœur étoit d'une groffeur extraordinaire : comme
fi les efprits qui rendent la valeur plus vive &
plus impétueufe, étant plus abondans dans ce
prince que dans un autre, euffent eu befoin d'un
plus grand efpace que la nature n'a accoutumé
d'en donner au cœur des autres hommes.

XXXVII. Ainfi mourut, Richard [1] d'un trait
d'arbalêtre, lui qui avoit introduit, ou du moins
rétabli l'ufage de ces armes meurtrieres, avec
lefquelles un lâche peut tuer, en fe tenant caché derriere une muraille, le plus vaillant homme
du monde : vérifiant par fa mort cette ancienne
remarque, que ce qui a été inventé pour faire
périr les autres, eft fouvent fatal à fon auteur.

Sa valeur héroïque lui fit donner le furnom
de Cœur de Lion, parce qu'en effet il fçut comme
le lion & vaincre & pardonner. L'hiftoire en
rapporte encore une autre raifon. Elle dit que
lorfqu'il étoit prifonnier à Mayence, un lion
qu'on nourriffoit par curiofité, étant échappé à

---

[1] L'an 1199, âgé de quarante-deux ans. Il ordonna par fon
teftament que fon corps fût enterré à Fontevraud, aux pieds de
celui du roi fon pere, comme pour lui témoigner fon repentir
des déplaifirs qu'il lui avoit caufés pendant fa vie. On y a érigé un
fuperbe maufolée, depuis ce temps-là, pour eux & pour la reine
Eléonor : cet ouvrage a été fait aux dépens de Jeanne-Baptifte de
Bourbon, fille naturelle d'Henri IV. Les ftatues des deux rois & des
deux reines, qui étoient en différens endroits de l'églife, ont été
mifes enfemble fur le même monument. *Hift. Général. des Rois
d'Angl. par Stanford, pages 64 & 65.*

ceux qui en avoient la garde, ou plutôt ayant été lâché exprès, après avoir été quelques jours fans manger, entra dans fa chambre preſſé par la faim, les yeux étincelans, & faifant des rugiſſemens effroyables. Mais Richard fans s'en étonner, fut au-devant de lui, & s'enveloppant le bras gauche de fon manteau pour s'en fervir comme d'un écu contre les griffes de ce furieux animal, il lui porta hardiment la main droite dans la gueule qu'il ouvroit pour le dévorer, l'enfonçant avec tant de force, qu'il lui arracha le cœur.

Il n'avoit que quarante-deux ans quand il mourut. Il en avoit régné dix avec beaucoup de gloire, chéri de fes fujets, particulierement des Anglois & des Normands, prefque jufqu'à l'adoration : plus craint qu'aimé des princes chrétiens, à qui fa puiſſance donnoit de la jaloufie ; & tellement redouté des Sarafins, que même après fa mort il en fut encore la terreur. Il joignit à la valeur la galantetie & la magnificence, qu'il fit éclater dans les fpectacles, & dans le rétabliſſemens de ces fameux tournois, dont les relations de ces temps-là, nous donnent des idées fi agréables. Quelques-uns lui attribuent auſſi l'inſtitution[x] de l'Ordre de la Jarretiere, ou de l'Ordre de Saint-George, & difent qu'il l'établit

---

[x] Du Chefne & Cambdenus.

au siége d'Acre, en honorant la valeur de ceux qui s'étoient distingués par quelque belle action, d'un ruban qu'on attachoit à la jambe, dont il leur fit croire que Saint-George lui avoit inspiré le dessein. De sorte qu'Edouard III ne fit que renouveller cet Ordre, en ajoutant la devise de « Honni soit qui mal y pense », au sujet de la jarretiere de la comtesse de Salisbury sa maîtresse, dont l'histoire est si connue [1]. Mais ce prince si vaillant & si magnifique eut aussi de grands défauts. Son ambition le porta à faire la guerre à son pere. Son impatience lui fit précipiter son retour d'Asie. Sa colere lui attira le ressentiment du duc d'Autriche; & il périt dans une guerre qu'il fit à un de ses vassaux, pour lui arracher un trésor qu'il avoit trouvé dans un coin de terre, lui qui venoit de prodiguer tous les trésors de l'orient, son incontinence ne lui fut pas moins funeste, puisque ce fut elle qui envenima sa plaie, & qui lui

---

[1] Quoique l'aventure, qui donna lieu à l'institution de cet Ordre, soit déja connue, on a cru qu'il ne seroit pas indifférent, d'en donner ici le détail, d'après Puffendorf. « L'année suivante, (1348.) » dit-il, Edouard institua l'Ordre de la Jarretiere, qui doit son » origine, selon le sentiment le plus commun, à la jarretiere de la » comtesse de Salisbury, qu'elle avoit laissé tomber en dansant. Le » roi l'ayant ramassée, & cette dame en ayant témoigné quelque » surprise, dit aussi-tôt : Honny soit qui mal y pense, paroles » qui furent la devise de la Jarretiere que portent les chevaliers de » cet Ordre ».

fit trouver la mort dans les charmes de la volupté. Tant il importe aux grands hommes de modérer leurs paſſions, s'ils veulent jouir d'un bonheur conſtant pendant leur vie, & d'une gloire immortelle près leur mort.

XXXIX. La mort de Richard affligea ſenſiblement la reine Eléonor ſa mere, qui l'avoit plus aimé que tous ſes autres enfans, & qui en avoit auſſi été plus chérie & plus honorée que d'aucun d'eux. Elle s'étoit intéreſſée dans ſa bonne & dans ſa mauvaiſe fortune, & avoit pris également ſoin de la conduite de ſa vie, & de celle de ſes états. Elle avoit été lui chercher une femme juſques dans la Caſtille, qu'elle lui avoit amenée en Sicile, nonobſtant les fatigues & les dangers du voyage, & lui avoit conſervé le royaume pendant ſon abſence contre les brigues du comte de Mortaing ſon frere. Elle l'avoit délivré de priſon par l'application avec laquelle elle s'étoit hâtée d'amaſſer le prix de ſa rançon; & enfin elle avoit voulu rompre elle-même ſes chaînes en paſſant en Allemagne, d'où elle l'avoit ramené dans ſon royaume. Elle avoit joui depuis avec lui du bonheur qu'il trouvoit dans une royauté glorieuſe, & dont il lui faiſoit part. De ſorte qu'elle ſe voyoit auſſi contente & auſſi reſpectée dans ſa vieilleſſe, qu'elle l'avoit été dans les plus beaux jours de ſa vie.

Mais lorsqu'elle y pensoit le moins, la mort lui enleva ce fils qui lui étoit si cher; & elle ne douta point que ce fatal événement ne fût suivi d'une triste révolution pour elle & pour toute l'Angleterre.

Elle étoit parvenue à un âge fort avancé ; mais elle avoit conservé toute la vigueur de son corps & de son esprit, que seize années de prison qu'elle avoit souffertes sous le regne de Henri II, n'avoient pu abattre, & qui sembloit avoir refleuri pendant les dix années du regne de son fils. Avec un tempérament si robuste elle avoit maintenu la grandeur de son courage, & le desir de régner étoit toujours sa passion dominante. De sorte qu'après avoir pleuré quelques jours la perte qu'elle avoit faite, elle pensa à s'assurer auprès du roi, qui alloit monter sur le trône, la place qu'elle avoit tenue auprès de son prédécesseur, ou du moins à n'en pas décheoir absolument.

XL. Il est certain que par la mort de Richard qui ne laissoit point d'enfans, la succession de tous ses états appartenoit à son neveu Artus, duc de Bretagne, fils de son frere Geoffroy, aîné de Jean, comte de Mortaing, par le droit de la représentation, qui avoit lieu dans le royaume d'Angleterre, & dans les provinces d'outre-mer. C'est ce que les seigneurs d'Anjou,

du

du Maine & de Touraine, déciderent dans une assemblée qu'ils tinrent à Angers. Richard l'avoit décidé lui-même plufieurs années avant fa mort, lorfque partant de Londres pour l'expédition de la Terre-Sainte, il défigna le prince Artus, pour fon fucceffeur, & le recommanda aux Anglois, comme celui auquel ils devoient obéir, s'il ne revenoit point de fon voyage. Ce qu'il confirma encore en Sicile par le traité qu'il fit avec Tancrede, dont il fiança la fille avec ce jeune prince, le reconnoiffant pour fon héritier dans tous fes états, en cas qu'il mourut fans laiffer d'enfans. Cependant Jean Sans-terre qui avoit ouvertement déclaré fes prétentions du vivant de Richard, quoiqu'il lui en eût depuis demandé pardon, fe porta pour fon héritier, auffi-tôt qu'il fut mort. Il fe fioit aux intelligences qu'il avoit dans le royaume, & faifoit valoir l'avantage que lui donnoit fon âge mûr & capable de gouvernement, fur l'âge foible & tendre d'un enfant de douze ans. Ainfi s'étant faifi des tréfors de fon frere, qu'il alla prendre à Chinon, avec lefquels il gagna les troupes, il paffa en Angleterre, & fe fit facrer à Veftminfter, par l'archevêque de Cantorbery [1], nonobftant l'oppofition de l'évêque de Durham. Il fit auffi couronner avec lui Ifabeau, fille d'Ay-

[1] L'an 1200.

mat, comte d'Angoulême, fon vaffal, laquelle il époufa par amour, en la raviffant à Hugues le Brun, comte de la Marche, à qui elle étoit fiancée, & en répudiant la fille du comte de Gloceſter qu'il avoit époufée auparavant. De forte que fa paſſion lui fit faire deux injuſtices, qui lui fufciterent deux fâcheux ennemis, le comte de Gloceſter en Angleterre, & en Guyenne le comte de la Marche, qui le regardoit comme un raviſſeur qui lui avoit enlevé fa maîtreſſe. Iſabeau étoit belle, & le comte de la Marche en étoit paſſionnément amoureux. Ainfi, bien loin de conſentir aux defirs du roi, il ne penſa qu'à fe venger de fa violence, & qu'à recouvrer le tréfor qu'il lui avoit volé. Il ne put néanmoins en venir à bout pendant la vie de fon rival, qui régna feize années. Mais après un temps fi long, qui ne fut pas capable d'éteindre fon amour, il vit renaître fes efpérances, & fut même aſſez heureux pour poſſéder celle qu'il avoit fi conſtamment aimée. Iſabeau témoigna de fon côté en l'époufant, nonobſtant fa qualité de reine, & les enfans qu'elle avoit eus de fon premier mari, qu'elle lui avoit conſervé fon affection. Elle étoit proche parente du roi de France, étant fortie du mariage du comte d'Angoulême avec Alix, fille de Pierre, feigneur de Courtenai, frere de Louis VII, & par conféquent coufine-germaine de Philippe. Il eut auffi bonne part à ces deux mariages, fur lefquels il confulta plutôt fes propres intérêts que ceux de fa parente. Il fongea en favorifant le mariage du roi Jean, à mettre ce prince dans fon parti, ou plutôt à lui fufciter un rival en la perfonne du comte de la Marche, qui troublât fes provinces de Guyenne. Et lorfque le roi Jean fut mort, Philippe obligea fa veuve à époufer fon premier amant, qu'il gagna par ce fervice, & qu'il détacha de l'obéiffance des rois d'Angleterre. Mais je me laiffe infenfiblement emporter au-delà des bornes de mon hiftoire; il faut en reprendre la fuite.

XLI. Si la reine Eléonor avoit fuivi fon inclination, elle fe feroit déclarée pour le prince Artus, ayant plus de tendreffe pour lui que pour Jean Sans-terre, dont elle connoiffoit le méchant naturel. Mais la politique la tourna de l'autre côté, & lui fit prendre le parti le moins agréable, parce qu'il lui fembla le plus fûr. Elle appréhenda que fi Artus régnoit, il ne fe laiffât gouverner par la ducheffe Conftance fa mere, femme d'un efprit folide, & d'un courage ferme, qui ne lui feroit aucune part de l'autorité. Ainfi elle lui préféra le comte de Mortaing, prince fans foi & fans honneur, parce qu'elle crut qu'ayant befoin d'elle, il la feroit régner avec lui.

XLII. Cependant la duchesse Constance avoit envoyé son fils auprès de Philippe, afin de trouver un asyle dans sa cour contre la persécution de son oncle, & un secours capable de le rétablir sur le trône. Philippe le reçut fort bien, & le fit chevalier, en lui ceignant le baudrier suivant l'ancienne coutume. Le jeune prince lui fit ensuite hommage des provinces d'Anjou, du Maine, de Touraine & de Bretagne, qui l'avoient reconnu pour leur légitime seigneur, en attendant la réduction du Poitou & de la Guyenne.

XLIII. Il se fit même une alliance encore plus étroite entr'eux, par la promesse que Philippe fit à Artus, de lui donner en mariage la princesse Marie sa fille, qu'il avoit eue d'Agnès de Méranie; & il y avoit apparence que ce jeune prince soutenu par la France, rentreroit bientôt en possession du royaume d'Angleterre. Il en arriva pourtant autrement. Jean Sans-terre ayant repassé la mer avec de bonnes troupes, se trouva en état de porter la guerre dans les états de Philippe, qui fut contraint, pour détourner cet orage, d'abandonner le neveu, & de faire un traité avec l'oncle. Le principal article étoit le mariage de Louis, fils unique de Philippe avec l'infante de Castille, niece de Jean Sans-terre. La reine Eléonor, nonobstant son grand âge, alla quérir l'infante à la cour de Tolede, &

l'amena en Normandie. Le mariage se fit sur les terres de l'Anglois, parce qu'il ne pouvoit être béni sur les terres de France, à cause de l'interdit dans lequel se trouvoit le royaume par l'excommunication du pape, qui duroit depuis deux ans. Le sujet en étoit la répudiation que Philippe avoit faite d'Isamburge, princesse de Dannemarck, & son mariage avec Agnès de Méranie. Le roi de Dannemarck avoit intéressé le pape dans cette querelle; & le pape avoit excommunié Philippe dans un concile tenu à Lyon, six ans après son divorce. Le roi fit lever l'excommunication depuis dans un autre concile tenu à Soissons; mais ce ne fut qu'après avoir repris sa premiere femme, s'y trouvant forcé par un prodige qui l'étonna, s'il en faut croire quelques historiens. Ils disent que Philippe ayant comparu devant les prélats de ce concile, sa cause y fut plaidée avec beaucoup d'éloquence; & que, comme personne ne se présentoit pour défendre la reine, il survint un jeune homme inconnu à tout le monde, qui s'offrit de plaider pour elle. Il le fit avec tant de force, qu'il triompha non-seulement de la prévention des juges, qui étoient dans les intérêts du roi, mais encore de la répugnance du roi lui-même. De sorte qu'il n'attendit pas le jugement de l'assemblée, & qu'ayant pris Isamburge en croupe, il la ramena à Paris ; sans qu'on put sçavoir qui étoit ce miraculeux défenseur de la reine, qui disparut tout d'un coup. Ce n'étoit ni de la reine Isamburge, ni d'Agnès de Méranie qu'étoit sorti le prince Louis, qui épousoit l'infante de Castille, mais d'Isabelle de Flandre, premiere femme de Philippe ; & la reine Eléonor pensoit moins à procurer un parti considérable à l'infante qui étoit sa petite-fille, qu'à rompre le mariage de son petit-fils avec la fille de France.

XLIV. Le traité fait entre les deux rois, ne fut pas de longue durée. Philippe croyant qu'il étoit de son intérêt d'entretenir la division entre l'oncle & le neveu, reprit le parti du dernier, sans avoir égard à l'alliance qu'il venoit de faire avec le roi Jean. Ce qui fait bien voir que les princes ambitieux n'ont d'affection & de foi qu'autant que leur politique leur permet d'en avoir. Il fut bien aise de se voir recherché par les Bretons & par la duchesse Constance. Il se réunit avec eux, & donna des troupes au jeune prince, qui passant dans le Poitou, assiégea Mirebeau, où la reine Eléonor se trouva enfermée. Elle dépêcha aussitôt un courier au roi Jean, qui étoit en Normandie. Il accourut à son secours [1], battit l'armée de son neveu, & le fit prisonnier.

[1] L'an 1202.

XLV. Il promena ce malheureux prince, qui n'avoit pas encore quinze ans, de ville en ville, chargé de fers; & le refferra enfin, les uns difent dans la fortereffe de Cherbourg, les autres dans le château de Falaife, & quelques-uns dans la tour de Rouen. Comme il difparut quelque temps après, on ne douta point qu'il ne l'eût fait mourir; & il y a des auteurs qui affurent que l'ayant été voir la nuit dans fa prifon, il l'avoit tué & jetté dans la Seine. Il eft au moins certain par le témoignage du plus grand nombre, qu'il avoit eu un entretien avec lui pour lui perfuader de le reconnoître pour fon Souverain, lui offrant la liberté à cette condition; mais qu'Artus le traitant d'ufurpateur, avoit rejetté fes offres. Le roi Jean en fut fi irrité, qu'il le fit mettre dans un cachot, & tout le monde crut qu'il avoit été l'y maffacrer [1], parce que peu de jours enfuite on ne l'y trouva plus, & qu'on n'en eut depuis aucunes nouvelles.

XLVI. Ainfi périt malheureufement ce jeune prince. Son oncle Richard l'avoit deftiné à lui fuccéder, & les Bretons lui avoient donné le nom d'Artus, en mémoire de cet Artus, fi célèbre par fes grandes actions, & par l'ordre des chevaliers de la table ronde qu'il inftitua;

---

[1] Tel eft, du moins, le fentiment de Mathieu de Paris, qui dit: *Utinam, non ut, fama refert invida.*

comme s'ils eussent espéré qu'il feroit revivre la gloire de cet ancien héros. Il étoit posthume, son pere Geoffroi étant mort avant que la duchesse Constance en fût accouchée. Henri II, son ayeul, vouloit lui donner son nom sur les fonds de baptême, mais les Bretons s'y opposerent, & voulurent qu'on le nommât Artus. De sorte qu'il fallut les satisfaire, pour ne les point frustrer de l'espérance qu'ils avoient conçue de voir, sous ce prince, la Bretagne aussi florissante qu'elle l'avoit été sous le régne du premier Artus.

XLVII. Ce roi si fameux dans l'histoire des Bretons, vivoit dans le sixieme siecle; & plus de deux cens ans auparavant la Bretagne avoit été érigée en royaume par l'empereur Constantin. On la nommoit aussi Gaule Armorique, c'est-à-dire, maritime, parce que comme une presqu'île, elle est environnée de la mer par un bout & des deux côtés. Ce Constantin étoit un soldat de fortune, qui fut élu empereur par les légions Romaines qui étoient dans les Gaules, après la mort de Théodose; & il fit cette érection en faveur de Conan, premier du nom, pour reconnoître les services que ce général lui avoit rendus contre l'empereur Honorius. La Bretagne se maintint dans sa monarchie jusqu'à l'an 878. Elle fut alors divisée par ses factions en plusieurs seigneuries: mais elles se réunirent toutes en la personne d'Alain surnommé le Grand, qui prit le titre de duc de Bretagne. Elle eut depuis, tantôt des ducs, & tantôt des comtes de différentes familles, jusqu'à ce qu'elle passât en la main des princes d'Angleterre, par le mariage de Geoffroy avec Constance, fille de Conan dernier du nom. Mais par la mort du prince Artus elle retourna à la duchesse Constance, qui la transporta à Guy de Touars son second mari. Il sortit de ce mariage une fille, qui épousa Robert de Dreux, prince du sang de France [1], dont la postérité tint le duché jusqu'à Anne de Bretagne, femme de Louis XII, qui l'unit à la couronne: ainsi l'opinion qu'avoient les Bretons du rétablissement de leur ancienne monarchie s'évanouit, & le nom qu'ils donnerent au jeune duc, ne put empêcher leur destinée ni la sienne.

XLVIII. La reine Eléonor étoit morte un peu auparavant l'assassinat de son petit-fils. Le roi Jean n'avoit osé de son vivant tremper ses mains dans le sang de ce prince, dont elle lui avoit recommandé d'épargner la vie. De sorte qu'elle n'eut point la douleur de voir ce parricide. Elle finit ses jours à l'âge de plus de quatre-vingt ans,

[1] L'an 1272.

dont elle en avoit régné seize en France, & cinquante en Angleterre. Elle éprouva tour-à-tour l'amour & la haine des deux rois qui l'épouserent. Louis VII, après l'avoir éperdument aimée, la trouva trop belle & trop galante, & en devint jaloux. Elle au contraire devint jalouse de Henri II, qui cessa de l'aimer, lorsqu'avec sa jeunesse elle perdit la beauté qui l'avoit charmé. Jamais princesse n'a eu plus de sujet de se louer & de se plaindre de la nature & de la fortune. Elle en reçut une naissance illustre, de grand états, un esprit agréable & solide, un courage fier & résolu, & ce que les femmes estiment encore plus que tout cela, une beauté incomparable. Elle épousa successivement les deux premiers rois de la Chrétienté, & donna la naissance à un prince qui régna plus glorieusement qu'aucun de ses prédécesseurs.

Mais tous ces avantages ne purent la rendre heureuse. Sa beauté fut fatale à sa réputation. Son esprit remuant l'embarrassa souvent dans de fâcheuses intrigues ; & son courage hautain lui attira de longues indignités. Elle est plus renommée par les disgraces que par le bonheur de ses mariages ; & la gloire de son fils Richard, n'efface point la honte de la misérable vie de Jean Sans-terre, qui par sa méchante conduite se rendit digne de ce nom fatal, & fit perdre à sa postérité les belles provinces dont cette reine l'avoit enrichi. Elle eut pourtant la consolation de n'avoir pas survécu à cette perte, & de laisser en mourant à la couronne d'Angleterre le plus beau domaine du monde.

MÉMOIRES ET ANECDOTES,

Pouvant servir de Critique & de Supplément à l'Histoire d'ALIÉNOR ou d'ÉLÉONOR DE GUYENNE; par LARREY.

ELÉONOR de Guyenne, premiere femme de Louis VII, dit le Jeune, fils de Louis le Gros & d'Adélaïde de Maurienne, étoit fille de Guillaume X, duc de Guyenne, comte de Poitou, mort en 1137, & d'Aliénor ou Eléonor de Chatellerault, morte avant son mari, & sœur d'Alix, dite aussi Perronelle, ou Pétronille de Guyenne, mariée à Raoul, comte de [1] Vermandois, prince du sang, & le dernier de la seconde branche royale de ce nom. Louis le Gros avoit déja fait sacrer & couronner Louis le Jeune son fils à Rheims. Un flux de ventre & une fievre continuelle lui ayant fait envisager sa fin comme fort prochaine, il se fit porter à Saint-Denis, dans le dessein de ne s'y occuper que des pensées de l'éternité. Un courier vint lui apporter le testament de Guillaume, duc d'Aquitaine. Ce

---

[1] Ce fut ce même Raoul de Vermandois qui fut ministre avec l'abbé Suger.

prince [1] à sa mort avoit institué Louis le Jeune, héritier de ses états de Poitou [2] & de Guyenne, à condition d'épouser Eléonor sa fille aînée. Par l'institution, Louis acquéroit deux des plus belles provinces, & cette conquête, sans rien coûter à celui qui la faisoit, ne lui étoit pas moins honorable. Par la condition, il devenoit l'époux d'une princesse dont tous les souverains de l'Europe eussent pu envier l'alliance. Eléonor, née vers l'an 1122, étoit à peine âgée de seize ans à la mort du duc d'Aquitaine son pere. La nature sembloit avoir épuisé pour elle toutes ses faveurs. Au rang le plus élevé, & la dot la plus riche, Eléonor joignoit tous les charmes de la figure la plus touchante. Une bouche admirable, les plus beaux yeux du monde, un regard doux,

---

[1] Voyez la chronique de Morigny, liv. III, & l'abbé Suger, vie de Louis le Gros, vers la fin. « Cumque Castrum Bestisiacum » pervenisset, celeriter subsequuti sunt eum nuncii Guillelmi ducis » Aquitaniæ, denunciantes eumdem ducem ad sanctum Jacobum » peregrè profectum in viâ demigrasse ; sed antequam iter ag- » grederetur, & etiam in itinere, moriens filiam, nobilissimam » puellam, nomine ALIENOR, desponsandam totamque terram » suam eidem retinendam & deliberasse & demisisse ». *Suger, in Ludov. Grosso.*

[2] « Filias meas, (Leonoram & Peronellam) regis domini mei » protectione relinquo ; LEONORAM collocandam cum domino » LUDOVICO, regis filio, (si Baronibus meis placuerit) cui Aqui- » taniam, & Pictaviam relinquo ; Peronellæ verò meæ filiæ pos- » sessiones meas & castella, quæ in Burgundia, ut proles Gerardi » ducis, possideo ». *Veterum scriptor. tom. V, col. 1153. Duchesne, tome IV, p. 391 ; & Suger, ibid. p. 413.*

un air affable, une beauté achevée [1]. Son esprit naturellement vif, orné & poli, répondoit au mérite dont les yeux sont les juges. On ne pouvoit enfin trouver plus d'avantages que cette alliance en présentoit au successeur de Louis le Gros, & l'on peut dire qu'il ne manqua à son bonheur que l'art d'en jouir. Eléonor, il est vrai, avoit la foiblesse de bien des belles : elle étoit vive, coquette, imprudente; mais une preuve que ces défauts n'étoient pas sans remede, c'est que depuis son mariage avec Henri roi d'Angleterre, on ne parla plus de ses galanteries. Que si elle fit des fautes, ce ne fut que par trop d'amour & d'attachement pour Henri son second mari. Pour ne nous point détourner dans la suite, faisons connoître ici Louis. Né en 1121, il étoit de l'âge d'Eléonor [2]; sa taille étoit noble & bien

---

[1] Matthieu Paris dit qu'elle étoit désignée dans les prophéties du fameux Merlin, sous le nom d'un AIGLE : « Premierement, dit-il, » parce qu'ayant été reine de France & d'Angleterre, elle a étendu » ses aîles sur deux royaumes. 2°. Parce qu'elle ravissoit par son » extrême beauté le corps & l'ame, ou l'esprit & le cœur de » tous ceux qui la voyoient ». « His profecto diebus venit in lucem » prophetia Merlini ubi dicitur : AQUILA ! siquidem regina ita est » appellata quia dicas alas super duo regna Francorum videlicet & » Anglorum expandit. Et præterea propter rapacitatem, quia tam » animas quam corpora sua rapuit speciositate ». *Matth. Paris, hist. Angl. in Henrico II*, p. 146.

[2] « Enim verò prædicti regis filius, nomine Ludovicus, juveni » erat corpore elegantiâ clarus, morum honestate, & religione » magnifice præditus sensu, & sapientiæ vivacitate acutus ». *Chro-*

prise, son air doux, sa personne aimable, & il ne manquoit pas de courage ni de fermeté dans le péril; mais vif dans ses desirs, emporté dans ses passions, il n'entreprenoit presque rien dont il ne se repentît, parce qu'il entreprenoit avec plus de hardiesse que de prudence, & quelquefois avec injustice. Peu éclairé dans sa piété, il étoit plein de doutes déplacés, de scrupules mal entendus. Et tandis qu'il paroissoit tout occupé de son salut, qu'il se livroit aux pratiques de la plus haute dévotion, aux jeûnes, à l'austérité, à la priere, aux pélerinages, il donnoit à ses peuples & à sa cour les exemples les plus dangereux, & offensoit les principes les plus sacrés de la religion. On le vit soutenir la révolte des enfans de Henri II, contre leur pere, & celle de Thomas Becquet, archevêque de Cantorbéry contre son souverain. Enfin, disons-le, Louis étoit un petit génie [1], crédule, simple & ombrageux, qui, livré à lui-même, n'étoit pas capable de gouverner, & qui ne fit rien de grand que par Raoul de Vermandois & l'abbé Suger, ses ministres. Tels

---

nic. *Moriniac. lib. XXX.* La derniere partie de l'éloge n'est pas sans contredit.

[1] « Vir colombinæ simplicitatis.... simplicior quam deceret » principem », dit l'auteur des gestes de Louis VII, Duchesne, tome IV, p. 410, 428. C'est beaucoup dire dans le temps où cela a été écrit.

étoient le prince & la princesse qui devoient s'unir l'un à l'autre. Toute la France se réjouit à la nouvelle de cet alliance, & Louis le Gros la regarda comme une faveur que lui faisoit encore le ciel avant sa mort. On fit faire un superbe équipage [1] au prince, qui alla à Bordeaux, accompagné d'un nombreux cortege, & conduit par l'abbé Suger, chargé de cette brillante négociation. Elle étoit facile à terminer, & le mariage fut célébré avec tout l'éclat possible, & en présence de la noblesse la plus distinguée de France & d'Aquitaine [2]. Les époux ne s'y occuperent que de fêtes & du soin de recevoir la foi & hommage des vassaux du duché, & de prendre possession par eux ou par Suger, des places les plus importantes. Louis charmé de la beauté de la princesse, étoit au comble de ses vœux, & elle paroissoit répondre à l'amour du prince, par un retour sincere. Ils resterent en Guyenne jusqu'à la mort de Louis le Gros, qui arriva le premier Août 1137. Peu de temps après la célébration des noces de Louis VII, la reine arrivée en France y reçut tous les

---

[1] « Necnon deinceps nobilem apparatum ad destinandum illuc componit ». *Suger, in vitâ Lud. Grossi.*

[2] « Die Dominicâ, collectis Gasconiæ, Sanctoniæ, Pictaviæ optimatibus, præfatam puellam, cùm eo diademate regni coronatam, sibi conjugio copulavit ». *Suger, in vitâ Lud. Grossi.*

applaudissemens

applaudiffemens que les plus infenfibles ne fçauroient refufer à la beauté. L'abbé Suger fut continué dans le pofte qu'il occupoit auprès de Louis VI. Son crédit ne fit qu'augmenter, & il paroît même qu'il donna de la jaloufie à la reine naturellement fiere & ambitieufe. On ne voit point de traces certaines de méfintelligence entre Eléonor & Louis jufqu'à leur voyage en Afie, qui ne fut qu'en 1146. Tout ce qu'on peut foupçonner, c'eft que les pratiques de piété & la dévotion du roi n'étoient pas tout-à-fait du goût d'Eléonor; & qu'étant d'un caractere vif, remuant & ambitieux, elle eût voulu que l'abbé Suger eût eu moins de crédit fur l'efprit de Louis. Ce prince, à la nouvelle de la prife d'Edeffe par les infideles, auxquels on donnoit le nom général de Sarrafins, & de la perte de la Terre-Sainte, ayant fait affembler les états du royaume à Vézelai en Bourgogne, les archevêques, les évêques, les abbés & tous les grands du royaume s'y trouverent. Bernard, abbé de Claivaux, y prêcha une croifade avec ce feu, cet enthoufiafme qui eft la véritable éloquence, & qui, comme un torrent, fubjugue, entraîne tous les efprits. Il étoit en poffeffion par un mérite réel d'être l'oracle de la France; il faifoit, dit-on, des miracles; il en promettoit, & tout le monde croyoit déja en voir l'accompliffement. Le roi, qui fut

Bb

un des auditeurs, fut aussi un des premiers à prendre la croix, & à la mettre publiquement sur son habit. C'étoit une piéce de drap rouge qu'on y attachoit, & pour laquelle Louis quitta tous ses autres ornemens. Outre la gloire qu'il prétendoit acquérir dans cette sainte expédition, il la regardoit comme un moyen d'expier le crime qu'il se reprochoit justement d'avoir commis, en faisant périr dans les flammes avec une inhumanité horrible, environ 1300 personnes à la prise de Vitry en Champagne, en 1143. La reine imita son époux, & arbora aussi la *croix rouge*, soit qu'elle crut obliger Louis en s'engageant avec lui à ce long voyage, ou que la jalousie du prince lui en fit une loi. Peut-être aussi l'abbé Suger y contribua-t-il. En laissant la reine en France, il eût fallu la mettre à la tête du gouvernement, & lui donner la régence; & une princesse soupçonnée de coquetterie & d'ambition, eût embarrassé le ministre en mille occasions. D'ailleurs Raymond de Poitiers, duc ou prince d'Antioche, ville par où l'on devoit passer, étoit oncle de la reine, & elle pouvoit servir utilement le roi auprès de lui. Les préparatifs nécessaires à un pareil voyage retinrent le roi pendant environ une année. Il alla avec son épouse en Guyenne vers le mois de Mars 1146, & y visita les principales villes; & à la priere d'Eléonor, qui aimoit les anciens sujets de sa maison, autant qu'elle en étoit aimée, il confirma en différens endroits les priviléges accordés par les ducs de Guyenne, & spécialement à Poitiers, où il passa quelque temps avec la reine. Il y donna la chapelle du palais des ducs au monastere de saint Hilaire, dit de la Celle. Louis partit enfin avec son épouse, après tous ces actes de souveraineté, la premiere semaine d'après la Pentecôte, c'est-à-dire, le 11 Juin de l'année 1147. Si d'un côté on prétendoit attirer par des prieres la bénédiction du ciel sur ce voyage; d'un autre les impôts extraordinaires qu'on leva, (de sorte qu'il n'y eut ni état, ni condition, ni âge, ni sexe qui en fût exempt) attirerent bien des malédictions. La démarche de la reine [1] & son exemple autoriserent un grand nombre d'autres dames à se croiser & à suivre leurs maris. Il falloit d'autres femmes pour les servir : il y en eut même qui suivirent leurs amans. On mena jusqu'à des beaux esprits & des poëtes, pour délasser les grands seigneurs des fatigues du voyage, & pour chanter les victoires qu'on comptoit remporter : en sorte

---

[1] « Quod exemplum sequuti multi nobiles uxores suas secum duxerunt; quibus cùm cubilariæ deesse non possent, in castris illis Christianis, quæ casta esse oportebat fœminarum multitudo versabatur. Quod ubique factum est exercitui nostro in scandalum ». *Guill. Neubrigens. Lib.* I, c. 31. Voyez le même auteur, liv. I, chap. 20.

que cette armée réduite à la moitié n'en eût été que plus redoutable. Avec un grand nombre de femmes, il n'étoit pas aifé d'obferver une exacte difcipline : on chercha à oublier les fatigues dans les plaifirs ; & ce qui ne fut d'abord qu'amufement, devint bientôt débauche & libertinage. L'homme eft fi ingénieux à fe dédommager des peines où il s'expofe, même par motif de religion ! Le roi & Eléonor étoient encore en marche, que l'armée de l'empereur Conrad, qui l'avoit précédée, étoit déja réduite aux dernieres extrémités, par l'imprudence & le défaut de conduite du chef. Louis fut lui-même battu dans les déferts de la Syrie, & n'arriva qu'avec beaucoup de peine à Antioche, où il dut prévoir qu'il ne feroit pas plus heureux que Conrad. Raymond oncle d'Eléonor reçut d'abord le roi avec toutes les marques de joie & de refpect qu'on pouvoit en attendre. Après quelques jours paffés dans les feftins & dans les fêtes, Raymond s'expliqua fur fes propres intérêts. Environné d'infideles, il avoit lui-même befoin de fecours, & il paroiffoit fort naturel de ne pas les refufer à un Prince qui avoit fait de très-grandes dépenfes pour recevoir le roi & la reine fa niéce. Le degré de parenté étoit encore une raifon pour y déterminer Louis. Raymond, qui avoit beaucoup à fouffrir du voifinage d'Alep & de Céfarée, &

contre qui le Sultan d'Iconie étoit toujours armé, n'oublia rien pour déterminer le roi à employer ses forces contre ses ennemis. Mais à ses prieres, & à toutes les raisons qu'il put employer, Louis se contenta de répondre : « Qu'il ne pouvoit » s'engager dans aucune guerre, jusqu'à ce qu'il » eût été à Jérusalem. C'étoit un serment qu'il » avoit fait, disoit-il, & qu'il ne pouvoit violer ». Raymond ne se paya point d'une réponse qui étoit un refus, qu'on ne prenoit pas même soin de pallier. Il fit de nouveaux efforts, fit des présens considérables à ceux qui avoient le plus de pouvoir sur l'esprit du roi, & ne réussit pas mieux. Il voulut essayer si la reine sa niéce n'obtiendroit pas le secours qu'il demandoit, & la trouva fort disposée à solliciter pour lui. Elle fit en faveur de son oncle toutes les démarches qui dépendoient d'elle, & elle eut le chagrin de se voir rebutée. Sa vanité en souffrit, & elle se réunit elle-même avec Raymond pour se venger des refus obstinés du roi. On ne voit pas bien sur quoi ils pouvoient être fondés, à moins que Louis ne craignît de le rendre trop puissant, & qu'il n'eût là-dessus des instructions de Suger.

Si l'on en croit l'archevêque de Tyr, Eléonor perdit à Antioche le respect qu'elle devoit à son rang & au roi son époux, par une conduite fort irréguliere. Quelques auteurs passent plus loin;

& prétendent qu'on parla publiquement de ses désordres, & qu'elle conçut une inclination violente pour un Turc, qui étoit à Antioche. Mathieu Paris, pour rendre l'idée qu'on en avoit, dit qu'on accufa Eléonor d'avoir un commerce criminel avec un infidèle qui étoit, dit-il, de la race du diable [1]. Enfin, fi l'on ajoutoit foi à l'auteur du roman hiftorique des aventures d'Eléonor [2], cet infidele étoit le célebre Saladin lui-même, qui devint l'objet de la jaloufie du roi. Saladin, dit-il, ayant fait prifonnier un parent de la reine, Eléonor le lui redemanda en lui envoyant la rançon qu'il pouvoit en efpérer, avec une lettre. Le généreux Saladin accorda le captif à la follicitation d'Eléonor, & refufa la rançon. Le roi, à l'infçu duquel la chofe s'étoit paffée, ne l'apprit que quelque temps après. Il s'imagina qu'un Turc ne devant pas être capable de cette générofité, il avoit eu d'autres motifs, qu'on ne vouloit pas qu'il sçût, & que ces motifs n'étoient autres qu'une intelligence criminelle entre la reine & le prince Sarrafin. Il porta fes

---

[1] C'eft ainfi qu'il parle fous l'an 1150 des caufes du divorce. « Eodem anno celebratum eft divortium inter Ludovicum regem, » Francorum, & Alienor reginam fuam, proptereà quod diffamata » effet de adulterio, etiam cum infideli, & qui genere fuit dia- » boli ». Matth. Paris fous le regne d'Etienne, p. 80.

[2] Intitulé l'Héritière, & actuellement Histoire de Guyenne, par Larrey.

soupçons jusqu'où un mari jaloux peut les pousser, & se crut déshonoré & trahi. L'entrevue d'Eléonor avec ce Saladin qu'on ne connoît pas ; la liberté donnée à un captif, parent de la reine, qui n'est pas plus connu (quelques-uns lui donnant le nom chimérique de Saldebreuil, prétendu chef de la maison de Sansay) sont des preuves suffisantes de la fausseté de l'aventure, pour tout esprit raisonnable. Au milieu de tant d'opinions, & sur des faits si obscurs, & si éloignés de nous par la distance des temps & la différence des usages, il est bien difficile de démêler la vérité. « Dans » ces occasions, dit judicieusement un moderne, » on en dit souvent plus qu'il n'y en a, & quel- » quefois aussi il y en a plus qu'on n'en sçait ». Que ce soit Saladin, surnommé le Grand, dont Eléonor fût devenue amoureuse, c'est ce qui ne sçauroit être, parce que ce prince si célèbre dans l'histoire d'Orient, n'étoit alors ni de l'âge, ni élevé au rang où on le suppose [1], ni dans le pays qui fut la scène de ces événemens, puisqu'il avoit tout au plus dix à onze ans. Tout ce qu'on

---

[1] Le célèbre Saladin, dont le vrai nom étoit Selah-Eddin Youssouf, fils d'Ayoub, & petit-fils de Schadi-Been-Merouan, nâquit à Tekrit, sur la rive occidentale du Tigre, ville de laquelle son pere étoit gouverneur l'an 1137, & mourut à Damas au mois de février 1193, âgé de cinquante-sept ans. C'est-à-dire, que Saladin, né la même année que Louis VII épousa Eléonor de Guyenne, n'avoit en 1147 que dix ans. C'est donc un anachronisme insoutenable que de faire Saladin l'amant d'Eléonor en 1147.

pourroit imaginer, s'il étoit permis à l'histoire de donner des conjectures pour des faits, c'est que Raymond, prince d'Antioche, outré des refus & de la conduite de Louis, avoit fait passer ses dispositions dans le cœur de sa niéce, piquée elle-même du peu de crédit qu'elle avoit eu sur l'esprit de son mari, qu'elle n'avoit peut-être suivi que malgré elle ; se réunissant d'intérêt contre le monarque, Raymond avoit proposé à Eléonor un nouveau mariage avec le sultan d'Iconie, qui lui faisoit une guerre continuelle, ou quelque autre prince, auquel on n'a donné le nom de Saladin, que parce que le prince de ce nom a été le plus connu & le plus célèbre de l'Asie, à condition que ce Sultan se feroit baptiser ; que pour autoriser cette alliance, dans laquelle le prince d'Antioche trouvoit un double avantage, sa vengeance & l'ouverture d'un traité favorable, il avoit inspiré à sa niéce tout le mépris qu'il avoit pu lui donner du roi, qui abandonnant ses Etats, les laissoit gouverner à un moine [1], qui étoit roi en effet ; que pour achever

---

[1] Suger, abbé de Saint-Denis, fut déclaré régent au préjudice d'Adélaïde de Maurienne, mere du roi, qui vivoit encore, de la reine & de tous les princes, sous le nom de vice-roi. Il y a à Saint-Denis une tapisserie qui représente cette régence, avec cette inscription :

LUD. REX FRANCOR. SUGERIUM ABBATEM REDIFICATOREM HUJUS TEMPLI VICEREGEM CONSTITUIT, ANNO M. C. XLVII.

de la déterminer, il lui avoit dit que son mariage avec le roi étoit d'autant plus facile à casser qu'ils étoient parens en degré prohibé.

Ce système (car c'en est un que je ne donne que pour tel) pourroit réunir les opinions, & concilier les contradictions apparentes. Alors l'infidélité de la reine seroit constante ; mais il n'y auroit pas lieu à l'accuser d'une débauche aussi scandaleuse que quelques historiens [1] le font entendre. Ce Turc, nommé Saladin, sera effectivement un prince ou un sultan, non encore baptisé, mais qui avoit promis d'abjurer le mahométisme en faveur de son mariage ; & ce prince infidèle aura fait quelques démarches de concert avec Raymond & Eléonor, qui auront pu donner de très-justes soupçons de trahison & d'infidélité au roi. Alors enfin, Raymond, prince d'Antioche, aura pu favoriser les galanteries de la reine sa niéce, & en être le complice ; ce qu'on ne sçauroit imaginer autrement, sans deshonorer

---

[1] Jean de Serres & Scipion Dupleix en ont parlé sur le ton de Brantome. « Cette femme, dit de Serres, accoutumée à la licence » du temps & du lieu, s'étoit tellement abandonnée aux voluptés » du Levant, que la puanteur de son incontinence étoit répandue » par-tout, avant que le roi s'en apperçût. Son impudence l'avoit » portée si avant, qu'elle vouloit effrontément demeurer à An- » tioche, & quitter son mari..... préférant l'amitié d'un bouffon, » nommé Saladin, d'engeance sarrasine, à la grandeur d'un roi » de France ». Jean de Serres, dans Louis le Jeune, tome I, p. 361.

encore plus Raymond que la reine. L'auteur des Annales [1] d'Aquitaine donne lieu à ces conjectures, en difant qu'il fe trouve quelques écrivains, d'après lefquels il paroît que fi le roi n'avoit pas fait fortir Eléonor d'Antioche, « Elle avoit dé-
» libéré, par le confeil de fon oncle le duc Ray-
» mond, de laiffer le roi, & fe marier avec le
» Soudan Saladin, par le moyen duquel ma-
» riage ledit duc Raymond recouvreroit toutes
» fes terres, en haine de ce que ledit roi Louis
» avoit refufé de lui donner fecours pour les re-
» couvrer ».

Louis allarmé des bruits qui fe répandirent, en conçut contre le duc d'Antioche & Eléonor toute l'indignation qu'un roi trahi & qu'un mari offenfé en devoit naturellement concevoir. Il penfa très-férieufement à tirer Eléonor de la cour de Raymond; & lui ayant propofé de partir, il fut confirmé dans toutes fes craintes, par le refus qu'en fit la reine. Il diffimula, & prit de juftes mefures pour faire partir Eléonor à l'infçu de Raymond, & malgré elle. Elle fut enlevée d'Antioche, & le roi alla l'attendre à quatre ou cinq lieues de la ville [2]. Il étoit impoffible que le cœur de Louis, fi cruellement ulcéré par les foupçons qu'il avoit eus d'elle, pût être exempt de reffen-

---

[1] Jean Bouchet, annales d'Aquitaine, troifieme partie.
[2] D'autres difent que le roi ne partit qu'après elle.

timent. Eléonor, qui devoit se rendre justice, ne pouvoit pas non plus conserver beaucoup de tendresse pour un époux offensé. Ainsi le roi ne pensa plus qu'aux moyens de rompre avec la reine. Ce ne fut plus que soupçons, chagrins & revers. Le désordre de la maison royale passa dans l'armée ; & les chefs plus sensibles à leurs intérêts particuliers, qu'à la gloire qu'ils étoient venus chercher de si loin, se désunirent, & firent manquer les projets les mieux concertés.

Le siege de Damas, dont la prise eût rendu les chrétiens maîtres de la Syrie, fut levé contre toutes les loix de la guerre. L'empereur Conrad s'en retourna en Allemagne avec une armée délabrée ; & Louis, obligé de dissimuler ses mécontentemens, vint à Jérusalem, y fit quelques actes de piété, se rembarqua, & eut bien de la peine à rentrer dans ses états. Peut-être eût-il succombé aux pieges de l'empereur Manuel, & à la haine du prince d'Antioche, qui ne cessa de chercher les occasions de lui nuire, sans la valeur & les secours du brave Roger, premier roi de Sicile, de cette maison que Tancrede rendit si célebre en Orient. Il tira heureusement Louis des mains des Grecs, le conduisit en Sicile, & de Sicile à Rome, d'où il repassa en France en 1150.

La grande affaire qui l'occupa à son retour,

fut son divorce avec Eléonor. Les premieres mesures en furent sans doutes prises dans le séjour que Louis fit à Rome, avec Eugène III, & il n'est guere croyable que Suger ne s'en soit pas mêlé; ses relations avec le pape étoient trop intimes. En princesse jeune encore, & peut-être plus imprudente que coupable, la reine qui avoit été la premiere à penser à une séparation à Antioche, avoit oublié les injures faites à son époux. On prétend même qu'elle accoucha d'une fille à son retour, ce qui supposeroit quelque reconciliation entre Louis & Eléonor, & prouveroit aussi qu'il falloit que la conduite de la princesse n'eût pas été aussi dérangée que l'avancent ceux qui se déchaînent contre elle. Mais déterminé par les premieres injures, ou par de nouveaux soupçons, qui avoient tout le poison de la réalité, pour un esprit aussi foible qu'étoit le sien; Louis prit des mesures décisives pour sa séparation.

Un Moderne, en parlant de la faute que fit Louis VII en cette occasion, dit : « que l'abbé » Suger s'étoit opposé à une action si préjudi- » ciable à l'état, & qu'elle ne fut consommée » qu'après sa mort ». Si cela étoit bien prouvé, si en effet Suger avoit détourné le coup, autant qu'il lui eût été possible, cela feroit beaucoup d'honneur à sa sagesse. Mais je ne vois rien qui administre cette preuve. Toutes les préfomptions fe réuniffent au contraire contre l'abbé Suger. Sa méfintelligence avec Eléonor me paroît certaine : leur caractère oppofé l'annonce, ou plutôt leurs défauts qui étoient les mêmes. On a beau vanter le zèle de ce miniftre ; la paffion de gouverner étoit dominante en lui, il agiffoit en fouverain plus qu'en fujet. Saint Bernard qui avoit befoin de fon crédit, le traite de prince & lui donne un titre qui revint à celui d'alteffe. Raoul de Vermandois, prince du fang, l'appelle, dans une de fes lettres, fon feigneur, un évêque d'Angers lui donne le titre de majefté. Pierre le Vénérable, abbé de Cluny, qualifie fon miniftere de regne. Qu'on ne dife pas qu'il méprifât ces titres extraordinaires; ces honneurs dûs à un fouverain exclufivement à tout autre, lui-même les exigeoit ;& par une lettre qu'il adreffe au chapitre de Chartres, il n'oublie rien pour donner l'idée la plus haute de l'étendue de fon pouvoir, & marqua qu'on ne fçauroit trop refpecter fon autorité, puifqu'il eft viceroi, qu'il tient la place du roi. Que n'ajoutoit-il qu'il étoit roi lui-même? Eléonor auffi ambitieufe que lui, & fondée fur de plus juftes titres, ne voyoit qu'avec dépit le dépôt de l'autorité abfolue entre fes mains. Suger ne trouvoit plus de réfiftance que dans la reine. C'eft fans doute ce qui

fit dire à cette princesse, « qu'elle avoit cru épou-
» ser un roi, & non pas un moine ». Reproche
dont il me paroît qu'on n'a pas bien pénétré le
sens, & qui tomboit autant sur le moine Suger
que sur le roi même. En effet, le monarque, livré
sans cesse à de pieuses pratiques, à des dévotions
peu raisonnées, qu'il substituoit à ses devoirs essen-
tiels, vivoit en moine ; & Suger, tout puissant à
la cour[1], où il avoit un train & un équipage
superbes, des habits même qui choquerent le
zèle de saint Bernard, Suger vivoit en monarque. Si l'on croit un de ses historiens, après
le titre de viceroi, supérieur à celui de régent,
que lui donna Louis VII pendant son absence,

---

[1] Saint Bernard, dans sa lettre LXXVIII, suivant les anciennes édi-
tions, adressée à Suger, le félicite sur sa conversion, ou son changement de mœurs. « Mirantur, *lui dit saint Bernard*, qui te non nove-
» runt, sed tamen audiunt qualis de quali factus es ». Dans la suite
il lui avoue qu'il ne s'attendoit pas à un si heureux changement, qu'il
n'osoit espérer. Malgré ce changement, il lui reproche encore la magnificence de ses habits, l'appareil de son train. « Tuus scilicet ille ha-
» bitus, & apparatus cùm procederes ; quod paulo insolentior appa-
» reret. Deponeres fastum, habitum mutares, & facile omnium
» quiescere poterat indignatio ». L'abbaye de Saint-Denis avoit également souffert ; les moines y ressembloient à l'abbé, qui y tenoit sa
cour. C'étoit un désordre criant. On a vu de notre temps, ajoute
Bernard, dans l'église deux choses nouvelles & exécrables : « Duæ
» novæ & execrandæ presumptiones ». Votre conduite passée ; « Tua
» pristinæ conversationis insolentia ». L'autre reproche, ce que Bernard fait avec des ménagemens extraordinaires, c'étoit de voir la
charge de DAPIFER, grand-maître de la maison du roi, dans un
archidiacre, un doyen, un homme en dignité dans plusieurs églises,
& intime ami de Suger. Ep. de saint Bernard, fol. 30 & 31.

il lui déféra encore à son retour, celui de Pere de la patrie. C'est-à-dire, que le roi se dépouilla, pour l'en revêtir, d'un titre qui, dans une monachie, ne convient qu'au souverain.

La jalouse Eléonor eût voulu positer de la foiblesse de son époux. Suger en profitoit seul. Voilà ce qu'elle ne pouvoit digérer. Si elle eût été faite pour avoir un maître, elle eût pu consentir à l'avoir dans Louis; mais elle ne pouvoit, sans désespoir, le trouver dans un homme sans naissance, dans un religieux voué à l'humilité.

Ces dispositions les avoient sans doute aigris l'un contre l'autre; & il ne seroit point étonnant que cherchant à se détruire, le ministre eût sacrifié la reine, & contribué au divorce. Ce qui me fait croire que Suger, bien loin de détourner son maître de son projet de séparation, y a peut-être puissamment travaillé ; c'est la résolution qu'on prétend qu'il avoit prise de passer lui-même en Terre-Sainte. N'étoit-ce pas une menace d'abandonner le roi à lui-même; ce qui étoit sans doute ce que Louis craignoit le plus ? Ce sont les chagrins & les inquiétudes du ministre auxquelles même il succéda; c'est sa mort trop prochaine de l'assemblée de Baugency, pour croire qu'il n'y eût point eu de part.

Suger mourut le 13[1] Janvier 1152, en commençant l'année à Pâques, suivant les historiens les plus exacts; & la séparation, ou le divorce pour cause de parenté, fut prononcée le 18 Mars suivant. Une si grande affaire eût-elle été terminée en si peu de temps, si toutes les mesures n'avoient pas été prises du vivant de Suger, & de concert avec lui? Mais lui-même a protesté dans ses écrits qu'il avoit été opposé à ce divorce. Cette preuve en sa faveur ne me paroît pas bien décisive; & un ministre qui écrit n'est pas obligé de convenir de ses fautes. Est-ce dans le journal du cardinal de Richelieu, & dans les autres ouvrages faits sous ses yeux, & par son ordre, qu'on peut se flatter de connoître la vérité des démêlés de Marie de Médicis & du cardinal. Mais reprenons le fil des événemens. Louis s'adressa d'abord au pape, qu'il instruisit de tous les sujets de plainte qu'il prétendoit avoir contre la reine. D'après la réponse d'Eugene III, qui paroît n'avoir rien voulu prendre sur lui,

---

[1] « Transiit autem venerabilis pater... die idus Januarii anno » Domini 1152, ætatis suæ anno LXX° à susceptione autem mo- » nastici habitûs, fere LX, prælationis verò suæ, XXIX ». M. S. de Saint-Denis sur l'an 1152, cité par la Mainferme, *in Clypeo Fontebrald.* t. II., p. 7. Le divorce est de la même année, suivant l'ancienne maniere de compter, & en commençant l'année à Pâques & non en Janvier : car suivant ce calcul les deux événemens, la mort de Suger, & l'assemblée de Beaugenci sont de 1153.

il se tint, comme nous venons de le dire, une assemblée à Baugency dans l'Orléanois, le mardi d'avant Pâques fleuri, 18 Mars 1151. Elle fut composée de tout ce que la France avoit de plus distingué dans l'église & à la cour. Le roi s'y trouva en personne, avec les archevêques de Rheims, de Sens, de Rouen, de Bordeaux, & leurs suffragans, le chancelier [1] & plusieurs seigneurs, auxquels on commençoit à donner le titre de barons. La reine n'y parut point ; & de la maniere dont les choses furent conduites, on diroit que tout s'y passoit sans sa participation, ou elle refusa de paroître, ou l'on voulut épargner sa pudeur. L'archevêque de Bordeaux étoit chargé de sa défense pour la forme. Le chancelier, dit-on, ouvrit la séance par un discours, où il s'expliqua de la maniere convenable aux circonstances.

Quelques-uns de nos auteurs imaginant ce qu'il pouvoit dire, l'ont fait parler comme s'ils avoient eu la piece originale sous les yeux.

Suivant l'un d'eux [2], le chancelier, après

---

[1] Quelques-uns nomment le chancelier Allegrin ; mais je n'en vois point de preuve, & je doute beaucoup qu'Allegrin occupât alors ce poste, qui n'étoit encore qu'un emploi révocable, confondu malgré toute l'attention des écrivains, avec le grand-maître de la maison du roi, son premier chapelain, les clercs de chapelle & les notaires ou secrétaires.

[2] Belleforêt, dans son histoire de France, sous l'an 1151, fol. 513. V. Baudier, histoire de Suger, p. 127.

avoir fait l'éloge de la modération du roi, dit à l'assemblée : « Qu'il étoit inutile d'ap-
» puyer sur les mécontentemens que la reine lui
» avoit donnés, & d'en faire un long détail ;
» qu'ils étoient malheureusement trop connus,
» & qu'il n'y avoit aucun de ceux auxquels il
» avoit l'honneur d'adresser la parole, qui n'en
» fût instruit; que toute l'Europe qui avoit eu les
» yeux sur le roi dans son voyage de la Terre-
» Sainte, sçavoit aussi ce qui s'étoit passé à
» Antioche de la part de la reine, & la con-
» duite qu'elle y avoit tenue ; mais que le
» roi ne s'aveugloit pas assez dans sa vengeance,
» pour la porter jusqu'à vouloir perdre d'hon-
» neur une princesse avec laquelle il avoit par-
» tagé pendant quinze ans son lit & sa cou-
» ronne, que les François respectoient encore
» comme leur reine, & qui, née de la maison
» illustre des ducs d'Aquitaine, avoit l'hon-
» neur d'appartenir depuis long-temps à la
» maison de France [1]. Que le roi, qui avoit
» eu deux princesses de son mariage, respectoit
» en elle son propre sang, & ne se résoudroit

---

[1] La premiere alliance des ducs de Guyenne, comtes de Poitou, avec la maison de France, est le mariage peu certain de Ranulphe II, mort en 893, avec Adélaïde, fille de Louis le Begue, arriere-petit-fils de Charlemagne. La seconde fut celle d'Adélaïde de Poitiers avec Hugues Capet.

» jamais à faire rejaillir sur elle la honte certaine
» d'un crime dont il n'avoit pas assez de preuves,
» pour le regarder comme constant & avéré.
» Que si la preuve des infidélités, dont on pou-
» voit peut-être soupçonner la reine, étoit com-
» plette, ce seroit un crime contre lequel son
» honneur l'obligeroit de se servir de toute la
» sévérité des loix ; mais que rien n'en donnant
» la conviction, il s'en tenoit aux termes que
» lui prescrivoient sa modération & l'équité ;
» qu'il lui suffisoit de satisfaire à ce qu'il de-
» voit à ses sujets & à lui-même, en deman-
» dant une séparation autorisée par les loix de
» l'église. Si, comme la princesse l'avoit elle-
» même avancé à Antioche, ils étoient pa-
» rens dans un degré prohibé [1] ; qu'en ce cas
» il lui importoit extrêmement de ne pas donner
» à l'état un successeur né d'un lit incestueux
» & réprouvé par l'église ; ce qui arriveroit
» néanmoins si la reine étant sa parente, don-
» noit aux François des princes, comme elle
» leur avoit déja donné deux princesses ; que
» c'étoit-là ce qui devoit faire l'objet des mûres
» & sérieuses réflexions de l'assemblée à la dé-
» cision de laquelle le roi le plus puissant, mais

[1] Cette parenté est fort difficile à trouver ; car il n'y a pas d'apparence qu'il s'agît du mariage de Ranulphe II avec Adélaïde de France ; cela étoit trop éloigné. Etoit-ce à cause du mariage de

» en même-temps le fils le plus soumis de
» l'église commune, confioit son honneur, ce-

Hugues Capet avec Adélaïde de Poitiers, cela remonte encore
bien loin. Voici les degrés.

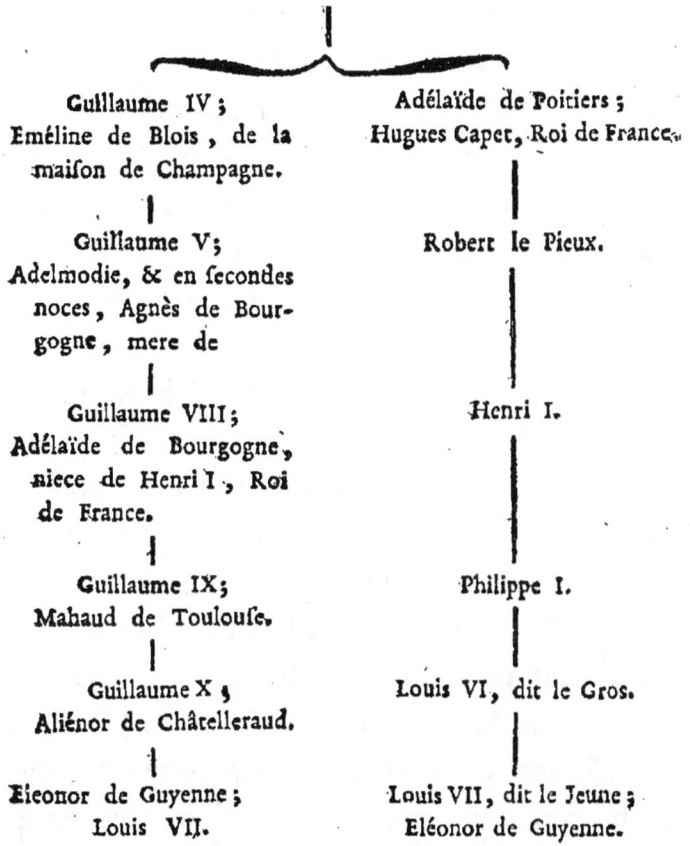

GUILLAUME TÊTE D'ÉTOUPES,
duc de Guyenne.

Guillaume IV;   Adélaïde de Poitiers;
Eméline de Blois, de la   Hugues Capet, Roi de France.
maison de Champagne.

Guillaume V;   Robert le Pieux.
Adelmodie, & en secondes
noces, Agnès de Bour-
gogne, mere de

Guillaume VIII;   Henri I.
Adélaïde de Bourgogne,
niece de Henri I, Roi
de France.

Guillaume IX;   Philippe I.
Mahaud de Toulouse.

Guillaume X;   Louis VI, dit le Gros.
Aliénor de Châtelleraud.

Eléonor de Guyenne;   Louis VII, dit le Jeune;
Louis VII.   Eléonor de Guyenne.

S'il s'agit de l'alliance de Hugues Capet avec Adélaïde de Poitiers,
ils étoient au septieme degré en comptant la souche commune;
& alors ce degré étoit encore prohibé. D'ailleurs il y avoit les
alliances de Champagne & de Bourgogne; & des époux mécontens
faisoient tout valoir.

» lui d'une grande princesse, celui de sa mai-
» son royale, & de l'état entier ».

Quelques-uns prétendent que ce discours fut tenu par l'évêque de Langres [1], & cette prétention a beaucoup d'apparence. Ce prélat avoit la confiance du roi ; il l'avoit suivi dans son expédition ; c'étoit une des créatures de saint Bernard ; & Eugène III, disciple de saint Bernard, étant venu en France pour voir son maître, alla de Paris à Clairvaux, & de Clairveaux à Langres [2]. Ceux qui font porter la parole au chancelier, ne l'ont peut-être fait que relativement à l'usage actuel, duquel on ne voit point encore de traces bien établies du temps de Louis-le-Jeune. L'archevêque de Bordeaux, né sujet de la maison de Guyenne, se chargea de défendre sa cause, ou par zèle pour les intérêts de la princesse, ou parce qu'on en étoit ainsi convenu, & qu'il n'étoit ni juste ni régulier de condamner Eléonor absente, sans qu'on eût entendu sa défense. Il répondit aux accusations formées contre la reine, par une protestation de l'innocence de cette princesse, & fit connoître que « Si le roi n'avoit eu que

[1] Boucher, annales d'Aquitaine, p. 140, troisieme partie, qui lui donne par erreur la qualité d'archevêque.

[2] Voyez la chronique de Langres, par le Jésuite Jacques Vignier, p. 113.

» ce moyen à alléguer pour parvenir à la sé-
» paration qu'il paroissoit demander, elle ne
» pouvoit avoir lieu, non-seulement parce que
» l'on convenoit de sa part qu'il n'y avoit
» aucune preuve certaine de l'infidélité qu'on
» lui reprochoit, & que tout se réduisoit à des
» soupçons mal fondés; mais parce que si ce
» motif étoit celui du divorce, les époux ne pour-
» roient ni l'un ni l'autre passer à de secondes nô-
» ces, qu'à l'égard de la parenté, il n'en étoit pas
» de même; que l'on ne pouvoit disconvenir
» qu'elle étoit prouvée dans le degré prohibé, les
» deux époux étant issus l'un & l'autre par femmes
» de la maison de Bourgogne[1], & étant alliés du
» quatre au cinquieme degré. Mais que dans
» ce cas, s'il plaisoit au roi, on pouvoit se flatter
» d'une dispense, à laquelle la reine donneroit
» bien plus volontiers les mains qu'à une sépa-
» ration ». Soit que cela ne fût dit que par
bienséance, soit qu'en effet Eléonor ne deman-
dât pas mieux, & qu'elle eût déja consenti d'a-
vance à la séparation, en la motivant sur la parenté, elle fut prononcée dans l'assemblée de
Baugency, après qu'un nombre de prélats & de

---

[1] Par Agnès de Bourgogne du côté de la maison de Poitiers, & Gilette de Bourgogne-Comté, femme de Louis VI; mais j'aimerois mieux remonter, comme je l'ai fait, jusqu'à Adélaïde de Poitiers, femme de Hugues Capet.

seigneurs eurent affirmé qu'ils avoient une connoissance certaine du degré de parenté entre Louis & Eléonor. Le jugement qui déclara le mariage nul, permit aux parties de passer à d'autres nôces avec qui bon leur sembleroit. Cependant les deux princesses nées dans un temps où les deux époux ignoroient l'empêchement prétendu dirimant, furent déclarées légitimes. Si cela se pouvoit dire de la premiere, il n'est pas bien certain qu'on pût le dire de la seconde, née au retour du voyage de la Palestine, conçue depuis l'affaire d'Antioche, où le duc Raymond & la reine s'étoient déja expliqués sur la parenté; mais c'étoit un tempérament qu'on ne pouvoit se dispenser de prendre. L'évêque de Langres fut chargé de porter à Eléonor la résolution de l'assemblée; & le fit en l'assurant que tout ce que le roi avoit fait, n'étoit pas par un mouvement de haine ni de vengeance, mais pour assurer le repos de sa conscience. Quoiqu'Eléonor dût être prévenue de tout ce qui se passeroit; que la plupart des auteurs qui ont parlé de cette séparation, aient écrit[1] qu'elle fut prononcée du consentement des parties; que la chose paroisse même évidemment telle par la procé-

---

[1] « Quo sufficienter probato (*la parenté*) in præsentiâ prælatorum fuit inter eos, per consensum partium, matrimonium dissolutum ». *Gesta Ludovici Grossi*, cap. 30.

dure qui fut tenue à Baugency [1]; qu'il s'en trouve qui assurent que la reine agit pour y parvenir, & que tout ce que fit le roi fut de ne pas y opposer de résistance; quoiqu'enfin tout annonce que le projet de la reine d'épouser Henri d'Anjou, depuis roi d'Angleterre, étoit déja formé; cependant l'ancien annaliste d'Aquitaine, suivi par plusieurs modernes, a écrit qu'Eléonor fut frappée à cette nouvelle, comme d'un coup de foudre. Copions ici la narration de Bouchet [2]; la naïveté de son style n'est pas sans agrément. Après avoir dit que la séparation fut déclarée à Eléonor par deux des évêques, & un ou deux des seigneurs qui avoient assisté à l'assemblée, il ajoute : « La- » quelle incontinent qu'elle en fut par eux ad- » vertie tomba évanouie d'une chaire où elle » étoit assise, & fut plus de deux heures sans » parler, ne pouvoir plorer, ne desserrer les » dents. Et quand elle fut un peu revenue, » commença de ses clairs & verds yeux regar- » der ceux qui lui avoient premierement dit » la dure nouvelle, en leur disant : ah! mes-

---

[1] « Itaque causis ingravescentibus, & illa quidem, ut dicitur, mul- » tum instante, illo verò, vel non, vel remissius obluctante, &c ». *Guillel. Neubrig. lib. I, cap. 31.*

[2] Annales d'Aquitaine, troisieme partie, sous l'an 1152, p. 141 de la derniere édition.

» fieurs, qu'ai-je fait au roi; pourquoi il me
» veut laiffer ? En quoi l'ai-je offenfé ? Quel
» défaut a-t-il trouvé en ma perfonne ? Je
» fuis jeune affez pour lui ; je ne fuis point
» ftérile, je ne fuis point baftarde, ne ve-
» nue de maulvaife race; je fuis riche, comme
» il eft felon moi; je lui ai toujours obéi; & fi
» nous parlons de lignage, je fuis de la lignée
» de l'empereur Othon le premier & du roi Lo-
» thaire, & defcendue de la vraie tige de Charle-
» magne; & davantage nous fommes parens de
» par pere & par mere, s'il le veut connoître ».
Il y a beaucoup d'apparence que Bouchet, affec-
tionné en bon patriote à Eléonor, a imaginé ces
plaintes & ces difcours, où il fait entrer les
idées qu'il avoit, en les ornant de la rhétorique
de fon temps. Mais il fe peut faire auffi que la
reine, qui ignoroit encore fur quel motif on s'é-
toit décidé pour prononcer le divorce, & qui
craignoit qu'on n'eût adopté celui d'adultere &
d'infidélité qui l'eût rendu méprifable & odieufe,
& qui par conféquent eût été un obftacle in-
furmontable pour un autre mariage ; il fe peut,
dis-je, que dans cette crainte elle eût mal foutenu la nouvelle, & eût eu recours aux larmes,
refuge des femmes même les moins innocentes.
Il y a tant de difparate dans nos idées ! Eléonor,
qui n'avoit pas craint, qui avoit même demandé

la séparation, ne l'avoit pas envisagée, comme elle la vit lorsqu'on la lui annonça. Quels que fussent ses projets, non-seulement l'exécution n'en étoit point assurée, & son sort dépendoit du roi & de son conseil; mais outre cette incertitude pour l'avenir, il étoit très-certain qu'elle perdoit le premier trône de l'europe; & une femme, sans être fort ambitieuse, peut donner des larmes à une pareille perte. Éléonor regardée comme une coquette, persuadée de son mérite, ne pouvoit voir qu'avec un sensible dépit que Louis en fût venu jusques-là. Enfin il est des choses qu'on entreprend avec fermeté, mais dont l'exécution abat le courage. Bouchet donne même lieu de croire que la reine envisagea les choses de tous ces côtés; que lorsque l'évêque de Langres lui apprit que la parenté & le motif de conscience avoient déterminé l'assemblée, elle se remit, « se contentant de dire qu'on eût pu de-
» mander une dispense »; qu'enfin elle consentit à la séparation, « pourvu qu'il lui fût permis
» de se remarier, & que l'Aquitaine & le
» Poitou lui demeurassent à elle & aux siens »: conditions qu'accepta le roi, au grand mécontement de toute la France, & qui furent confirmées par le pape Eugène, sous le bon plaisir duquel on prétend que l'assemblée de Baugency avoit prononcé. Nous n'avons guere d'historiens

qui ne se soient élevés contre la conduite de Louis le Jeune en cette occasion. Si Eléonor étoit coupable, disent-ils, il falloit agir contre elle avec la sévérité de la loi, la reléguer dans un couvent, & retenir la Guyenne par le droit de sa fille aînée, dont le pere étoit tuteur. Si elle étoit innocente, pourquoi la répudier, & perdre deux provinces dont la réunion à la France étoit si importante ? Enfin, fût-elle coupable, disent d'autres, qui ne voient les objets qu'en politiques, il falloit plutôt dissimuler le passé, & mettre ordre à l'avenir, que de s'exposer aux suites d'une séparation qui furent si funestes à l'état. « Mais, ajoute un moderne [1], les princes
» & leurs ministres font des fautes, les peuples
» souffrent les malheurs & les désolations qui
» en résultent ». « Il faudroit, dit bien raison-
» nablement Mezeray, sçavoir parfaitement la
» disposition des affaires de ce temps - là,
» pour prononcer, comme font quelques poli-
» tiques modernes, que ce fut une lourde faute
» contre la prudence ». Si la reine étoit véritable-

---

[1] Baudier, dans la vie de Suger, p. 127, où il prétend que Suger se trouva à l'assemblée ; en quoi il se trompe, puisque cette assemblée ne fut tenue que le 18 Mars 1152, & que Suger étoit mort au mois de Janvier précédent, le 13 (*Idibus Januariis*), suivant Sandius, sur Vossius. Le Gendre dit que Suger étoit mort deux ans avant l'assemblée de Beaugency ; c'est un autre erreur. Le Gend. t. II, p. 356.

ment coupable d'adultère, en la reléguant dans un couvent, & en s'emparant de la Guyenne, le roi laiſſoit le trône ſans ſucceſſeur: puiſque, comme le remontra l'évêque de Bordeaux, ce n'étoit pas une raiſon de diſſolution du lien conjugal quant au ſacrement, ni l'une ni l'autre des parties n'eût pu ſe remarier. Louis, qui n'avoit que deux filles, ſe feroit condamné lui-même à ne pas laiſſer de ſucceſſeur légitime, & la couronne eût paſſé dans une autre branche. Or c'eſt à quoi un prince ne ſe réſout pas volontiers, & ce qui eût pu être fort dangereux alors. S'il n'y avoit que ces ſoupçons ſans preuve, comme cela paroît, pouvoit-on ſe réſoudre à faire le procès d'une princeſſe ſur de ſimples ſoupçons [1]? Enfin, ſi malgré ces ſoupçons elle étoit réellement innocente, ce qu'on ne ſçauroit entiérement ſuppoſer, le roi qui la croyoit coupable, pouvoit-il, ſans ſe déshonorer, vivre avec une princeſſe contre laquelle il avoit le cœur rempli d'amertume? Il ne ſuffit pas que la femme de Céſar ſoit chaſte, il faut que ſa ſageſſe ne ſoit pas même ſoupçonnée.

Tous les princes ne ſont pas auſſi philoſophes

---

[1] De Serres, qui ſe déchaîne en furieux contre Eléonor, dit dans ſon ſtyle extravagant: « Qu'au lieu d'aſſembler le ſynode de Beaugency, » il falloit jetter cette chienne dans l'eau, & retenir ſa dot à lui » juſtement acquiſe par la banqueroute de ſon honneur ».

que l'étoit Marc-Aurele, & Louis l'étoit moins qu'un autre. Il falloit le défabuſer, & c'eſt à quoi il ne paroît pas que perſonne ait travaillé; car le bon Suger lui-même eſt au moins ſuſpect dans cette occaſion, quoiqu'en puiſſent dire ſes partiſans.

Le parti de la ſéparation étoit donc & le plus honnête & le plus prudent; mais en le prenant, il n'y avoit pas moyen de retenir la dot, & le prétexte qu'on eût pris de la fortune des deux princeſſes nées du mariage de Louis, n'étoit ni propoſable, ni praticable. On ne pouvoit donner aux enfans la ſucceſſion d'une mere vivante. Il falloit un coup d'autorité qui n'avoit point d'exemples, & qui eût peut-être été ſans ſuccès. Les grands du royaume l'euſſent-ils ſouffert? Et les peuples de la Guyenne, attachés au ſang de leurs anciens maîtres, euſſent-ils abandonné Eléonor? Cette princeſſe fut donc renvoyée dans ſes états, qui lui furent remis avec la liberté d'en diſpoſer, ainſi que de ſa perſonne. Le roi retira les garniſons françoiſes de toutes les places qu'il évacua, & les actes ne ſe firent plus qu'*au nom d'Eléonor*. D'abord elle ſe retira à Blois [1]; mais avertie que Thi-

---

[1] « Quo facto, regina Bleſis rediit; ſed Theobaldo comite Blé-
» ſenſi, eam per vim ſibi habere volente, de nocte, fugit, &
» inde evadens Turonis venit. Cumque Gaufridus Plantageneſt,

baut, comte de Champagne, vouloit l'y enlever & se rendre maître de sa personne, elle se sauva la nuit & alla à Tours. Elle n'y fit pas non plus un long séjour. Geoffroi, comte d'Anjou, fils de Geoffroy-Martel, ou Plantagenest, & frere de Henri, duc de Normandie, depuis roi d'Angleterre, dans le dessein de l'épouser, forma celui de l'arrêter au port de Piles, sur les confins de la Touraine & du Poitou. Avertie par son bon ange [1], dit la chronique de Tours manuscrite, elle prit une autre route, & passa dans le Poitou. Elle établit sa résidence à Poitiers, & y renouvella la confirmation des dons, privilèges & fondations de ses peres, qu'avoit confirmés Louis le Jeune, dans le voyage qu'il y avoit fait avec elle en 1146, faisant en cela acte de souveraine. Elle n'y fut pas long-temps sans faire éclore le dessein déja formé, dit-on, d'épouser Henri, duc de Normandie, fils aîné de Geoffroy-Martel. Guillaume Neubrige, l'un des bons historiens de son temps, prétend [2] qu'ils s'aimoient

„ filius Gaufridi comitis Andegavensis, frater Henrici, ipsam in
„ uxorem ducere, & apud portunt de Pilis capere voluisset, ipsa
„ admonita ab angelis suis, per aliam viam reversa est in Aquitaniam regionem suam, ibique Henricus dux Normaniæ eam
„ duxit in uxorem, inter ipsum, & Ludovicum regem Francorum
„ magna discordia insurrexit ». *Ex MS. Chronico Turonensi apud Besli*, p. 488.

[1] Voyez la citation ci-dessus.

[2] « Dicitur etiam, quod in ipso regis Francorum conjugio ad

avant la séparation de Baugency. Eléonor importunée des soupçons, des reproches ou des scrupules de Louis, avoit pensé à épouser Henri, comme étant un prince d'un caractere bien plus convenable au sien, & c'est ce qui l'avoit rendue si facile à consentir à la séparation, pourvu que la parenté en fût le motif, & qu'on lui restituât ses états. Si cela étoit à la lettre, comme le dit l'auteur anglois [1], il se trouveroit que Louis, aussi bien que Suger son ministre, auroient été tous les deux les dupes de la conduite & de la politique d'une princesse de vingt-sept à vingt-huit ans, qui les auroit amenés au but où elle auroit voulu, & auroit trouvé le moyen de se satisfaire aux dépens de l'honneur de son époux, des intérêts de l'état & de la réputation de Suger. Ce ne seroit pas la seule fois qu'une femme coquette se seroit jouée de la prudence des plus sages têtes. Le duc de Normandie, qui avoit fait, dit-on, l'objet des attentions d'Eléonor, étoit un de ces hommes nés pour faire tourner la tête des femmes du caractere vif & léger d'Eléonor. Ses cheveux étoient d'un blond ardent; sa

» ducis Normanici nuptias suis magis moribus congruas aspira-
» verit, atque ideò præoccupaveritque dissidium ». *Guill. Neubrig. lib. I, c.* 31.

[1] Voyez l'histoire de l'Eglise Gallicane, tome IX, p. 455. On y lit qu'Eléonor s'étoit adressée à Rotrou, archevêque de Rouen, pour le consulter sur sa séparation.

taille bien proportionnée étoit plus grande que petite; son air étoit spirituel, fin & prudent; sa tête bien plantée, son col proportionné à sa tête. Etoit-il tranquille? il avoit les yeux riants, doux, agréables. Mais dans sa colere, son regard étoit foudroyant & plein de feu. Le soin qu'il avoit de ses cheveux, lui avoit garni la tête; son visage plus carré qu'ovale lui donnoit l'air d'un lion; son nez un peu relevé étoit parfaitement proportionné avec ses autres traits. Il étoit bien sur ses pieds, également bien à cheval. Sa poitrine étoit large; ses bras nerveux & son poignet fort annonçoient un homme agile, ferme & vigoureux. Peu soigneux de ses mains, il en négligeoit l'agrément, & ne se servoit jamais de gants, que lorsqu'il portoit quelque oiseau sur le poing.

Tel est le portrait au vif que nous en a laissé Pierre de Blois [1], qui le connoissoit particuliérement, & qui le regardoit, avec beaucoup de raison, comme le plus grand prince de ce siecle.

Ajoutez à ces qualités du corps celles d'un

---

[1] *Petrus Blesensis*, épître LXVI. Cet écrivain, né en 1130, a été employé par Henri dans ses affaires les plus importantes en France auprès de Louis le Jeune. Il étoit vice-chancelier du roi d'Angleterre. Il a écrit plusieurs lettres au nom de ce prince & de la reine Eléonor. Voyez sa vie à la tête de ses œuvres, publiées par le Jésuite Jean Busée en 1600; mais dont Pierre de Goussainville, Prêtre du diocèse de Chartres, a donné une édition bien plus complette.

génie

génie naturellement beau & des plus ornés, tout l'éclat de la jeunesse, puisque Henri n'avoit encore que vingt ans, & l'espoir d'une couronne. Il y avoit de quoi séduire ou de quoi consoler Eléonor. Henri la fit demander en mariage, bien certain de n'être pas refusé. Cependant Bouchet [1] dit que sa premiere réponse fut, qu'elle avoit délibéré de jamais n'épouser homme. Mais cette prétendue résolution ne fut pas de longue durée. On lui remontra que le vrai motif du divorce n'avoit pas été la parenté que Louis avoit alléguée ; mais la haine qu'il avoit pour elle : que si elle ne se faisoit pas une alliance avec un prince aussi puissant que le devoit être le duc de Normandie, comte d'Anjou, & destiné au trône d'Angleterre, elle résisteroit difficilement aux attaques de ses ennemis. La remontrance la toucha soudain, dit le même Bouchet. Eléonor promit sa main au jeune duc ; l'on prit toutes les mesures nécessaires pour la célébration du mariage. Les choses ne purent se passer si secrettement, que Louis le Jeune n'en fût instruit. Il lui fut aisé de prévoir combien cette alliance nuiroit à ses intérêts. Outre la perte d'une princesse encore jeune & extrêmement aimable, & qu'il regrettoit peut-être ; deux provinces étoient

---

[a] Annales d'Aquitaine, troisieme partie, p. 142, ch. 3.

non-seulement éclipsées de ses états, elles passoient même dans des mains étrangeres, dans celles de Henri, qui, par ce moyen, se trouvoit possesseur d'une partie de la France, puisqu'avec la Guyenne, le Poitou, la Saintonge, l'Auvergne, le Limosin, le Périgord, l'Angoumois, & des prétention sur le comté de Toulouse qu'il acquéroit, il possédoit déja l'Anjou, la Normandie, la Touraine & le Maine. Il voulut piquer Henri d'honneur, en lui faisant représenter qu'il s'avilissoit de prendre pour femme une princesse répudiée, & dont les égaremens avoient fait l'entretien de presque tout l'univers. Les partisans de la Cour de France renouvellerent en cette occasion les bruits les plus injurieux qui avoient couru contre Eléonor; & le roi lui-même ne craignit pas d'ajouter à son déshonneur passé, pour détourner le duc de Normandie de son dessein. Qu'on se figure jusqu'où se porta la licence contre la conduite & les mœurs de la princesse de Guyenne! Mais le parti de Henri étoit pris. Il étoit assez éclairé pour reconnoître le motif des bruits qu'on répandit; & d'ailleurs il étoit de ces génies supérieurs, qui, pour parvenir à des avantages réels, savent secouer le joug des préjugés, & s'affranchir des liens de l'opinion. Il alla donc à Poitiers, accompagné d'une partie de la noblesse de Normandie, & y épousa Eléonor[1].

La crainte des obstacles fit hâter ce mariage, où l'on supprima la magnificence & la pompe dont les apprêts auroient demandé trop de temps. Le roi ne vit cette alliance qu'avec désespoir. Avant que de perdre sa femme, il avoit aussi perdu son ministre Suger. Le brave comte de Vermandois n'avoit survécu à Suger que peu de temps ; & jamais Louis privé des secours & des conseils de ces deux grands hommes, n'en avoit eu tant de besoin. Malgré tous les éloges donnés à Suger, il paroît que content & même jaloux de régner sous le nom de Louis, il n'avoit pas cherché à l'instruire de l'état des affaires du gouvernement, qui se trouva à sa mort comme un vaisseau sans pilote : suite ordinaire de l'ambition d'un ministre qui fait son bonheur moins de celui de l'état que du malheur de son maître. Dans tout ce que Louis entreprit depuis, il ne suivit gueres que sa passion & ses caprices. Sa jalousie le fit d'abord agir contre le nouvel époux d'Eléonor, qui fut assigné à comparoir au parlement, en qualité de vassal de la couronne. Mais un vassal si puissant ne vouloit point reconnoître de souverain. Le roi arma, prit Vernon

[1] Le 18 Mai 1152, précisément deux mois après l'assemblée Baugency.

sur le duc de Normandie & les choses s'accommoderent.

Nous ne suivrons pas ici le fil des guerres presque continuelles entre le roi de France & Henri, dont le mariage d'Eléonor fut l'origine. Un moderne l'a fait, & ne l'a pas fait avec succès, puisque ce n'est qu'en s'écartant entiérement de son objet principal.

La mort d'Etienne [1], roi d'Angleterre, ayant enfin mis la couronne sur la tête d'Henri, Eléonor reprit le nom de reine, & passa en Angleterre avec lui. Elle fut trompée, si elle avoit espéré de fixer le cœur de son époux. Henri aimoit les plaisirs & les femmes avec emportement. Inconstant & voluptueux, il eut pour Eléonor à-peu-près les mêmes sentimens qu'elle avoit eus pour Louis le Jeune. Elle fut punie des chagrins & de la jalousie qu'elle avoit donnés à Louis, par celle qu'elle conçut elle-même pour Henri. Elle porta même cette passion jusqu'à la fureur, & sacrifia tout pour se venger d'un mari volage dont elle troubla le repos par les moyens les plus violens & les moins permis. La fermeté de Henri la réduisit à dévorer ses chagrins pendant plusieurs années. Ce n'étoit plus un prince foible, crédule, ido-

---

[1] Arrivée en 1154, le 8 des calendes d'Octobre, c'est-à-dire, le 17 septembre, suivant Polidore Virgile, hist. Angl. liv. XII, p. 273.

lâtre & jaloux des charmes de son épouse; ce n'étoit plus Louis le Jeune enfin à qui Eléonor avoit affaire; Henri, que la politique avoit plus guidé que l'amour, avoit su réduire l'ambition, la vanité & les caprices de cette princesse pendant environ douze ou quinze ans. Mais il est des caracteres indomptables. Eléonor, que la seule impuissance de se venger, avoit retenue, se saisit de la premiere occasion qu'elle put trouver. Des six princes qui étoient nés de son mariage avec Henri, quatre vivoient encore en 1170. Henri, surnommé le Jeune, ou au Court-Mantel, né en 1155, fut couronné roi d'Angleterre du vivant de son pere, en 1170. Il avoit été accordé[1] dans son enfance à Marguerite de France, fille de Louis VII & de Constance de Castille, sa seconde femme. Présomptueux, fier & plein d'ambition, il avoit tous les défauts d'Eléonor.

On remarqua que le jour même du couronnement, le roi reconnut la faute qu'il avoit faite de le tirer du rang de sujet, pour l'élever à celui de souverain. Henri, dans le festin qu'il donna aux grands en cette occasion, pour faire honneur au prince couronné, voulut bien servir le premier plat devant lui. Sur quoi l'archevêque d'Yorck qui étoit à côté du jeune Henri, lui ayant dit, « Qu'il pouvoit se flatter qu'il n'y

---

[1] En 1163, Polid. Virg. *in Henrico I*, p. 268.

» avoit point de prince dans le monde qui fût
» servi par un pareil officier ». « Eh bien, lui
» répondit le prince avec vivacité, qu'y a-t-il
» d'étonnant? Apparemment mon pere ne croit
» pas s'abaisser par cette démarche. Il n'est que
» petit-fils de roi par la princesse Mathilde
» sa mere [1]; elle est mon ayeule, & j'ai pour
» pere un roi, & pour ma mere une reine ».
Henri II qui l'entendit, en fut frappé, & dit
aussi-tôt à l'archevêque d'Yorck : « J'ai fait une
» faute, M. l'archevêque; je le vois bien, j'ai
» fait une grande faute »! Les suites vérifierent
ses craintes. Le jeune Henri prétendit que son
couronnement étoit une véritable abdication de
la part du roi son pere; que lui seul avoit droit
à la couronne, & que c'étoit l'en dépouiller que
de la lui retenir.

Eléonor sa mere, qu'on peut soupçonner d'a-

---

[1] Mathilde, Maheut ou Mahaut, princesse d'Angleterre, fille d'Henri I, & son unique héritiere, femme en premieres nôces de l'empereur Henri V, dont elle n'eut point d'enfans; & en secondes nôces, de Geoffroy V, comte d'Anjou, mere de Henri II, roi d'Angleterre. Ce qui a fait dire de cette princesse dans son épitaphe :

« Ortu magna, & magna viro, sed maxima prole,
» Hic jacet Henrici filia, sponsa, nurus ».

Il me semble que *parens* seroit plus juste, & c'est en effet le mot employé par Matthieu Paris. Elle mourut le 10 Septembre 1167. Les épîtres d'Arnoul de Lisieux, feuillet 104. v. & *Matth. Paris in Henrico II*, p. 138.

voir pris déja le parti du trop fameux Thomas Becquet[1], contre Henri II, cabala en faveur de son fils contre son mari, à la cour d'Angleterre, & même à celle de France. Son génie n'étoit que trop vif & trop intriguant; elle réussit, & en vint au point de donner à Henri des inquiétudes qu'il ne put écarter qu'avec beaucoup de peine, de courage & d'activité. C'en étoit fait; & il eût été obligé de descendre du trône, s'il n'eût trouvé des ressources dans la valeur & la prudence qui l'ont rendu le plus grand roi & le

---

[1] En condamnant sans détour la conduite de l'archevêque de Cantorbery, je ne fais que copier Guillaume de Neubrige, qui, dans un temps où il étoit à peine permis de penser sur ces matieres, n'a pas laissé de dire : « Zelo fervidus, utrùm autem plenè » secundum scientiam, novit Deus ». Après l'examen modeste de la conduite du prélat, il ajoute ces belles paroles : « Ita quippè » sancti viri, vel amandi, vel laudandi sunt à nobis..... Ut tamen » in quibus homines vel forte fuerunt, vel fuisse noscuntur, nequa- » quam vel amemus, vel laudemus; sed ea tantum in quibus eos » sine scrupulo imitari debemus. Quis enim dicat eos in omnibus » quæ ab ipsis fiunt esse imitabiles ? Non ergo in omnibus quæ » faciunt; sed sapienter & caute debent laudari, ut sua Deo » prærogativa servetur ». Si dans le douzieme siecle un auteur ecclésiastique, engagé dans un ordre religieux, condamnoit, ou n'osoit louer l'archevêque de Cantorbery, peut-on exiger raisonnablement qu'on l'applaudisse aujourd'hui ? Il n'y a qu'un zèle aveugle, & peut-être intéressé, qui puisse l'exiger. Et tout sujet fidele à son roi, tout bon Français ne peut, ni ne doit dissimuler en pareille occasion. « Ut sua Deo prærogativa servetur ». Ce qu'on dit ici est pour les personnes qui sont imbues de préjugés opposés aux vérités de Guillaume de Neubrige qu'il faut lire, *de rebus Anglicis*, liv. II, p. 202 & 203 de l'édition de Jean Picard de 1610.

plus grand capitaine de son siecle. Le génie d'Eléonor qui conduisoit tout, avoit fait trouver au jeune Henri le moyen de lever une armée redoutable ; & il étoit passé en Ecosse avec une flotte de quatre cens vaisseaux, tels qu'on les équipoit alors. Il y fut bien reçu, & s'y trouva d'abord appuyé ; mais Henri II sut dissiper l'orage de ce côté-là, plus par sa politique que par ses armes. Du côté de la France, il se procura aussi un accommodement, en promettant à Louis le Jeune de faire couronner Marguerite de France avec son fils. La cérémonie s'en fit en effet à Winton, par Gautier, archevêque de Rouen.

Le jeune Henri de nouveau couronné avec la princesse son épouse, alla trouver son pere en Normandie. Tout paroissoit réuni ; mais la vindicative Eléonor n'étoit pas satisfaite. Les infidélités de Henri II continuoient, & le désespoir de la reine augmentoit chaque jour. Parmi les femmes auxquelles Henri s'étoit attaché, étoit une jeune personne d'une beauté achevée. A ce mérite, elle joignoit celui d'un caractere aimable & doux, d'un esprit enjoué, orné & délicat. Clifford étoit son nom, & ses charmes lui avoient fait donner celui de ROSEMONDE, ou de Merveille du monde. Le roi qui savoit jusqu'où Eléonor portoit sa jalousie, avoit tâché de dérober sa maîtresse à la vengeance de la reine, en lui faisant bâtir à Voodſtock un château en forme de labyrinthe, dont les appartemens étoient impénétrables à ceux qui n'en connoiſ‑ſoient pas parfaitement tous les détours. Malgré ces précautions, la belle Cliffort fut la victime de la rage d'Eléonor. Elle parvint juſqu'à ſon ap‑partement, & après l'avoir accablée des reproches les plus violens, elle lui préſenta, dit‑on, elle‑même & de ſa main [1], le poiſon qu'elle lui avoit

---

[1] Non‑ſeulement Polidore Virgile nous apprend ce fait dans ſon hiſtoire d'Angleterre, mais il eſt conſtaté par un auteur Anglois, Jean Dickenſon, dans ſes Parallèles tragiques, joint à ſon *Spe‑culum tragicum*. On y trouve un petit poëme ſur le labyrinte de Voodſtok comparé au labyrinte de Crète. Le poëte, en parlant du ſort infortuné de la belle Roſemonde, dit :

 » Te perimit monſtrum filo, Roſamunda, repertam
  » Proditione ſato.
 » At fuit hoc monſtrum reginæ, ſævior, orco,
  » Ultio Zelotypæ.
 » Quæ fervens odiis, quod præbuit ipſa venenum
  » Competit ut biberes :
 » Lumina nec prius amovit funeſta, moveri
  » Quam tua deſierint.
 » Taurigenam extinctum cum gens ſciat attica, geſtit
  » Lœtitia unanimi.
 » Te nymphæ extinctam flebant, Roſamunda Britannæ
  » Nectareis lacrymis ».

    Joan. Dickenſon Parallela tragica, p. 240.

Roſemonde eſt inhumée dans un ancien monaſtere de filles, ap‑pellé Godſtow, où on lit ſon épitaphe gravée ſur le tombeau que lui fit

préparé, le lui fit prendre, & se donna le plaisir de la voir expirer. Qu'on juge à ce seul trait de la violence des passions d'Eléonor ! Quand une femme de son caractere a fait quelques démarches vers le crime, rien ne lui coûte plus. Elle reprit le projet qu'elle avoit formé de détrôner son mari.

Le jeune Henri, sous prétexte d'aller visiter Louis son beau-pere, passa de Normandie à la cour de France, avec la princesse Marguerite. Il semble que le roi d'Angleterre auroit dû s'opposer à ce voyage. Mais peut-être craignoit-il que ce ne fût un nouveau sujet de rupture avec Louis. Le prince & son épouse furent reçus avec tous les honneurs & les témoignages d'amitié que leur rang & l'alliance des deux cours autorisoient. Au milieu des fêtes & des plaisirs, Eléonor faisoit sourdement agir auprès de Louis,

élever Jean Sans-Terre, fils d'Henri II, orné d'une croix, avec cette inscription, de laquelle les deux premiers vers se lisent sur la tombe, & les deux derniers sur la croix même.

« Hîc jacet in tumbâ Rosa mundi, non Rosa munda :
» Non redolet, sed olet quæ redolere solet.
« Qui me at hàc oret, signumque salutis adoret ;
» Ut que tibi detur requies, Rosamunda : precetur ».

Le monastere de Gostow ou Voodstok étoit à six milles d'Oxford, dans l'endroit même où étoit le fameux labyrinte dans lequel Henri avoit enfermé sa maîtresse. La haine d'Eléonor paroît encore dans l'épitaphe que le roi Jean lui fit faire, peut-être du vivant de sa mere.

pour l'engager à donner du secours à son fils, & le tirer de la condition de sujet, où il restoit malgré son couronnement. Louis se satisfaisoit lui-même en cette occasion; & par un tour d'esprit singulier, mais naturel à un petit génie, pour se venger d'un rival qu'il ne cessa jamais de haïr, il s'unit avec Eléonor, qui étoit elle-même la cause & l'origine de cette haine. Il fit donc connoître au jeune Henri son gendre, qu'il ne tiendroit qu'à lui de se saisir du pouvoir absolu & de la couronne de son pere; qu'il l'aideroit de ses forces, & se réuniroit avec lui contre Henri II. Ce prince, qui avoit de très-justes motifs de craindre qu'un trop long séjour en France n'inspirât à son fils de nouveaux desirs de révolte, le fit repasser la mer; mais les choses n'étoient calmées qu'en apparence. Le prince se plaignit que le roi son pere avoit détaché du duché de Normandie quelques places pour les donner au prince Jean son frere, depuis dit Jean Sans-terre, en considération de son mariage avec la fille du comte de Mortaing. Le jeune Henri ajoutoit qu'il étoit roi, & qu'il n'étoit pas au pouvoir de son pere de disposer de ses états. Les remontrances de Henri II ne firent rien sur son fils; il demanda nettement le trône à son pere, & se retira de nouveau à la cour de France. On ne sauroit méconnoître ici les fruits du génie d'Eléonor, furie inceſſamment attachée à la perte de ſon mari. Louis le Jeune, miniſtre aveugle de ſa méchanceté, au lieu de remettre dans les mains des ambaſſadeurs du roi d'Angleterre le prince Henri qu'il redemandoit, trouva même mauvais que les perſonnes chargées de la négociation, donnaſſent à leur maître le nom de roi, & les renvoya en leur diſant : « Qu'il étoit contre l'équité » & la bonne foi qu'il prétendît garder un trône » dont il étoit deſcendu, & qui appartenoit à » ſon fils, puiſqu'il le lui avoit donné ». Avoit-il lui-même tenu cette conduite avec Louis le Gros, & les principes qu'il autoriſoit étoient-ils ceux qu'il avoit ſuivis après ſon ſacre ? Mais le langage des paſſions n'eſt pas celui de la raiſon.

Je ſupprime ici les réflexions qu'on a déja faites ſur cette maniere de penſer, & ſur les procédés d'un roi qui étoit ſcrupuleux juſqu'à la foibleſſe en matiere de piété & de dévotion, qui ne vouloit pas permettre que ſes troupes donnaſſent un aſſaut le jour de ſaint Laurent, par reſpect pour la fête de ce ſaint, & qui autoriſoit, qui aidoit la rebellion d'un fils contre ſon pere.

Henri vit encore une fois une partie de l'Angleterre prête à ſe ſoulever contre lui. Il vit plus; il vit ſes deux autres fils, Richard, dit depuis Cœur-de-Lion, & Geoffroy, comte de Bretagne, réunis contre lui avec leur aîné. Ce qu'il y a de ſurprenant, c'eſt qu'il ne reconnut pas d'abord dans le ſoulevement de ſa maiſon contre lui, la main d'Eléonor; ou que s'il s'en apperçut, il ne prit pas dès-lors contre elle les meſures qu'il prit dans la ſuite. Le jeune Henri paſſa en Guyenne, & y trouva toute la faveur à laquelle le crédit d'Eléonor avoit préparé les eſprits. De-là il alla Paris, où la ligue, de laquelle Louis le Jeune devint le chef, réſolut d'attaquer en même temps la Normandie, la Guyenne & la Bretagne. Guillaume, roi d'Ecoſſe, auquel le prince venoit de donner le Northumberland, ſe chargea de pénétrer en Angleterre; mais la bonne cauſe prévalut. Louis, las d'une guerre où le deshonneur n'étoit point récompenſé par les avantages, devint lui-même le médiateur du traité qui ſe fit entre le pere & les enfans, & qui fut terminé par la ſoumiſſion de ceux-ci & la bonté de celui-là. Une des clauſes de ce traité, fut le mariage convenu entre Richard, ſecond fils d'Henri II, & Adele ou Alix de France, fille du roi & d'Alix de Champagne ſa troiſieme femme, âgée de ſept à huit ans [1]. Les choſes en vinrent d'autant plus

[1] Le 30 Septembre 1174.

facilement à un accord, que le roi d'Angleterre avoit déja puni Éléonor de ses attentats, & contre les droits de la nature, & contre ceux des souverains. Elle fut arrêtée en 1173, & renfermée dans une étroite prison, où elle resta jusqu'à la mort d'Henri II, c'est-à-dire, pendant environ seize ans. Cette longue captivité n'adoucit point le caractere d'Éléonor.

Daniel, dans son histoire, pour excuser en quelque façon les extrémités où la reine poussa les choses, risque ici une conjecture qui ne me paroît pas fondée. Le mariage d'Alix, dit-il, avoit été proposé, ensuite rompu, & enfin renoué. La princesse étoit à la cour d'Angleterre; & cependant Henri reculoit toujours la célébration du mariage. Les motifs de ces délais furent interprêtés contre Henri. On l'accusa d'avoir pour Alix des sentimens défendus à un prince destiné pour être son beau-pere. Eléonor plus éclairée que personne par sa jalousie, dut aussi voir les choses de plus près. « Si la chose » étoit ainsi, dit Daniel, il n'est pas hors de » vraisemblance que cette raison eût engagé » la reine à prendre parti contre son mari ». Ce qui fortifie cette conjecture, ajoute un moderne [1], c'est qu'Eléonor empêcha Richard

---

[1] Le pere Arcère, histoire de la Rochelle, liv. I, p. 190.

d'épouser Alix, & qu'elle lui ménagea un autre mariage. Il ne faut qu'un peu d'attention aux époques des événemens, pour connoître que la remarque de Daniel ne sauroit subsister. La révolte du prince Henri, & celle de ses fils, & la ligue formée entre eux, le roi d'Ecosse & le roi de France qui en fut le chef, par les intrigues & les cabales d'Eléonor, étoient antérieures à l'arrivée d'Alix en Angleterre d'environ trois ans. Cette princesse, lorsqu'elle y fut envoyée en 1174, n'avoit guere que sept à huit ans, & n'étoit certainement pas nubile. Elle ne le devint que quelques années après la captivité d'Eléonor, qui avoit précédé son arrivée à la cour de Londres. On ne sauroit donc imaginer qu'Alix ait pu déterminer Eléonor à prendre parti pour ses enfans contre son mari avant 1173, & depuis cette année sa prison rendoit sa jalousie impuissante. Que la tendresse criminelle ou au moins suspecte du vieux Henri pour la princesse Alix, ait été un des motifs, qui, dans la suite, ait engagé Eléonor à chercher une autre femme pour son fils Richard, à la bonne heure [1]. Un caractere aussi impétueux

---

[1] Larrey prétend que Marguerite de France étoit alors l'objet de la jalousie d'Eléonor. Le pere d'Orléans admet toutes les idées de Daniel, non comme une simple conjecture, mais comme quelque chose de certain, & référe cette jalousie à la ligue faite contre

que l'étoit celui d'Eléonor, & des passions aussi violentes devoient lui rendre sa captivité bien dure. Elle fut enfin terminée par la mort d'Henri, le prince le plus estimable & le plus malheureux des peres. De vastes états, un mariage envié des souverains, une nombreuse postérité, tout ce qui semble fait pour rendre un monarque heureux, contribua à ses malheurs. Henri, dit au Court-Mantel, son fils, étoit mort en 1183 [1], six ans avant lui. Richard, dit Cœur-de-Lion, devenu l'aîné, lui succéda. Il étoit en France alors, où il avoit fait la guerre à toute outrance à son pere.

La premiere chose qu'il fit, après son retour en Angleterre, ce fut de délivrer la reine Eléonor sa mere de sa prison. Cette grace fut faite à

Henri en 1172. Ce qui est certainement une erreur. Outre qu'Alix n'étoit point en Angleterre, c'est qu'elle n'avoit en 1172 que six ans, puisqu'elle étoit fille d'Alix de Champagne, troisieme femme de Louis VII, & sœur puînée de Philippe-Auguste, né le 22 Août 1165, en ne mettant qu'une année entre la naissance de l'un & de l'autre.

[1] Il mourut rebelle & les armes à la main contre son pere, mais avec un vif repentir de ses fautes. Il étoit si généralement aimé, qu'on le combloit encore d'éloges après sa mort, & qu'on publia même qu'il s'étoit fait des miracles à son tombeau. Il faut voir cela dans Guillaume de Neubrige, qui en parle fort sensément, liv. III, chap. 7, p. 296, en disant que ces prétendus miracles se publioient, « Ut vel causam contra patrem justam habuisse, vel finali pœnitentia Deo egregiè placuisse crederetur ». Tant il est vrai que la politique tire parti de tout, & de la religion plus souvent que de tout autre chose.

tous

tous les autres prisonniers, qui étoient en fort grand nombre. Il la leur fit à la follicitation d'Eléonor, qui ayant éprouvé les malheurs d'une si longue captivité, s'attendrit pour ceux qui avoient encore un fort pareil au sien [1]. Non-seulement la reine, mere de Richard, vit ses liens rompus; mais ce prince, qui, ainsi que ses freres, eut toujours pour elle tout le respect & toute la déférence possible, lui donna un pouvoir absolu dans ses états [2]. Elle employa les premiers jours de sa liberté à en parcourir les principales villes. Elle faisoit ouvrir les prisons par-tout où elle passoit, & ce n'étoit sur sa route que cris de joie & acclamations.

Richard, n'étant encore que comte de Poitou, avoit été accordé, comme nous l'avons dit, avec Alix de France, qui étoit passée en Angleterre d'après le traité de 1174. Par un autre conclu à Coulomiers en 1189, entre Henri II & Philippe-Auguste, successeur de Louis le Jeune (mort le 18 Septembre 1180) le mariage avoit été de nouveau stipulé. Mais Eléonor se servit de tout le pouvoir qu'elle avoit sur l'esprit de son fils, pour faire renvoyer Alix en France. On peut

[1] « Non ignara mali, miseris succurrere disco ». Virg.

[2] « Statuendi quæ vellet à filio potestatem accepit; datum que est regni principibus in mandatis, ut omnia disponerentur ad votum reginæ ». Matth. Paris, hist. d'Angl. sous l'an 1188, p. 146.

croire que les attentions trop marquées de Henri deux pour Alix (auxquelles on avoit donné un motif criminel, qu'elles n'avoient peut-être pas, & non pas le motif politique qu'elles pouvoient avoir), & le bruit même qui s'étoit répandu que Henri avoit deffein de répudier Eléonor, pour époufer la princeffe deftinée à fon fils, la faifoient agir en cette occafion. Sans doute, elle en avoit été inftruite dans fa prifon ; & fa haîne, pour avoir été alors fans effet, n'en avoit été pas moins violente. Elle pouvoit être elle-même également odieufe à Alix ; & il étoit de la politique intéreffée & vindicative d'Eléonor de l'empêcher d'obtenir un rang qui auroit mis fa rivale en état de lui nuire, & d'anéantir le pouvoir qu'elle efpéroit d'avoir fous le regne de Richard. Ce prince encore jeune, mais déja ufé de débauches, & des fatigues de la guerre, ne tenoit prefque à rien, qu'à fa paffion pour les armes. Il étoit fur le point de s'embarquer pour le voyage de la Terre-Sainte avec Philippe-Augufte. Ainfi en lui repréfentant que la princeffe Alix avoit fait la paffion de Henri fon pere ; que fa conduite avoit donné lieu à des foupçons que leur familiarité n'avoit que trop juftifiés ; en lui affurant même felon quelques-uns, qu'Henri en avoit eu un fils; Eléonor parvint à dégoûter Richard de ce mariage. Alix fut renvoyée en 1195, avec tout le ménagement & les excuses possibles, & même avec une dot & de très riches présens [1]. Et Eléonor, du consentement de son fils, passa à la cour de Sanche, roi de Navarre, & y négocia le mariage de Berangère [2] princesse de Navarre,

---

[1] Elle épousa depuis Guillaume, comte de Ponthieu. Voyez Anselme.

[2] Cette princesse vécut fort long-temps après la mort de Richard. J'ai prouvé dans la bibliotheque du Poitou, tome I, p. 306, qu'elle vivoit encore au Mans, qui lui avoit été donné pour son douaire, en 1229 ; & qu'elle avoit rétabli en cette année l'abbaye de l'Espau-lès-le-Mans, « Spallenæ Cœnobium quod alias » pietas Dei dicitur ». Voyez l'inscription que j'ai rapportée.

J'ai une autre charte, extraite du cartulaire de l'église collégiale de Saint-Pierre de la Coulture du Mans, feuillet 224, par laquelle il est prouvé qu'elle assista à un jugement décidé par le duel en 1216. Voici le titre :

« Sciant tam posteri, quam præsentes quod anno Dominica in-
» carnationis millesimo ducentesimo decimo sexto (M. CC. XVI.)
» mense Augusti, scilicet die Martin, vigiliâ sancti Bartholomæi,
» Radulpho Lanterre, præsbytero existente sancti Petri de Cul-
» turâ, pugnavit Radulphus Flori, in Curtâ sancti Petri, pro
» Hueto de Courlivaut, contra Jossetum Fabrum ; qui pugnabat
» pro Hodeburgi de Courlivaut, & fuit præsens nobilis regina
» Angliæ Berangaria, uxor quondam regis Ricardi, & tunc tem-
» poris domina Cenomaniæ, pro ex cambio dotis suæ. Victus fuit
» dictus Jossetus & ejus scutum & baculum, sicut consuetudo &
» jus ecclesiæ sancti Petri de Curia est, habuit prædictus Radulphus
» præsbyter & sacrista ».

Dans le titre de 1229, elle est dite fille de Sanche, roi de Navarre & d'Arragon, comte de Barcelonne, qui avoit épousé Béatrix de Castille, sœur de Constance de Castille, seconde femme de Louis VII, & fille d'Alphonse VIII. En sorte que Berangere, femme de Richard, étoit niece de Constance, reine de France, & cousine-germaine de Marguerite de France, alors veuve d'Henri au Court-Mantel, & belle-sœur de Richard. C'est le sentiment de

avec Richard. Elle ramena avec elle la princesse, & la conduisit en Sicile, où son fils étoit déja arrivé. Le mariage fut célébré avant que Richard mît à la voile pour la Terre-Sainte. Eléonor s'en retourna en Angleterre. Elle ne fut point chargée de l'administration de l'Etat pendant le voyage de son fils, comme l'ont écrit quelques modernes. Suivant le témoignage des meilleurs historiens d'Angleterre, Richard, en partant de Londres, confia la régence à Guillaume[1], évêque d'Eli, son chancelier, homme de basse extraction, & né avec des inclinations encore plus méprisables, insolent de son élévation, sans foi, sans habileté, sans prudence, & tout-à-fait indigne de la confiance du prince. La tyrannie du prélat donna lieu à de grandes plaintes : Richard, archevêque de Rouen, fut envoyé pour remédier aux désordres, & agir de concert avec le chancelier ; mais

---

Favin, dans son histoire de Navarre : conforme au titre. Labbe, qui la fait fille de Raymond, comte de Barcelone, & d'Urraca, fille de Ramire, roi de Navarre, se trompe donc. Voyez Favin, histoire de Navarre, page 216. J'ai fait ces remarques d'autant plus volontiers que cette princesse est peu connue dans notre histoire.

[1] Voyez *Matth. Parisiens. hist. Angl. in Richardo primo*, pag. 155 & 156. Il s'intituloit : « Guillaume, par la grace de Dieu, » évêque d'Eli, chancelier du roi Richard, grand justicier d'An- » gleterre, légat du saint Siege ». L'auteur dit que Guillaume avoit acheté toutes ces qualités à beaux deniers comptans, se moquant de la vanité qu'il avoit d'en prendre les titres, au lieu de s'en tenir à la qualité d'évêque.

ce dernier, qui croyoit n'avoir plus de maître, ne voulut point de compagnon. Enfin JEAN, depuis nommé SANS-TERRE, frere du roi, prétendit réparer les désordres, & travailla pour ses intérêts particuliers, ayant même formé le dessein de s'emparer du trône. Il est vrai que la prudence d'Eléonor servit très utilement Richard, & dissipa les projets de Jean ; mais dans tout ce qu'elle fit, elle n'agit que de concert avec les grands du royaume, comme mere du roi, mais non comme RÉGENTE, ou ayant l'administration de l'État.

Le voyage de Richard, fatal à l'Angleterre, ne fit pas grand bien aux chrétiens de la Palestine. La mésintelligence ou la haîne ouverte qui éclata entre Philippe-Auguste & Richard, l'ayant obligé de revenir dans ses États, & il fut pris en Autriche en 1194[1], ne se racheta qu'au prix d'une somme immense, & après bien des démarches de la part d'Éléonor, qui rendit encore à son fils des services très-importans, & hâta sa liberté avec un zèle extraordinaire. Elle ne se contenta pas d'écrire à l'empereur Henri[1], auquel Léopold avoit remis Richard, & qui le

---

[1] Par Léopold, duc d'Autriche.

[2] Voyez la biblioth. histor. & crit. du Poitou, tome I, p. 284; & Balée, centurie troisieme des écrivains d'Angleterre, p. 53 & 247, Besli.

retenoit encore avec plus de rigueur, au prince ſon fils, au pape Céleſtin III, à Philippe-Auguſte. Comme elle avançoit peu par ſes lettres, dont trois écrites au pape, ſe trouvent encore dans le recueil de celles de Pierre de Blois, vice-chancelier ou Secrétaire d'Henri II; elle paſſa elle-même en Allemagne, quoiqu'âgée d'environ ſoixante & dix ans. La négociation étoit difficile. Le pape craignoit Philippe-Auguſte, & agiſſoit foiblement. Eléonor lui en fit des reproches très vifs, mais inutiles. Le roi de France éloignoit la délivrance de Richard de tout ſon pouvoir, dans le deſſein de réunir à la couronne de France les provinces qui en avoient été diſtraites & jointes à celles d'Angleterre. L'empereur avide d'argent, cherchoit à tirer le meilleur parti qu'il pouvoit de ſon priſonnier. Enfin, le duc d'Autriche, qui avoit eu de grands différends avec Richard en Orient, goûtoit toute la joie qu'on trouve à punir l'orgueil d'un ennemi, dont on s'eſt rendu le maître abſolu.

Tout s'oppoſoit à la liberté de Richard. Eléonor n'épargna rien, & fit des offres ſi conſidérables que ſon fils fut enfin délivré. Les auteurs [1] An-

---

[1] Matthieu Paris la fixe à 150 mille marcs d'argent, poids de Cologne, « ad pondus Colonienſium.... abſque expenſis tam ipſius » quam aliorum, ob illam cauſam, antequam convenirent, factis » ce qui peut réunir les opinions.

glois varient fur la rançon; les uns difant qu'elle fut fixée à cent mille marcs d'argent, & les autres à cent cinquante ou cent quarante mille [1]. Le pere d'Orléans ajoute, que par le confeil d'Eléonor, Richard foumit fon royaume à l'empereur [2]. Ni Mathieu Paris, ni Guillaume de Neubrige, ni Polidore Virgile, le Tite-Live d'Angleterre, ne parlent de ce fait; & je ne trouve point cette anecdote dans les hiftoriens Allemands, qui n'auroient pas manqué de la répandre dans leurs Livres, fi elle eût eu quelque fondement.

Depuis le retour de Richard, Eléonor ne paroît pas intéreffée dans le manîment des affaires, jufqu'à la mort de ce prince. Comme elle poffédoit l'Aquitaine de fon chef, elle vint en France en faire hommage à Philippe-Augufte. Elle le renouvella à Tours en 1199. Cette année fut celle de la mort de Richard, tué devant le château de Chalus en Limofin. Ce prince ne laiffant point de poftérité, la couronne appartenoit au jeune Artus fon neveu, duc de Bretagne, fils de

---

[1] Cela reviendroit environ à fept millions cinq cens mille livres de notre monnnoie, fomme exorbitante, & pour laquelle il fallut faire des extorfions horribles, après celles qu'on avoit faites pour le voyage de la Terre-Sainte, & qui étoient telles que Richard ne faifoit pas difficulté de dire: « Que pour avoir de » l'argent, il vendroit fa capitale, s'il trouvoit un acquéreur ».

[2] Révol. d'Angl. vol. I, p. 285.

Geoffroy & de Constance de Bretagne, lequel représentant l'aîné, devoit être préféré à Jean-Sans-Terre, dit alors comte de Mortaing. C'étoit même la disposition précise du testament de Richard I. Si Eléonor eût été équitable, elle eût pris parti pour son petit-fils, contre le comte de Mortaing son oncle, prince que ses vices & ses mauvaises inclinations avoient déja rendu odieux à une partie de la nation. Si même elle se fût décidée d'après les mouvemens de son cœur, elle eût donné sa voix à Artus. Mais un intérêt plus pressant, son ambition, la détermina à employer en faveur de Jean le crédit que les agrémens de son esprit, son affabilité, & sa douceur apparente, lui avoient donné sur les Anglois.

Constance de Bretagne, mere du jeune Artus, étoit une princesse très capable du gouvernement; d'un esprit solide, d'un courage ferme; & Artus devenant roi, la duchesse sa mere, pour régner plus absolument sous le nom de son fils, n'eût pas manqué d'éloigner Eléonor. Cette crainte décida du sort d'Artus. Jean lui fut préféré, parce qu'Eléonor espéra que ce prince ayant besoin d'elle, & lui devant la couronne, partageroit l'autorité souveraine avec elle. Ses projets réussirent en partie. Jean, élevé sur le trône d'Angleterre, laissa à sa mere la jouissance pleine & entiere du Poitou, & étendit même son autorité sur toutes les terres de son obéissance. Mais les suites furent celles que l'injustice entraîne toujours après soi ; une guerre cruelle entre l'oncle & le neveu, & avec la France qui prit le parti du pupille ; & la mort du malheureux Artus, inhumainement assassiné en 1202 [1]. Pendant la guerre des deux princes, elle se vit elle-même assiégée au château de Mirebeau, sur les confins de l'Anjou & du Poitou. Mais Jean y étant accouru, fit lever le siege, & la délivra en 1202. Dans le traité de paix conclu entre le roi de France & celui d'Angleterre l'an 1201, il avoit été convenu que Blanche de Castille, nièce de Jean-Sans-Terre, & fille d'Alphonse VIII, ou IX, suivant les Espagnols, dit le Noble, & d'Eléonor d'Angleterre, épouseroit Louis de France, qui a été depuis Louis VIII. Qu'en conséquence de ce mariage, le roi d'Angleterre donneroit au jeune prince, qui devenoit son neveu, la ville & le comté d'Evreux, & trente mille marcs d'argent ; que Louis lui feroit foi & hommage du comté, & qu'en outre le roi d'Angleterre s'obligeroit de ne donner aucun secours d'hommes ni d'argent à son neveu Othon,

---

[1] Mezeray & ceux qui l'ont suivi se sont trompés, en disant que le jeune Artus ne fut assassiné qu'après la mort d'Eléonor sa mere ; elle lui survécut, n'étant morte qu'en 1204, comme nous le disons.

pour parvenir au trône impérial [1]. Eléonor fut chargée par les deux rois d'en aller faire la demande à Alphonse son gendre. Elle fit le voyage, & amena quelques mois après, sa petite-fille, Blanche, jusqu'à Fontevrault. Ce fut le dernier acte politique qu'elle fit, & le plus heureux, puisque de cette alliance naquit l'un de nos plus grands monarques SAINT LOUIS, tige de la maison de France régnante. On ne voit plus depuis ce temps-là, que quelques chartes particulières d'Eléonor, pour la Guyenne [2], le Poitou, la Saintonge, l'Aunis, ou pour le monastere de Fontevrault, qu'elle affectionna toujours particulièrement. Elle étoit déja fort âgée lorsqu'elle prit enfin le parti de la retraite & le voile même dans ce monastère. Elle y mourut à quatre-vingt-un an ou environ, le 31 Mars 1204, & y fut inhumée.

Ce monastère, suivant l'obituaire, tient d'elle, cent livres de rente, à prendre sur l'île de Marans, pour l'achat de l'habit des religieuses, autres cent livres de rente sur l'île d'Oléron, pour la célébration de son anniversaire, & de ceux de ses enfans ; cinquante livres de rente,

[1] Matth. Paris *in Johanne*, sous l'an 1200, p. 192.
[2] Voyez les preuves de l'histoire des comtes de Poitou, ducs d'Aquitaine, dans Besli ; celles de l'Histoire de la Rochelle, par le P. Arcère, tome I ; le *Clypeus Fontebraldensis*, du pere Lamainferme, tome II ; la Biblioth. du Poitou, tome I.

assignées sur les vignes de Marsilly & de Jaunay en Poitou. Elle fit environner de murs le monastère ; donna à l'Eglise une croix d'or ornée de pierreries, pour être portée en procession ; une coupe ou un grand calice d'or, & plusieurs autres vases d'or & d'argent. Par-tout où elle trouvoit une religieuse de l'Ordre, elle la recevoit avec autant de bonté, que si elle eût été sa propre fille. Enfin elle préféra constamment l'Ordre de Fontevrault à tous les autres, qu'elle méprisoit même en comparaison de celui-là, disent les auteurs de son éloge. Elle en prit l'habit, & voulut être inhumée dans l'église des religieuses. Après cela il n'est pas étonnant qu'on dise de cette princesse dans le Nécrologe de la maison [1], « Que sa nombreuse postérité donna un nouvel » éclat au monde ; que la splendeur de sa nais- » sance fut encore décorée par la pureté de ses » mœurs, & l'honnêteté de sa vie, ornée par » les fleurs de sa vertu ; & que par une bonté » & une probité incomparables, elle a sur- » passé toutes, ou presque toutes les reines du » monde ».

---

[1] « Quæ nitore regiæ sobolis suæ mundum illustravit. Nobili- » tatem generis, vitæ decoravit honestate, morum ditavit gratiâ, » virtutum floribus picturavit, & incomparabilis probitatis honore » fere cunctis præstitit reginis mundanis ». *Ex Necrologio Fontis-Ebraldi apud.* Lamainferme, *Clypeus nascentis Font-Ebrald.* ordinis, tome II, p. 158.

Les motifs de cette attestation se trouvent dans l'attestation même. Eléonor avoit accablé la maison des ses bienfaits, en avoit augmenté les revenus, & l'avoit enrichie par ses fondations; en falloit-il davantage à des moines & à des religieuses, pour donner un démenti à l'Histoire, & pour canoniser la conduite la plus répréhensible ? Plusieurs auteurs l'ont mise au rang des beaux-esprits & dans le catalogue des femmes savantes, & je l'ai fait moi-même dans le premier tome de la Bibliothèque du Poitou, d'après Balée, Pitseus & Vossius, qui lui attribuent les lettres dont nous avons parlé, écrites pour obtenir la liberté de son fils, Richard. On peut même regarder Guillaume IX, duc de Guyenne, son aieul, comme l'un de nos premiers poëtes françois. La cour de ces princes fut long-temps une école de savoir & de politesse, & le goût en passa en France avec Eléonor.

Disons, suivant notre méthode, quelque chose de sa postérité. Elle eut deux filles de son mariage avec Louis le Jeune; Marie de France, mariée avec Henri premier du nom, comte de Champagne, surnommé le Large, morte le 11 Mars 1198; & Alix, mariée à Thibaut dit le Bon, frere du comte de Champagne, & comte de Blois & de Chartres. De son second mariage avec Henri II, roi d'Angleterre, naquirent neuf enfans, six princes & trois princesses. Henri au Court-Mantel ; Richard, Cœur-de-Lion ; Geoffroy, & Jean-Sans-Terre, dont nous avons parlé ; & deux morts en bas-âge. Les trois princesses furent, Mathilde, femme de Henri dit le Lion, duc de Baviere, mere de l'empereur Othon IV ; Eléonor, femme d'Alphonse VIII, roi de Castille, mere de Blanche, femme de Louis VIII, qui fut mere de Saint-Louis ; & Jeanne, mariée avec Guillaume, roi de Sicile ; & en secondes noces avec Raymond V, comte de Toulouse.

COMPARAISON

DE BERTRADE DE MONTFORT ET D'ÉLÉONOR.

APRÈS avoir prouvé, comme je crois l'avoir fait, que c'est une erreur de ne donner à Bertrade de Montfort que le titre de concubine de Philippe I, & que celui de femme légitime qu'on lui refuse, lui appartient ainsi que celui de reine, qu'elle a toujours porté, je crois pouvoir comparer ces deux princesses l'une avec l'autre, sans blesser aucune décence. Leur caractère & leur fortune ont des rapports & des différences sensibles, qui peuvent servir à la composition du tableau. Sans être ni l'une ni l'autre nées à l'ombre du trône, elles eurent toutes les deux la naiffance la plus illuftre, & pouvoient faire voir des rois dans leurs maifons. La parenté de Bertrade avec Philippe I, & celle d'Eléonor avec Louis le Jeune, prouvent qu'à moins de porter la couronne, on ne pouvoit être d'un rang plus élevé, & qu'il n'y a qu'un degré de celui où elles étoient nées, à celui où elles monterent. La nature fut auffi indulgente pour l'une que pour l'autre ; & l'hiftoire ne donne pas moins d'éloge à la beauté & à l'efprit de Bertrade, qu'aux charmes, aux talens acquis, & à la politeffe d'Eléonor. Mais à en juger d'après les faits, qui peuvent être aujourd'hui notre feule regle, il y avoit plus de délicateffe, plus d'enjouement, plus d'art dans Bertrade. L'impreffion que faifoient fes charmes fur le cœur, n'étoit pas moins prompte que celle de la beauté d'Eléonor ; mais elle étoit plus douce & plus durable. Il femble que lorfqu'on étoit une fois dans fes liens, il étoit impoffible de les rompre. Le comte d'Anjou, Foulque Rechin, la vit, l'aima, &, malgré fon inconftance naturelle, fes mœurs dures & farouches, ne ceffa jamais de l'aimer, quelqu'occafion que lui donnât cette princeffe de s'en détacher. Après l'avoir abandonné, l'avoir rendu la fable de fon temps, elle le posséda aussi entièrement que jamais ; elle eut l'art de lui faire oublier ses mépris & son infidélité. Elle alla plus loin, elle sut s'en faire un complice, & lui ôter toute espérance, sans qu'il perdît l'amour qu'il avoit pour elle.

Philippe I, aussi voluptueux que Henri II, cessa d'être inconstant pour Bertrade. Ce prince, que rien n'avoit pu fixer, qui avoit toujours porté ses vœux d'une beauté à une autre, qui n'avoit guère eu d'autre sentiment que celui des plaisirs, sacrifia aux douceurs de la posséder tout ce que les hommes ont de plus cher, son repos, & en quelque façon le trône & ses états. Eléonor fut moins heureuse. Louis le Jeune son premier mari, l'aima d'abord avec transport ; mais il la sacrifia ensuite aux intrigues, peut-être à l'ambition du moine Suger, mais certainement à sa propre foiblesse & à sa jalousie ; & il ne voulut jamais lui pardonner l'affront d'Antioche. Les intérêts de son cœur, ceux de la beauté, ceux de la politique & de la plus riche dot ne purent le retenir. Henri d'Angleterre, son second époux, fut moins tendre que politique ; & quoiqu'il fût aimé d'Eléonor avec fureur, il ne fut pas long-temps soumis à ses charmes ; & après l'avoir sacrifiée à ses maîtresses, il la sacrifia enfin à sa fierté & à sa vengeance, en lui ôtant la liberté & la reléguant dans une étroite prison.

Bertrade avoit apparemment un caractère plus doux, moins de prétentions & de vanité, une tendresse moins vive & moins incommode qu'Eléonor; en exigeant moins de ceux qu'elle aimoit, elle en obtenoit davantage. Les passions d'Eléonor plus fieres, plus emportées, ne laissoient pas le plaisir de l'aimer librement & par choix. Le mariage de Bertrade avec le comte d'Anjou, fut à l'égard de cette princesse, une affaire de politique. Elle fut immolée dans une extrême jeunesse à la passion d'un homme âgé, & qui n'étoit rien moins qu'aimable, & aux intérêts du comte d'Evreux son oncle. Eléonor qui n'avoit que l'âge de Bertrade, pouvoit, en épousant Louis, satisfaire son cœur & son ambition. Elle épousoit un prince jeune, d'une figure aimable, d'un esprit doux, déja associé à la royauté & à la veille de régner seul.

La démarche de Bertrade, qui abandonna Foulques pour Philippe I, est donc en quelque sorte excusable, quand il ne seroit pas vrai que la validité de son premier mariage étoit au moins problématique. Si on pourroit alléguer des motifs de conscience contre elle, on pouvoit en alléguer en sa faveur. Quand on examine les déclamations d'Yves de Chartres, & des autres agens de Rome, on y trouve plus d'opiniâtreté & de préjugé que de raisons.

la

La conduite d'Eléonor n'a d'excuse ni dans la religion, ni dans la politique; & le nom le plus doux qu'on puisse donner aux premiers pas quelle fit elle-même vers le divorce avec Louis, est celui d'une imprudence impardonnable. Je soupçonne fort Eléonor d'avoir conçu du dégoût pour le roi de France, parce que son ambition ne lui faisoit voir qu'avec chagrin le pouvoir sans bornes du fameux Suger, plus roi que lui-même. Son oncle Raymond acheva de faire sur son esprit ce que le dépit & l'ambition mal satisfaite avoient commencé. La passion de gouverner étoit dominante chez la princesse de Guyenne; & Suger qui n'étoit gueres moins ambitieux, ne lui faisoit part de rien.

Bertrade ne sçauroit être soupçonnée de pareils sentimens. Satisfaite du crédit borné que son rang lui donnoit à la cour, & de l'empire qu'elle avoit sur le cœur de Philippe, elle vit Louis le Gros, fils de Berthe, chargé du gouvernement, les Rochefort & les Garlande se succéder, sans inquiéter les favoris, ni chagriner son mari, qui n'étoit pas né pour la gloire & les fatigues du rang suprême. Elle borna son ambition & ses intrigues à assurer les établissemens & la fortune des enfans qu'elle eut du roi, & à se maintenir elle-même dans le rang qu'on lui disputoit.

La mort d'Henri II, seize ans de captivité,

Ff

& un âge très-avancé, ne purent détruire dans Eléonor l'ambition ni la jaloufie qui l'avoient toujours dévorée. Ces paffions perpétuellement actives en elle firent fon malheur, celui de Louis VII, & d'Henri, fes deux époux, & celui de la France & de l'Angleterre. Bertrade n'expofa que fon repos & celui de Philippe. Jeune encore à la mort de ce prince, elle enferma dans le tombeau de fon époux toutes fes paffions & tous fes défirs, en donnant généreufement à la retraite & au repentir des jours encore brillans, des charmes auxquels on eût pu rendre de nouveaux hommages. Eléonor au contraire ne donna à Dieu, à l'extrémité, & malgré elle, que les reftes triftes & languiffans de fa vieilleffe.

Cependant Eléonor a trouvé une multitude d'apologiftes [1]; elle a même joui pendant fa vie de l'amour & de l'eftime des peuples qu'elle a rendus malheureux. Cette Hélene, qui a été la fource funefte, non pas d'une guerre de dix ans, mais de quatre cens ans entre l'Angleterre

---

[1] Ballée & Pitfeus, dans les écrivains d'Angleterre; Bouchet, dans fes annales d'Aquitaine; Larrey, dans l'hiftoire de Guyenne; Daniel, dans fon hiftoire de France; le Gendre, dans la même hiftoire; Claude Dumoulinet, fieur des Thuilleries, dans fa differtation fur la mouvance de Bretagne; le pere Arcère, dans fon hiftoire de la Rochelle, &c. Je ne joins point l'abbé de Brantome à ces auteurs. Son apologie eft fondée fur des raifons qui deshonorent tout-à-fait Eléonor.

& la France, a trouvé des éloges, des excuses; & Bertrade est déchirée sans pitié par tous nos historiens. Je ne connois que Besli qui ait férieusement pris sa défense. A peine veut-on lui accorder le titre de reine & d'épouse que ses contemporains & les actes les plus célèbres lui donnent. C'est qu'Henri II, mari d'Eléonor, s'étoit rendu odieux aux peuples par les impôts que la nécessité de la guerre lui faisoit lever. On ne vouloit pas penser que la cause de cette guerre étoit Eléonor elle-même, qui en vint jusqu'à armer ses enfans contre leur pere. C'est qu'Henri avoit soulevé les ecclésiastiques contre lui par ses différends avec le fameux Thomas Becket [1], martyr de son opiniâtreté & de ses préjugés, bien plus que des droits de l'église, qu'il ne soutint qu'aux dépens des droits des souverains. Bertrade, au contraire, devint elle-même l'objet des déclamations du clergé & de la haine des peuples, subjugués par les noms sacrés dont on se servoit pour les aveugler. La réputation des rois dépend de l'Histoire, & l'Histoire dépendoit alors de la plume intéressée des ecclésiastiques. Un avantage apparent d'Eléonor sur Bertrade, est sa postérité. Elle vit, aussi-bien que Catherine de Médicis l'a vu depuis

[1] Tué dans son église.

elle, trois de ses fils, Henri le Jeune, Richard Cœur de Lion, & Jean sans Terre, élevés sur le trône; & deux de ses filles, Eléonor & Jeanne, l'une reine de Castille, & l'autre reine d'Aragon. La postérité de Bertrade disparut presque avec elle. Mais quels maux ne causerent point à leur patrie les princes enfans d'Eléonor ! « Ils eurent
» du cœur comme des lions, mais c'étoit moins
» un véritable courage qu'une hardiesse déter-
» minée à mépriser les malédictions de la re-
» nommée, & à regarder d'un œil froid
» l'atrocité des plus grands crimes. En un mot,
» ils ne firent honneur, ni à la France, d'où ils
» étoient originaires, tant du côté paternel que
» du côté maternel; ni à l'Angleterre, l'héritage
» de leur pere ». C'est le jugement qu'en porte un moderne [1], juge très compétent des hommes & de leur mérite.

---

[1] Bayle, dictionnaire historique, dans l'article de Louis VII, note G, p. 170.

FIN

TABLE.

ABÉLARD, p. 83, 84.
Abel, conjecture sur le lieu où il fut tué, 78.
Adam de Chervere, chancelier de Richard, fouëtté, 163.
Adélaïde de Maurienne, mere de Louis VII, 392.
Adèles, sœur d'Henri I, 23, 27.
Agenor, roi des Phéniciens, 199.
Agnès de Méranie, 188, 372.
Agrippine, impératrice Romaine, 130.
Alain de Dinan, duc de Bretagne, 348, 377.
Alaric, roi des Visigots, tué par Clovis, 7.
Albert, markgrave de Brandebourg, duc souverain de Prusse, 55.
Alexandre le Grand se rend maître de l'Asie, 62, 199, 263.
Alexandre III, pape, 114, 129.
Alienor de Châtelleraud, mere d'Eléonor.

Alix de Champagne, troisieme femme de Louis VII, 172, 432.
Alix de Savoie, épouse Mathieu de Montmorency, 19, 20.
Alix, fille de Louis VII, 153, 158, 167, 203, 206, 242, 245, 431, 433.
Alix, sœur d'Eléonor de Guyenne, 18, 47.
Alouëte, (l') cité, 287.
Alphonse, fils d'Henri de Lorraine, premier roi de Portugal, 53.
Alphonse, comte de Saint-Gilles, 57.
Alphonse, roi de Castille, 339.
Amaury, roi de Jérusalem, 193.
Andebert, comte de la Marche, 132, 170, 236.
Andronic, empereur, 248.
Angoulême, (comte d') 132, 161, 366.
Anne de Bretagne, femme de Louis XII, 377.
Aquitaine, pourquoi ainsi

appellée, 6. Ses ducs, 170.
Aquitains (les) étoient Catholiques, 7, 15.
Ariens, (les Visigots étoient) 7.
Arondel, marbres connus sous cette dénomination, 36.
Armoiries, (origine des) 82.
Arsace, fonda l'empire des Parthes, 288.
Artus, roi des Bretons, est l'instituteur de l'ordre des Chevaliers de la Table Ronde, 375.
Artus, duc de Bretagne, neveu de Richard, 239, 244, 341, 347, 368, 372, 375.
Assassins, (origine des) 288.
Assise du comte Geoffroy, dont les Bretons conservent la mémoire, 190.
Auvergne, (comte d') 131. La souveraineté de cette province est prétendue par Henri II & Louis VII, 169, 341.
Avènes, (Jacques d') *voyez* Jacques.

Bailleul, (bravoure de) 148.

Baudier, auteur de la vie de Suger, cité, 411.
Baudouin VI, fils d'Amaury, 194.
Baudouin, roi de Jérusalem, 76, 193.
Baudouin, comte de Flandre, 350, 362.
Baugency sur Loire. Assemblée de prélats qui s'y tient pour rompre le mariage d'Elénor, sous prétexte de parenté, 96, 98, 401, 408, 410.
Becquet (Thomas), archevêque de Cantorbéry, chancelier d'Angleterre, 29, 112, 124, 127, 167, 383, 423.
Bela III, roi de Hongrie, 182.
Belloy, cité, 90.
Bernard, (Saint) abbé de Clairvaux, 51, 59, 61, 82, 84, 397.
Berengere, fille du roi de Navarre, 243, 253, 435.
Bertrade de Monfort, comparaison de cette princesse & d'Eléonor de Guyenne, 445 & suiv.
Bétisi, bourg de France dans le Valois, 15, 381.

TABLE.

Bigot, (Hugues) sénéchal d'Angleterre, 28, 105, 215.

Blanche de Castille, 441.

Boëmond, prince d'Antioche, 57, 69.

Bomare, (M. Valmont de) cité, 162, 354.

Bordeaux, capitale de la seconde Aquitaine, 7, 17, 98.

Bouchet, cité, 3, 15, 394, 405, 408, 417, 450.

Boulogne, (comte de) 18, 102.

Bourbon, (Jeanne-Baptiste de) fille naturelle d'Henri IV, 364.

Bourdon & malette, marques de pélerin, 227.

Bourges, capitale de la premiere Aquitaine, 7, 17.

Bourgogne, (duc de) 266, 269, 275, 292.

Boyac, roi d'Afrique, 339.

Brabançons, 150, 152.

Bréquigny, (M. de) de l'Académie des Inscriptions, cité, 3, 15, 91.

Bretagne, (duché de) 18, 377.

Bristol, ville où Henri II, fils de Geoffroy Plantagenet, fut éduqué, 42.

Brun, (Hugues le) comte de la Marche, 370.

Brunswick - Wolfenbutel, (Maximilien-Jules-Léopold de) noyé en voulant sauver deux paysans, 25.

CALIXTE II, pape, 233.

Cannes, (jeu de) 240.

Cantorbéry, (archevêque de) voyez Becquet.

Caracos, émir, 267, 308.

Castres, chef des révoltés du Berri, 169.

Champagne, (comte de) roi de Chypre, 5, 48, 50, 59, 108, 294, 300.

Charlemagne, empereur d'Occident, 8, 63.

Charles de Lorraine, dernier successeur de Charlemagne, 59.

Charles-le-Chauve, 9.

Charles-le-Simple, 133.

Château - Gaillard. Temps que Philippe-Auguste employa pour l'assiéger, 347.

Chester, (comte de) 144.

Childebrand, frere de Charles-Martel, de qui descendent les ducs de Guyenne, 8.

Chinon, ville très-ancienne du Poitou, 92, 207.
Christine, reine de Suede, 281.
Chypre, (royaume de) conquis par Richard, 4, 251. Sa Description, 252.
Clovis, premier roi Chrétien, entre dans le pays des Visigots, 7.
Commerce; son éloge, 331.
Comyn, 149.
Conan, dernier duc de Bretagne, 116, 153, 376, 377.
Conrad, empereur d'Allemagne, se croise, 53, 62, 76, 80, 115, 388, 395.
Conrad, marquis de Montferrat, 194, 198, 252, 257, 283, 290.
Constance, duchesse de Bretagne, 347, 372, 377.
Constance, fille de Louis le Gros, 18, 35, 58.
Constance, fille de Roger I, roi de Sicile, 235, 237, 319, 357, 358.
Constantin, empereur, érige la Bretagne en royaume, 376.
Cornaro, (Jacqueline) reine de Chypre, 295.
Courtenay, (origine de la maison de) 18, 168.
Croisade, (origine de la seconde) 52.
Croisés, (desseins des premiers) 54, 79.

Damas, sa situation, 77.
Dermott-Macmorough, roi de Lempster en Irlande, 118.
Desbarres; (Guillaume) sa valeur 191, 239, 348.
Desentemore, 139.
Dickenson, cité, 425.
Dîme Saladine, 202.
Dolis, (Rodolphe de) 169.
Dreux, (comte de) 59, 168.
Dreux, (Philippe de) évêque de Beauvais, 320, 348.
Drusus. Honneurs que lui firent les Romains à ses funérailles, 180.
Duchesne, cité, 92.
Dupleix, (Scipion) 393.
Durham (évêque de) en Angleterre, harangue l'armée un jour de bataille, 37, 154, 243.

TABLE. 457

Eaulse, capitale de la troisieme Aquitaine, 7.
Edouard, (St.) 21.
Edouard III, roi d'Angleterre, 366.
Eléonor de Guyenne, fille de Guillaume IX, reine de France, & ensuite d'Angleterre, 3, 4, 8, 13, 20, 32, 35, 59, 71, 74, 83, 92, 94, 98, 103, 106, 110, 119, 136, 143, 211, 217, 241, 246, 305, 315, 326, 342, 364, 367, 371, 390, 393, 396, 399, 402, 407, 410, 412, 417, 421, 424, 430, 433, 437, 442, 446.
Eléonor, fille d'Henri II, 212.
Elie, comte du Maine, 27.
Eliheser, serviteur d'Abraham, fondateur de la ville de Damas, 78.
Ely, (évêque d') chancelier d'Angleterre. *Voyez* Guillaume d'Ely.
Eschine, princesse de Galilée, 195.
Etienne de Blois, roi d'Angleterre, 12, 23, 33, 38, 89, 100, 102, 410.

Eudes, duc d'Aquitaine, 8.
Eugene III, pape, 396, 400, 405, 410.
Eustache, comte de Boulogne, 35, 101.
Evêques (coutume des) d'assister les rois dans les batailles, 37.
Evreux, (comte d') *voyez* Yves de Chartres.

Faye, (la) parent de la reine d'Eléonor, 139.
Flandre, (comte de) 59, 80, 176.
Fontaines, (Gautier de) tué par ordre du comte de Flandre, 177.
Foulques, comte d'Anjou, 26, 56, 69.
Foulques, curé de Neuilly, 224.
Foulque-Rechin, comte d'Anjou, 446.
François I, est fait chevalier par Bayard, 90.
Fréderic I, surnommé Barberousse, empereur d'Allemagne, 263.
Fréderic II, empereur d'Allemagne, 55, 115, 358.

GAILLARD, (M.) de l'Académie Royale des Inscriptions, cité, 111, 135.

Gardes-du-Corps, leur établissement sous Philippe-Auguste, 292.

Gascogne (la) se détache de l'Aquitaine, 9.

Gaule Aquitanique, comment divisée, 6.

Gautier de Chatillon, 20.

Gautier de Fontaines, *voyez* Fontaines.

Gautier de Montjay, chef des Ligueurs, 32.

Geoffroy Plantagenet, comte d'Anjou, 12, 23, 26, 30, 33, 40, 42, 89.

Geoffroy, fils de Foulques comte d'Anjou, 26.

Geoffroy, fils de Geoffroy Plantagenet, & frere d'Henri II, 107, 112.

Geoffroy, duc de Bretagne, fils d'Henri II, 106, 116, 133, 152, 159, 171, 189.

Geoffroy, fils d'Henri II, archevêque d'Yorck, 212.

Gerberte, selon Mezerai, femme de Raoul, comte de Vermandois, 47.

Gilles Romain, élu roi des François, 92.

Gisors & le Vexin Normand cédés à Louis VII, 34, 108.

Glanville, 148.

Glocester, (comte de) frere naturel de Matilde, 35, 38, 42, 100, 370.

Godefroy de Bouillon, premier roi de Jérusalem, 53, 69, 80

Gordon ou Bertrand, meurtrier de Richard Cœur-de-Lion, 361.

Guillaume d'Arles & de Toulouse, 58.

Guillaume I, ou Saint-Guillaume, 8, 11.

Guillaume III, duc d'Aquitaine, accuse les François de perfidie, 9.

Guillaume-le-Gros, duc d'Aquitaine, 10.

Guillaume I, dit le Mauvais, roi de Sicile, 232, 234.

Guillaume II, surnommé le Bon, roi de Sicile, 232, 234, 321.

Guillaume VIII, duc d'Aquitaine, 10.

TABLE.

Guillaume IX, duc de Guyenne, poëte François, 444.

Guillaume IX, pere d'Eléonor, lisez Guillaume X, 3, 10, 12, 14, 380.

Guillaume, fils d'Henri I, noyé en voulant sauver ses freres, 25.

Guillaume le Conquérant, unit le duché de Normandie à la couronne d'Angleterre, 4, 21, 27, 125.

Guillaume II, dit le Roux, fils de Guillaume le Conquérant, 21.

Guillaume, fils naturel d'Etienne de Blois, 105.

Guillaume d'Ypres, fait prisonnier le comte de Glocester, 39.

Guillaume le Breton, poëte, 84.

Guillaume Longue-Épée, 194, 212.

Guillaume, séditieux dans Londres, 352.

Guillaume, archevêque de Tyr, 193, 199, 201.

Guillaume, évêque d'Ely, chancelier d'Angleterre, 224, 227, 285, 325, 436.

Guillaume, roi d'Ecosse, 429.

Guillemins, (institution de l'ordre des) 11.

Guy de Lusignan, *voyez* Lusignan.

Guy de Touars, 377.

Guyenne, (province de) 3, 6, 16, 92, 97, 411.

Guyse, forêt, 15.

Habits & festins (édit d'Henri II, roi d'Angleterre, contre le luxe des), 202.

Héloïse, 83.

Henri I, fils de Guillaume le Conquérant, 12, 22, 26.

Henri II, fils de Geoffroy Plantagenet, 42, 90, 98, 101, 108, 111, 114, 116, 132, 134, 137, 147, 166, 168, 200, 202, 208, 242, 346, 414, 419, 430, 433.

Henri III, fils d'Henri II, 105, 132, 134, 136, 152, 179, 180, 421, 424, 426.

Henri IV, empereur détrôné par son fils, 23.

Henri V, empereur, 13, 23, 26, 40.
Henri VI, empereur, s'empare des royaumes de Naples & de Sicile, 5, 319, 321, 323, 338, 356.
Henri de Lorraine, comte de Castille, 53, 230.
Héraclius, patriarche de Jérusalem, 200.
Henri, comte de Champagne, chef des Croisés, 294.
Hérode, bâtit Césarée en l'honneur de César-Auguste, 274.
Hiram, roi de Tyr, fait porter à Jaffé du bois pour la construction du temple de Jérusalem, 279.
Honorius II, pape, 234.
Hospitaliers, (Ordre des) 55.
Houël, comte de Nantes, 109.
Howard, comte d'Arondel, fait porter en Angleterre les marbres de Paros, 36.
Hugues Bigot, *voyez* Bigot.
Hugues Capet, 9, 59, 402, 404.
Hugues de Saint-Omer, 195.

Impôts extraordinaires dont personne ne fut exempt, 142.
Innocent II, pape, est favorable à Etienne, 29, 49, 234.
Isaac, roi de Chypre, 247. 321.
Isaac l'Ange, 248.
Isabeau, fille d'Aymar, comte d'Angoulême, 370.
Isamburge, princesse de Dannemarck, 373.
Isle, (de l') 149.

Jacques, seigneur d'Avènes & de Guise; ses belles actions, 274 & suiv.
Jacques II, roi de Chypre, 295.
Jaffa, lieu célèbre dans l'Ecriture-Sainte, 88.
Jarretière, (Ordre de la) son origine, 365.
Jean d'Etampes, ou des Temps; sa longue vie, 58.
Jeanne d'Arc, surnommée du Liz, 92.
Jeanne, fille d'Henri II, 213, 232, 234, 246.
Jean-sans-Terre, fils de

Henri II, 119, 206, 222, 285, 325, 331, 348, 367, 371, 378, 426, 437.

Jérusalem, (royaume de) conquis par les François & les Anglois, 4, 53.

Joachim, (l'abbé) ses prédictions, 357.

Juifs massacrés, 220, 221, 226.

Jules-César, 6.

Lavardin, (comte de) 147.

Leonius, poëte, 84.

Léopold duc d'Autriche, 261, 263, 280, 316, 342.

Leycestre (comte & comtesse de) 145, 153, 303, 325.

Limoges, (vicomte de) se révolte, 161.

Lombard, (Pierre) évêque de Paris, cultivoit les lettres, 84.

Lonchamp, (Etienne de) frere de l'évêque d'Ely, 272.

Louis le Débonnaire, empereur, 9.

Louis VI, dit le Gros, roi de France, 13, 15, 27, 31, 384.

Louis VII, dit le Jeune, roi de France, 3, 5, 13, 21, 32, 49, 52, 57, 61, 65, 68, 71, 74, 80, 88, 97, 110, 141, 144, 150, 172, 174, 193, 377, 384, 390, 394, 398, 400, 407, 419.

Louis, fils de Philippe-Auguste, est désigné l'époux de la sœur d'Artus, duc de Bretagne, 341.

Louis XIV, 113, 281.

Louvre (le) du temps de Louis le Gros, 113.

Lusignan (les seigneurs de) 132.

Lusignan, (Guy de) roi de Jérusalem, 194, 196, 252, 255, 257, 259, 286, 294, 310.

Mainbourg, cité, 84.

Malborough, (le duc de) 137.

Malthe,) Chevaliers de) 56.

Mandeville, (Guillaume de) comte d'Essex, 222.

Manuel, empereur de Grece, 62.

Marguerite, fille de Louis VII, épouse Henri III, roi d'Angleterre, 111, 127, 134, 136, 138, 140, 161, 182, 203, 421, 426.

Mathilde, fille de Henri I, roi d'Angleterre, 12, 23, 26, 28, 31, 35, 39, 91, 100, 129, 422.

Mauléon, 303.

Méandre. Description de ce fleuve, 65.

Melinfende, fille de Baudouin, roi de Jérufalem, épouse Foulques d'Anjou, 26.

Merlin, poëte ; fes prédictions, 102, 382.

Mezerai, cité, 47, 336 ; 411, 441.

Miramolin, roi d'Afrique, 229.

Mirmiran, fils aîné de Sanguin, fatrape d'Heliopolis, 57.

Montferrat (marquis de). *Voyez* Conrad.

Montmorency, (Matthieu de) connétable, 19.

Mortaing, (comte de) *voyez* Jean-fans-Terre.

Mortemer, 149.

Neubrige, (Guillaume de) cité, 387, 414, 423, 432.

Nevers, (comte de) 59.

Nicéphore, empereur d'Orient, 63.

Noradin, fils de Sanguin, 57, 70.

Normands, fondateurs des royaumes de Naples & de Sicile, 4, 128, 232.

Normandie (premier duc de) 133, 196.

Onfroy Boon, connétable d'Angleterre, 145.

Orléanois punis de leur mutinerie par Louis VII, 32.

Othon, frere de Guillaume le Gros, 10, 363, 409.

Oxford, ville d'Angleterre, 29, 40, 125, 137, 166.

Pairs de France réduits au nombre de douze, 14, 186.

Paris (évêques de) & d'Auxerre, leurs biens faifis pour ne s'être pas trouvés à l'armée, 37.

TABLE.

Paris, fêtes que cette ville donne à la reine Eléonor, 17, 142.

Paris (Matthieu) cité, 38, 382, 390, 422, 433, 438.

Pélegrin, (Barthelemi) négociant, employé dans des affaires d'état, 331.

Pepin, 5, 9.

Pètre, (Thomas) découvre les marbres de Paros, ou d'Arondel, 36.

Philippe, fils de Louis le Gros, 13.

Philippe d'Alsace, comte de Flandre, 59, 80, 176, 178.

Philippe II, surnommé Auguste, roi de France, 15, 37, 93, 173, 178, 185, 192, 202, 207, 230, 237, 244, 256, 258, 264, 292, 324, 334, 339, 346, 354, 359, 372, 437.

Pierre de Blois, vice-chancelier d'Henri II, roi d'Angleterre, cité, 416.

Pierre, fils de Louis le Gros, 18.

Pierre le Vénérable, abbé de Cluny, 397.

Piganiol de la Force, cité, 15.

Plutarque, cité, 331.

Poësie françoise, son origine, 83.

Poitiers, (comte de) 3.

Polidore-Virgile, cité, 420, 425.

Pourcelets (généreuse action de Guillaume des), 281.

RABELAIS, né à Chinon, 92.

Raoul, (comte de) Vermandois, 19, 47, 60, 98, 397.

Rapin de Thoyras, cité, 129, 347, 355, 361.

Raymond, comte de Toulouse, 110, 191.

Raymond, comte de Saint-Gilles, prince d'Antioche, 69-71, 194, 388, 392, 407.

Raymond, fils du comte de Saint-Gilles, 58, 69.

Raymond, comte de Tripoli, 194.

Reynal (M. l'abbé). Son parallele de Saint-Bernard & de Suger, 61.

Richard, surnommé Cœur-de-Lion, roi d'Angleterre, 106, 152, 158, 161, 163, 169, 173, 186, 190, 202, 206, 209, 217, 219, 222, 225, 229, 231, 235, 238, 243, 259, 261, 263, 273, 276, 279, 283, 287, 291, 293, 295, 300, 303, 316, 321, 326, 330, 335, 339, 344, 346, 350, 359, 429, 433, 437, 439.

Richard, comte de Striguil, 118, 132, 143.

Robert, comte de Dreux, frere de Louis le Jeune, 18, 377.

Robert, fils de Hugues Capet, 9.

Robert, fils de Guillaume le Conquérant, 22.

Roger I, roi de Sicile, 232, 395.

Roger II, fils de Tancrede, 358.

Rollon, premier duc de Normandie, 133.

Rosemonde, maîtresse de Henri II, 136, 424.

Rouen, (l'archevêque de) se plaint de ce que Richard anticipe sur son domaine; met toute la province en interdit, 353.

Rymer, cité, 97.

Sabine, (le cardinal de Sainte) attache le droit de sacrer les rois à l'église de Reims, 175.

Sabraz (Jean). *Voyez* Gordon.

Saint Chrysogon (cardinal) légat du pape, 166.

Saint-George (institution de l'ordre de), 365.

Saint-Gilles (comte de) *Voyez* Alphonse.

Saint-Guillaume le Désert en Auvergne, 11.

Saladin, sultan d'Iconie, 68, 72, 195, 195, 199, 256, 259, 262, 273, 278, 302, 305, 328, 391, 394.

Salisbury, (comtesse de) maîtresse d'Edouard III, 366.

Salisbury, (évêque de) 29.

Sanche, surnommé Mitarra, 9.

Sanche, roi de Navarre, 164, 435.

Sang, (prétendue pluie de) 162, 353.

Sanguin,

Sanguin, satrape d'Heliopolis, 57.
Sanzai, parent d'Eléonor, 68, 72, 74, 391.
Saphadin, frere de Saladin, 329.
Saxe, (duc de) 132, 212,
Sedaine, (M.) cité, 318.
Sénéchal (charge de grand). Ce qu'elle étoit, 30, 93.
Serres, (Jean de) cité, 393, 412.
Sibille, (comtesse) accusée d'avoir empoisonné son fils, 194, 196, 259.
Siracon, oncle de Saladin, 74, 195.
Soissons, (comte de) 59.
Soteville, 148.
Stanford, historien Anglois, cité, 364.
Suger, abbé de Saint-Denys, ministre de Louis VI & régent du royaume sous Louis VII, 60, 98, 381, 384, 392, 396, 412, 415, 419, 447.

Tancrede, 232, 235, 237, 239, 244, 319, 321.
Tasse, poëte Italien, 232.
Taury en Beauce, patrie de Suger, 60.
Templiers, (institution de l'ordre des) 54, 111, 297.
Teutonique, (institution de l'ordre) 55.
Théodoric succède à Vallia, 7.
Thibaut, comte de Blois, 34.
Thibaut, comte de Champagne, 48, 168, 258, 276.
Tillet, (du) cité, 50, 174.
Tindal, auteur des remarques sur l'histoire d'Angleterre, cité, 288.
Titres de la couronne perdus, 336.
Toulouse, ville où Vallia établit premierement sa royauté, 7, 110, 349.
Tournois (usage des) 19, 344 & suiv.
Traité fait par des seigneurs Normands & François, sans la participation de leurs rois, 337.
Tranchées pratiquées du temps de Louis VII &

d'Henri II, pour séparer leurs états, 133.

Turnham, (Etienne) sénéchal d'Anjou, emprisonné, 216.

Valdo fait traduire l'Ecriture-Sainte, 84.

Vallia, premier roi des Visigots, 7.

Vaudois, disciples de Valdo, 84.

Vexin Normand, où situé, 34, 91, 111, 245, 325.

Vidomar, vicomte de Limoges, trouve un trésor qui cause la mort à Richard, 360.

Vieux, (le) de la Montagne, roi des Arsacides, 287 & suiv.

Visigots s'emparent des trois Aquitaines, 7, 8.

Vitry (ville de) prise & brulée, 50, 51, 53.

Vouglai, actuellement Vouillé, célèbre par la victoire que Clovis y remporta sur les Visigots, 7.

Warvick, (la comtesse de) 101.

Woodstock, près d'Oxford, 137.

Xerxès, roi de Perse, perd la bataille de Salamine, 62.

Yves de Chartres, comte d'Evreux, 113, 448.

ERRATA.

Page 3, *ligne* 7 *des notes*, revint à la France en le 12 Juin, *lisez* : revint à la France le 12 Juin.
Page 8, *ligne* 2, d'un un, *lisez* : d'un an.
Page 36, *ligne* 1 *des notes*, redevabel, *lisez* : redevable.
Page 271, *ligne* 19, l'électeur, *lisez* : l'auteur.

www.ingramcontent.com/pod-product-compliance
Lightning Source LLC
Chambersburg PA
CBHW050242230426

43664CB00012B/1795